新时代高校"一站式"学生社区育人理论与实践

主编　冯广辉

同济大学出版社
TONGJI UNIVERSITY PRESS
·上海·

编委会

主　编

冯广辉

副主编

周明权　张　雪

参　编

王冬冬　魏俊儒　梁广钦　孙云龙
李会娟　余东东　王东京　彭思思
邵欣悦　朱　皓　劳家宝　黄江歌
申英龙

前　言

在新时代高等教育高质量发展的背景下，高校思想政治工作面临着前所未有的机遇与挑战。随着“三全育人”理念的深入推进，“一站式”学生社区综合管理模式建设已成为新时代高校思想政治工作的重要突破口和创新点。《新时代高校“一站式”学生社区育人理论与实践》一书的出版，不仅尝试填补该领域系统性研究的空白，更为高校思想政治工作创新提供了理论指导和实践参考。

当前，我国高等教育正处于内涵式发展的关键时期。随着“00后”成为大学生主体，传统的教育管理模式面临诸多挑战：学生个性化需求日益多元，网络信息技术深刻改变着教育生态，高校思想政治工作亟需创新载体和路径，等等。教育部于2019年启动高校“一站式”学生社区综合管理模式建设试点工作，正是对这一时代课题的积极回应。

本书的独特价值在于，它既不是纯粹的理论研究，也不是简单的经验总结，而是将理论与实践有机结合的典范。编写团队基于桂林理工大学“一站式”学生社区建设实践经验，通过多年的探索积累，构建了完整的理论体系，提炼了可复制的实践模式，为新时代高校思想政治工作创新提供了系统解决方案。

在理论创新方面，本书作出了三大重要贡献：

第一，科学界定了“一站式”学生社区的内涵与功能。本书从场域理论出发，提出“一站式”学生社区是集生活服务、文化浸润、思想引领、成长指导于一体的育人新场域，具有空间重构、功能整合、主体协同等鲜明特征。这一界定为后续研究奠定了概念基础。

第二，创新性地提出了“层次感—共生性—动态性”三维特征模型。这一模型突破了传统学生工作的线性思维，从空间维度（全方位）、主体维度（全员额）、时间维度（全过程）三个层面，构建了立体化的育人体系，具有重要的理论创新价值。

第三，系统阐述了“一站式”学生社区的育人机制。本书从马克思主义实践观出发，深入分析了改造学生社区物理空间如何引发学生社区育人功能的转变，揭示了环境育人、文化育人、实践育人的内在逻辑,为“三全育人”提供了理论支撑。

本书的历史研究部分具有重要学术价值。本书将中华人民共和国成立以来的学生社区发展划分为四个历史阶段:1949—1986年的萌芽期、1986—2005年的探索期、2005—2012年的改革期、2012年以来的创新期。这种历史分期不仅清晰地展现了学生社区的发展脉络,更揭示了不同历史时期学生社区建设与社会变革、教育发展的内在联系。

在国际比较部分,本书选取了美国住宿学院、英国书院制、新加坡学生公寓等典型案例,从文化传统、管理体制、运行机制等维度进行深入比较。研究发现,中外高校在学生社区建设上既有共性规律,又有特色差异。这些比较研究为构建中国特色高校学生社区模式提供了重要借鉴。

本书最具特色的部分是实践模式的系统总结和典型案例的深入剖析。本书基于全国多所高校的实践探索,提炼出五种典型模式:社区书院模式实现了传统文化与现代教育的有机融合,通过经典阅读、导师制、文化活动等方式,打造知识汇聚与人格塑造的殿堂;党建育人模式充分发挥基层党组织作用,将红色基因融入社区生活,构建了思想引领的新阵地;智慧社区模式运用大数据、人工智能等技术,实现了精准服务和管理创新;文化引领模式通过环境营造、活动开展、价值引导,形成了润物无声的育人氛围;自我管理服务模式则培养了学生的自主意识和责任担当。

特别值得一提的是,本书用整整一章的篇幅,详细介绍了桂林理工大学“一站式”学生社区育人实践及其六个典型案例。这些案例既有整体设计,如“一体五维”育人体系;又有特色创新,如“‘桂飘书香’阅读社区”;还有技术应用,如智能化管理平台。每个案例都包含具体做法、实施效果和经验启示,具有很高的参考价值。

本书的创新之处还在于建立了科学的学生社区育人评估体系。本书提出的“五维动态评估体系”,从育人成效、服务质量、文化氛围、管理效能、学生满意度五个维度,构建了量化评价指标。这一体系不仅关注结果评价,更注重过程评价;不仅重视定量分析,也强调质性研究,为“一站式”社区建设提供了质量保障工具。

面对数字化转型的新趋势,本书前瞻性地探讨了智慧社区建设的路径与方法。本书提出的“智慧社区成熟度模型”,从基础设施、数据治理、智能应用、用户体验四个层面，为不同发展阶段的高校学生社区提供了建设指南。这些创新性研究，体现了编写团队的前瞻视野和问题意识。

本书的出版具有重要的学术价值和现实意义。从学术角度看，它构建了高校“一站式”学生社区研究的理论框架，尝试填补了该领域系统性研究的空白；从实践角度看，它提供了可复制、可推广的经验模式，为高校思想政治工作创新提供了操作指南。

特别值得肯定的是，本书体现了鲜明的中国特色。无论是强调党建引领，还是注重文化浸润，都彰显了中国高校的育人特色。这些经验对于构建中国特色高等教育体系具有重要启示。

作为入选教育部2025年度全国高校示范“一站式”学生社区名单的高校的实践结晶，本书凝聚着桂林理工大学师生员工的智慧和心血。相信本书的出版，必将推动高校“一站式”学生社区建设从试点探索走向全面推进，为落实立德树人根本任务、培养担当民族复兴大任的时代新人作出积极贡献。

在高等教育高质量发展的新征程上，期待更多高校能从本书中汲取智慧，结合自身实际，创新育人模式，打造出一批具有示范效应的高校“一站式”学生社区，共同书写新时代高校思想政治工作的新篇章！

编 者

2025年6月

目　录

第一章

高校“一站式”学生社区育人的基础理论

第一节　高校“一站式”学生社区的内涵与功能

一、高校“一站式”学生社区的内涵界定

中国高等教育的显著标志之一是学生的集中居住模式，将学生公寓及其相邻社区塑造为人才培养的重要场所，一直是高校在思想政治教育实践中长期坚持的优良做法。在具体实践中，高校通常会依据学生的院系、专业、年级、班级等特征，统一分配宿舍。同时，高校高度重视发挥思想政治教育团队，包括辅导员和班主任等核心成员的作用，鼓励他们深入学生住宿区域，开展细致入微的思政工作，旨在将学生住宿区域及其相邻社区打造成为高校思政教育的前沿阵地。

（一）高校学生社区

“社区”理念滥觞于德国社会学家斐迪南·滕尼斯（Ferdinand Tönnies），其后迅速成为社会学研究的核心范畴。20 世纪 30 年代，该理念经由美国学术渠道传入中国，其跨文化影响力得到拓展，费孝通等学者把它翻译为“社区”，用来指代在同一地理空间内生活的人们。吴文藻教授对“社区”的理解更为深入，在他的观点中，社区绝非仅仅局限于地理范畴的概念，而有着更为丰富和深刻的内涵，它涵盖了居民独特的生活方式以及鲜明的文化特征。具体而言，一个完整的社区至少应包含三个关键要素：一是居民群体，这是构成社区的主体；二是明确的地域范围，它为社区活动提供了空间载体；三是独特的生活方式，这是社区文化的重要体现，反映了居民之间的互动模式与生活习惯。2000 年发布的《民政

部关于在全国推进城市社区建设的意见》将“社区”界定为聚居在一定地域范围内的人们所组成的社会生活共同体。自20世纪90年代以来，尤其是进入21世纪，我国对城市社区治理进行了深入探索与实践，在长期实践过程中，逐步搭建起一套具有中国特色的基层治理体系。在这样的大环境下，高校后勤服务朝着社会化方向不断发展。受此趋势影响，学生宿舍规模持续扩张。拥有不同经历、性格的学生集中居住、混合生活的情形日益普遍，成为一种常态。部分高校为满足学生住宿需求，甚至在校外建设了相应的住宿设施。这些显著变化使高校宿舍管理与城市社区管理之间的关联日渐紧密，二者在诸多方面呈现出相互影响、相互促进的态势。

高校学生社区，作为城市社区的一种特殊形态，以其独特的功能和定位，在大学生活中扮演着至关重要的角色。它以学生宿舍为核心，融合了食堂、文体活动区、商业服务点等多种设施，形成了一个集生活、学习、娱乐于一体的综合性社区。在这个社区里，独特的社区文化、完善的管理机构、活跃的学生组织共同构成了其鲜明的特色，这使得高校学生社区不仅成为大学生日常生活的基本单元，更是他们精神文化生活的重要场所。随着时代发展，高校学生社区逐渐成为高校思政教育的重要阵地。2004年，中共中央、国务院发布的《关于进一步加强和改进大学生思想政治教育的意见》明确指出，要高度重视大学生生活社区、学生公寓、网络虚拟群体等新型大学生组织的思想政治教育工作。这为强化高校学生社区在思政教育方面的作用提供了政策依据和理论指导。同年，教育部、共青团中央发布《关于加强和改进高等学校校园文化建设的意见》，提出“要充分发挥学生社区、学生公寓、网络虚拟群体等新型大学生组织在校园文化建设中的重要作用”。在此基础上，2006年，第十五次全国高校党的建设工作会议提出了探索党的工作如何有效覆盖学生公寓、社区和社团的机制。这一提议推动了高校学生社区在党建方面的实践探索，使得运用学生社区平台开展大学生思想政治教育成为了一种常见的做法。随着实践深入，不少高校开始在学生社区和宿舍楼内创建学生党支部，以扩大党在学生学习与生活中的覆盖范围，增强党的影响力。这一行动不仅丰富了高校学生党建工作的内涵，而且为高校学生社区的建设提供了新的方向。2017年，中共教育部党组发布的《普通高等学校学生党建工作标准》进一步提出，要探索依托重大项目组、课题组和学生公寓、社区、社团组织等建立党组织。这一要求为高校学生社区在党建方面的实践提供了更加明确的指导和方向。不少高校积极响应这一要求，继续深化在学生社区的党建工作实践。基于一系列的实践成果和经验总结，2019 年，教育部启动高校“一站式”学生社区综合管理模式建设工作。“一站式”学生社区概念旨在以学生社区为基础，构建一种能够实现全员育人、全过程育人、全方位育人的综合管理新模式。这一新模式的提出，标志着高校学生社区建设步入了一个全新的阶段。它不仅强调了高校学生社区在思政教育、党建工作等方面的重要作用，还提出了更加全面、系统的管理方式和育人理念，为高校学生社区的未来发展指明了方向。

（二）高校“一站式”学生社区

学生宿舍正逐步向更加综合化的学生社区转型，而“一站式”学生社区的构想也在实践中逐渐清晰，这一趋势充分展现了各级党委以及高校在强化和优化学生宿舍党建工作与思想政治工作方面的前瞻性和积极作用。为了推动这一转型的顺利进行，2020 年，《教育部等八部门关于加快构建高校思想政治工作体系的意见》对“一站式”学生社区建设的关键举措进行了全面而深入的阐释。该意见明确指出，要依托书院、宿舍等学生生活园区，探索学生组织形式、管理模式、服务机制改革，推进党团组织、管理部门、服务单位等进驻园区开展工作，把校院领导力量、管理力量、服务力量、思政力量下沉到教育管理服务学生一线。园区的建设目标非常明确，即打造成为一个融合多功能的综合性教育生活空间。在这个空间里，思想教育可以有序推进，师生之间可以进行充分的交流互动，各类文化活动也可以得到顺利的开展。同时，这个空间还能为师生提供全面而便捷的生活服务，满足他们的日常需求。

结合以往的教育实践和当前的政策导向，我们可以将“一站式”学生社区的核心理念理解为：高校依据“一站式”的理念与模式构建的一种新型学生生活园区管理与服务体系。这一体系不仅强调学生社区的综合性与功能性，还注重管理与服务的创新性和人性化。为了深入理解这一概念，我们需要关注以下三个方面。

第一，高校“一站式”学生社区的核心精髓在于将管理与教育功能紧密结合，打造全方位育人环境。学生宿舍这一传统居住空间已完成功能性跃迁，转变为高校实施个性化、精细化管理与服务的前沿阵地。无论是重塑学生社区的组织架构，还是推行“一站式”综合管理模式，所有努力均旨在优化学生的住宿体验、生活品质和学习条件。人性化的管理策略与高品质的服务项目，不仅能赢得学生的价值认同与情感归属，还能激发学生参与社区管理的主体意识，使得学生宿舍真正成为高校实现管理育人、服务育人目标的核心平台。在此坚实基础上，依托学生生活园区、学生社区等载体，高校可以构建一套旨在促进学生全面发展的新型管理与服务育人体系，为学生的成长成才提供更加广阔的空间。

第二，高校“一站式”学生社区的建设旨在提升协同育人的质量与效率。学生宿舍作为人才培养的新阵地，不仅是对传统以学院、专业、年级、班级为单位的育人模式的补充，更是将教育教学活动延伸至宿舍、丰富教育活动内容与形式的重要途径。无论是高校领导干部、教师深入学生宿舍开展思想政治教育工作，还是现代书院制在人才培养模式上的创新探索，都始终坚持将思想政治教育工作全面融入教育教学的各个环节。推动全员育人、全过程育人、全方位育人的理念与模式深入宿舍领域，实现育人资源的汇聚与整合，从而达到协同育人的效果。只有不断完善协同育人的工作机制，提升工作效率，才能在从宿舍到社区，再到“一站式”社区转型的过程中，确保规划的科学性、流程的合理性和效能的显著提升，为培养德才兼备的高素质人才提供有力支撑。

第三，高校“一站式”学生社区的创新亮点在于构建高效的“一站式”协同育人机制。相较于传统宿舍，学生社区在组织形式上打破学院、专业、年级乃至师生间的壁垒，实现无差别的规章制度管理，可避免辅导员、班主任个体差异导致的管理不一致问题。而“一站式”学生社区与普通学生社区的关键差异，则体现在管理模式的创新上，如优化顶层设计、创新体制机制、搭建信息共享平台等，实现育人资源与力量在“一站式”学生社区高效汇聚，能有效解决协同育人过程中存在的资源分散、效率低下等问题。从这一角度来看，如果缺乏“一站式”服务平台的技术支撑，高校“一站式”学生社区的建设将难以持续健康发展，更难以实现预期的育人效果。因此，加强技术平台建设，提升信息化水平，是推进高校“一站式”学生社区建设的重要一环。

二、高校“一站式”学生社区的功能设计

在推动高校构建“一站式”学生社区体系的进程中，教育部精心谋划并系统安排了多方面的工作，涉及强化党的领导，发挥学生事务部门的主导作用，推动学生的广泛参与，明确党支部的指导方向，凝聚学生社团的协作效应、深化辅导员的深度介入等多个维度。针对加强党的建设、深化团队协作、提升学生参与度和夯实基础条件这四个关键领域，教育部提出了明确的指导方针，目标是构建适应新时代需求的高校管理新架构，即新时代高校版“枫桥经验”，融合基层社会治理智慧，强调问题就地解决与服务贴近学生，引领高等教育管理体系的革新与能

力跃升。在此指引下,“一站式”学生社区的目标定位超越了传统范畴,旨在通过构建全方位、多层次的服务体系,促进学生全面发展,提升其综合素质与社会适应能力。同时,其功能布局超越了单一居住功能,集合学习支持、生活服务、文化交流、自我管理等多种功能,为高等教育现代化转型注入新动力。

(一) 增强党建引领功能

在推进中国特色社会主义大学教育事业的过程中,提升高校党的领导效能与党建工作品质无疑是关键所在。而将党建工作延伸至学生社区,不仅是对党的全面领导原则的深入贯彻,更是深化学生社区育人功能,实现物质与精神双重建设的重要基石。党建的核心导向作用在学生社区建设中得到了充分体现,并具体体现在以下五个关键方面。

第一,思想引领与价值塑造。学生社区作为大学生日常生活和学习的重要场所,是思想交流与价值碰撞的前沿阵地。通过党建工作进社区,引导广大学生树立正确的世界观、人生观和价值观,坚定中国特色社会主义道路自信、理论自信、制度自信、文化自信。通过组织丰富多彩的党建活动,如主题党日、红色文化宣讲、先进事迹分享等,让学生感悟党的历史、理解党的理论、认同党的价值,从而自觉成为社会主义核心价值观的践行者和传播者。

第二,组织建设与队伍培养。党建工作进社区,需要加强基层党组织的建设,确保党的组织和工作覆盖到每一个社区、每一个班级、每一个宿舍。通过建立健全学生党支部、党小组等组织体系,选拔和培养一批政治素质高、工作能力强的学生党员和学生干部,打造一支能够担当重任、经得起考验的学生骨干队伍。这些队伍在社区的日常管理、文化建设、志愿服务等方面发挥重要作用,成为连接学校与学生的桥梁和纽带。

第三,服务群众与解决实际问题。党建工作不仅要“高大上”,更要“接地气”。深入学生社区,了解学生的实际需求,解决学生的实际问题,是党建工作赢得学生信任和支持的重要途径。可以设立党员服务站、党员先锋岗等,为学生提供学习辅导、心理咨询、就业指导等服务,切实解决学生在学习、生活、就业等方面的困难和问题。同时,党员带头参与社区志愿服务、公益活动,培养学生的社会责任感和奉献精神。

第四,文化建设与氛围营造。学生社区的文化氛围直接影响着学生的成长成才。党建工作进社区,可以推动形成积极向上、健康文明的社区文化。可以利用社区宣传栏、微信公众号等平台,宣传党的方针政策、先进典型事迹,营造浓厚的政治文化氛围。同时，组织文艺演出、读书分享等活动，丰富学生的课余生活，提升学生的文化素养和审美能力。

第五，制度创新与机制完善。党建工作进社区需要不断创新工作机制和方法手段，以适应新时代高校育人的新要求。可以探索建立“党建＋互联网”的工作模式，利用现代信息技术手段提高党建工作的效率、扩大党建工作的覆盖面。同时，建立健全学生社区党建工作的考核评价机制，将党建工作成效纳入学校整体评价体系，激励广大党员和学生干部积极参与社区建设和管理。

（二）增强思政贯穿功能

在构建中国特色社会主义大学教育体系的进程中，增强思政教育的贯穿功能，是确保学生全面发展的重要一环。思政教育不仅关乎学生价值观的塑造，更是培养其成为有理想、有道德、有文化、有纪律的社会主义建设者和接班人的关键。为此，需要加快以下五大群体有效融入学生社区的步伐。

第一，推动党政领导力量深入社区前线。鼓励党政领导干部以身作则，深入社区基层，建立校级领导、部门负责人、院系党组织负责人等定期走访社区的机制，党政领导干部担任社区的“领航者”“楼层联络员”，直接与学生建立紧密联系，既亲身参与社区建设的各项活动，又敏锐把握社区发展的实际问题与挑战，为社区的持续发展注入新活力，提供坚实的支撑与全面的保障。

第二，明确辅导员与班主任的社区角色定位。辅导员与班主任作为学生成长道路上的重要引路人，其作用在学生社区中尤为重要。他们应被赋予更加明确的社区职责，如担任社区辅导员、班主任工作站站长等，定期深入宿舍、班级，开展一对一谈心、小组辅导等活动，及时了解学生的思想动态，解决学生的心理困惑。同时，通过组织主题班会、社区论坛等形式，引导学生围绕社会热点、人生规划等话题展开讨论，培养学生的批判性思维和解决问题的能力。辅导员与班主任还需加强与专业课教师的沟通协作，共同构建以学生为中心的成长支持体系，实现思政教育与专业教育的深度融合。

第三，促进心理健康教育团队的专业介入。心理健康是学生全面发展的重要组成部分。学生社区应成为心理健康教育的重要阵地，通过引入专业的心理健康教育团队，如心理咨询师、心理辅导员等，定期开展心理健康讲座、工作坊、团体辅导等活动，为学生提供心理调适、压力管理、情绪调节等方面的专业指导。同时，建立心理健康监测与干预机制，对存在心理困扰的学生进行早期识别、及时干预，构建安全、温馨、包容的社区心理环境，提升学生的心理韧性和社会适应能力。

第四，推动专业教师深度融入社区建设。积极倡导专业课程教师以及思想政治课程教师投身到社区建设之中，充分发挥他们的专业特长，为社区开展的育人活动给予精准且专业的指导。同时，教师通过参与社区各类活动，能够更深入地洞察学生的实际需求与面临的问题。基于这些了解，教师可以对课程设计和教学方法进行持续优化，从而有效提升教学质量。

第五，鼓励校友及社会各界人士参与社区共建。校友资源和社会资源是丰富学生社区文化内涵、拓宽学生视野的重要源泉。邀请杰出校友回校分享、设立校友奖学金、开展校企合作项目等方式，不仅可以为学生提供职业发展的榜样和动力，还能促进理论与实践相结合，增强学生的实践能力和社会责任感。同时，鼓励社会各界人士，如企业家、艺术家、公益人士等，以志愿者身份参与社区活动，如职业规划讲座、艺术欣赏会、公益项目策划等，为学生提供多元化的学习体验，拓宽其视野，培养其社会责任感和公民意识。

（三）增强人才培养功能

人才的培养是国家和民族持续繁荣发展的根本。在全球竞争中，人才培养的竞争实际上是人才培养体系之间的竞争。国家对高等教育的冀望在于培养既有红色基因又具备专业技能，德才兼备、全面发展的创新型人才。在此背景下，强化学生社区服务在人才培养体系中的作用，实现学生社区从单一的生活功能向综合教育功能的转变，对于拓展人才培养途径具有重要意义。这主要体现在以下四个方面的提升。

第一，品格塑造与价值观引领。学生社区服务不仅是校园日常生活的组成部分，更是品格教育和价值观引领的重要平台。通过参与社区服务，学生可以在实践中学习团队合作、责任担当、尊重他人等社会基本规范，这些品质是学生成为栋梁之材不可或缺的。同时，社区服务活动往往与解决社会问题、改善公共环境紧密相连，能够激发学生的社会责任感和公民意识，促进其形成积极向上的人生观和价值观。高校应设计具有针对性的社区服务项目，如环保行动、助老助残、支教服务等，让学生在服务中体验、在体验中成长，实现知识与品德的双重提升。

第二，实践能力与创新思维培养。学生社区服务为学生提供了将理论知识应用于实践的机会，是连接课堂与社会的重要桥梁。通过参与社区服务活动，学生可以体验社会运作机制，了解社会需求，从而在实践中发现问题、解决问题，培养创新思维和解决问题的能力。例如，在社区开展的健康教育、科技普及、文化传承等活动中，学生可以运用所学专业知识，设计并实施解决方案，这一过程不仅能锻炼学生的专业技能，还能激发其创新潜能。高校应鼓励学生将社区服务作为实践课程的一部分，通过项目化管理、导师指导等方式，确保实践活动的有效性和深度。

第三，跨学科学习与综合素质提升。学生社区服务往往涉及多个领域，如社会学、心理学、公共卫生、信息技术等，这为学生提供了跨学科学习的机会。通过参与多样化的服务活动，学生可以跨越专业界限，接触并学习不同领域的知识和技能，促进综合素质的全面提升。高校可以设立跨学科社区服务团队，鼓励学生根据自身兴趣和特长选择服务活动，同时引入跨学科教师团队，提供必要的指导和支持，促进学生在实践中实现知识的交叉融合与创新应用。

第四，社会网络与职业准备。学生社区服务是学生建立社会网络、提前进行职业准备的有效途径。通过参与服务活动，学生可以与社区成员建立联系，拓宽社交圈，了解职业世界的多样性和复杂性。同时，学生社区服务活动所需的项目管理、团队协作、沟通协调等能力，是职场成功的关键要素。高校可以与企业、非营利组织等外部机构合作，为学生提供更多样的社区服务机会，同时引入职业规划指导，帮助学生将社区服务经历转化为求职竞争力，为未来的职业生涯奠定坚实基础。

（四）增强管理服务功能

在高等教育领域，教育、管理与服务是至关重要且缺一不可的三个核心要素。它们相互依存、相互渗透，并在人才培养的全过程中协同作用，产生持久而深远的影响。作为高等教育系统运行的基础支柱，管理与服务不仅确保了教育活动的有序开展，更是实现教育目标、提升教育质量的关键策略。2017 年，中共教育部党组发布的《高校思想政治工作质量提升工程实施纲要》着重强调了"管理育人质量提升体系"与"服务育人质量提升体系"的战略重要性，进一步凸显了二者在推动高等教育质量提升中的核心地位。

第一，夯实物质基础，为高等教育质量提升提供坚实支撑。物质基础是高等教育体系稳健运行的前提与保障。在高等教育领域，物质基础不仅包括硬件设施、教学设备、科研平台等硬件资源，还包括师资力量、教学资料、图书文献等软件资源。这些资源的合理配置与高效利用，是提升教育质量、促进人才培养的关键。一方面，硬件设施与教学设备的现代化是提升教育质量的基础。通过引进先进的教学设施与科研平台，高校能够为学生提供更加优质的学习与研究环境，激发他们的学习兴趣与创新潜能。这些设施也为教师的教学与科研活动提供了强有力的支持，有助于提升教师的教学质量与科研水平。另一方面，师资力量的雄厚与否直接关系到高等教育的质量。高校应加大对优秀人才的引进与培养力度，构建一支高水平的师资队伍。这些教师应具备深厚的学术功底、丰富的教学经验和良好的师德师风，能够为学生提供优质的教学服务与指导，帮助他们全面发展。此外，教学资料与图书文献的丰富程度也是衡量高等教育质量的重要指标。高校应加强对教学资料与图书文献的建设与管理，确保学生能够获取全面、准确、及时的信息资源，为他们的学习与科研提供有力的支持。

第二，强化政策支撑，为高等教育质量提升提供制度保障。政策支撑是高等教育质量提升的重要保障。在高等教育体系中，政策不仅具有引导与规范的作用，还能够为高校提供必要的资源与支持，促进高等教育的持续发展。一是政府应加大对高等教育的投入力度，确保高校能够获得足够的资金与资源支持。这些资金与资源可以用于改善硬件设施、提升师资水平、优化课程设置等方面，从而全面提升教育质量。二是政府应制定科学合理的政策与法规，为高校的发展保驾护航。这些政策与法规应涵盖高等教育的各个方面，包括招生、教学、科研、就业等，确保高校在各项工作中都能有法可依、有章可循。三是政府还应加强对高等教育的监管与评估工作，确保高校能够按照既定的目标与要求开展各项工作。通过定期的评估与反馈，政府可以及时了解高校的发展状况与存在的问题，并采取相应的措施加以解决，从而推动高等教育的持续发展。

第二节 ╱ 高校"一站式"学生社区育人的基本特征

一、层次感：全方位多维度育人

"一站式"学生社区教育模式是一种深入且广泛的教育创新实践，它依据自然生态的发展规律，致力于构建一个全方位、多角度的育人环境。在这种模式中，学生的个性化差异被看作一种珍贵的资源。通过精确识别学生在思想认识、兴趣特长、学业成绩、地域文化等方面的个体差异，社区能够根据学生的发展需求提供定制化的资源和支持体系。秉持个性化教育理念，充分尊重并聚焦学生个体间的差异，这一独特的教育方式，能够确保每一名学生都能置身于契合自身特点的环境之中，进而获得发展契机。

（一）精准分层与资源配置

在打造高校“一站式”学生社区的过程中，教育部门深刻认识到学生群体的多样性和复杂性，这是制定资源配置策略的基础。通过运用先进的数据分析工具和深入调研，高校能够精确识别并理解不同学生群体的需求层次和个体差异，从而实施精细化分层和差异化资源配置策略。对于学业成绩优异的学生，他们通常具有强烈的学术探索和创新实践欲望，社区可特别提供高端学术资源平台和创新实践基地，如科研实验室等学术场所，汇聚前沿成果的顶尖学术论坛，以及充满挑战与机遇的创新竞赛等平台，都能在激发学生学术热情方面发挥重要作用，同时也有助于培养他们的创新思维、提升他们的实践技能。而对于学业基础较弱的学生，社区则可提供个性化的学习支持和辅导资源，包括设立学习辅导站、组建互助学习小组、制订个性化学习计划等，旨在通过精准帮扶，帮助学生跨过学习难关，提高学业成绩。同时，考虑到学生兴趣和职业规划的多样性，社区还可积极引入多样的课外活动和实践机会，诸如学生社团、兴趣小组，以及职业规划讲座与实习项目等，其目的在于拓宽学生的视野，充实他们的课余时光，为学生未来的职业发展筑牢根基。

（二）多维度育人设计

“一站式”学生社区并非仅关注学生的学习成绩，而是更加注重对学生综合素质的培育。在育人模式的构建方面，社区可从服务、文化、心理、学业四个维度入手，综合采取多种措施，搭建起一个全方位的育人架构。在服务维度，社区可配备完备的生活服务设施，从日常的生活起居到学习用品的提供，这些设施能够充分满足学生在日常生活中的各类需求。在文化维度，社区可通过举办多种多样的文化活动，如读书沙龙、音乐会、艺术展览等，来助力学生提升自身的文化素养以及审美鉴赏能力。这些文化活动是丰富的精神食粮，滋养着学生的心灵，让他们在艺术与知识的海洋中不断汲取养分。在心理维度，社区可专门设立心理咨询室，并配备专业的心理咨询服务人员。这一举措旨在帮助学生更好地应对在学习和生活中遇到的各种心理挑战，逐步提升他们的心理调适能力，让学生能够以健康、积极的心态面对成长中的种种困难。在学业维度，社区不仅可为学生提供高质量的课程资源，还可通过设立学习辅导中心、创新创业平台等多样化的学习支持平台，全方位为学生的学业进步和创新能力培养提供有力支撑。无论是知识学习，还是实践创新能力提升，学生都能在社区内找到相应的帮助和支持。

（三）育人效果的评估与反馈

在"一站式"学生社区的育人成效评估与反馈机制里，社区不仅应关注学生的学习成绩，更应聚焦他们的全面发展状况。通过全面且细致的数据收集与分析工作，社区能够全面、深入地了解学生在学术、社交、心理等多个领域的综合表现。收集的数据涵盖多个方面，其中：考试成绩、作业完成情况、课堂上的参与活跃度，能够直观地反映学生的学术表现；学生在社团活动中的参与程度，则体现了他们的社交活跃度；此外，开展专门的心理健康调查获取学生的心理健康状态数据，有助于社区了解学生的心理状况。为了构建一个多元化、全面的评价体系，社区可积极邀请学生、教师和家长共同参与评价。学生作为受教育的主体，他们的反馈对准确评估教育效果具有至关重要的作用；教师凭借丰富的教学经验和对学生日常学习的观察，能够从专业教学的角度对学生的学习态度和进步情况进行评价，为教育效果的评估提供专业的视角；而家长则可以依据家庭教育的经验和对孩子的了解，从家庭的角度对社区的教育模式提出建设性意见和建议。这种多方参与的评价方式，能够让社区从多个角度全方位地了解育人工作所取得的成效，及时发现其中存在的问题和不足之处。在获取评估结果之后，社区应迅速对这些结果进行深入分析和总结，并依据实际情况对育人策略和资源配置进行相应的调整。举例来说，如果发现学生在心理健康方面存在较多问题，社区会针对性地增加心理健康教育资源，进一步强化心理辅导和咨询服务，为学生提供更加全面、专业的心理健康支持；倘若发现学生对社团活动的参与度不高，社区会对活动内容和形式进行优化，结合学生的兴趣和需求，提升活动的吸引力和参与度，鼓励更多学生积极参与其中。此外，社区还应定期组织开展育人成效评估与反馈会议。在会议上，大家可共同分析育人工作中存在的问题，商讨并制订切实可行的改进方案。通过持续不断的优化和改进，社区才能够逐步提升育人成效，为学生创造一个更加有利于全面发展的良好环境。

二、共生性：全员多主体育人

"一站式"学生社区教育模式的一个显著特点是合作共赢，即倡导全员参与、多方协同育人的理念。在这种模式下，辅导员、教职工、党政领导、学生、家长等各方力量都被视为教育生态系统中的关键部分，各方相互联系、协同工作，共同构建一个全面而细致的育人网络。

（一）多元主体的角色定位

在“一站式”学生社区这一综合性的育人体系中，各主体均承载着特定的职责与使命，多元主体共同编织出一张紧密相连的育人网络。辅导员作为社区的“领航者”与“组织者”，不仅负责学生的日常管理，确保社区生活的有序进行，更承担着思想引导的重任。通过定期的谈心谈话、主题班会等形式，辅导员能够深入了解学生的思想动态，引导学生树立正确的世界观、人生观和价值观，为学生的全面发展奠定坚实的思想基础。教师则是知识的“传播者”与技能的“培养者”，一方面，他们能够利用自身的专业优势，为学生提供深入浅出的学术指导，激发学生的求知欲与探索精神；另一方面，他们可鼓励学生参与科研项目、社会实践等活动，让学生在实践中学习、在探索中成长，激发学生的科研兴趣，培养学生的实践能力。党政领导则应把握社区的政治导向，确保育人工作始终与国家政策和要求保持一致。他们可通过制定相关政策、规划社区发展方向等方式，为社区的持续发展提供坚强的政治保障。同时，党政领导应积极参与社区的各项活动，与师生共同营造积极向上的校园文化氛围。学生是“一站式”学生社区的中心和受益者，他们可以通过参与社区的各种活动，如学术讲座、文艺演出、志愿服务等，不断提升自己的综合素质与能力。在这个过程中，学生不仅能收获知识与技能，更能提升团队合作、沟通协调等社会技能，为未来的职业生涯打下坚实的基础。家长作为社区的重要合作伙伴，通过参与社区活动、提供教育资源等方式，为学生的成长贡献力量。家长的参与不仅能增强社区的凝聚力与向心力，更能为学生提供更加丰富的成长资源支持。在“一站式”学生社区中，家校合作成为育人的重要一环，双方共同为学生的全面发展保驾护航。

（二）协同育人的机制建设

在“一站式”学生社区中，协同育人的目标需依靠完善机制来推动落实。为此，社区需在机制建设上进行深入的探索与实践。一是为了确保信息的流通与共享，社区定期组织会议和研讨活动。这些活动不仅能为各方主体提供一个交流的平台，更能促进信息的传递与共享。通过会议和研讨活动，辅导员、教师、党政领导、学生和家长等各方主体能够及时了解社区的最新动态、育人工作的进展和存在的问题，从而有针对性地提出解决方案，共同推动育人工作的深入发展。二是为了整合各方主体的力量，社区可以成立联合工作小组、项目团队等组织。这些组织由来自不同领域的专家、学者和实践者共同组成，他们各展所长，共同为育人工作贡献力量。例如，学生创新创业指导团队由辅导员、专业教师、企业专家等共同组成，他们不仅可以为学生提供创新创业的理论指导，还可以通过实践项目、创业竞赛等形式，帮助学生将理论知识转化为实践能力，提升学生的创新创业能力。三是为了激发各方主体参与育人工作的积极性，社区可以制定激励机制和奖励政策。这些政策不仅能为在育人工作中表现突出的个人和团队提供物质和精神上的奖励，更能营造一个积极向上、协同育人的良好氛围。在这种氛围下，各方主体都能够充分发挥自己的优势，共同为育人工作贡献力量。

（三）共生关系的维护与提升

在"一站式"学生社区这一综合性的育人平台上，共生关系的维护与提升是确保社区持续健康发展的关键所在。为了构建一个和谐稳定、有利于各方共同发展的教育生态系统，社区需要从多个维度出发，不断巩固与升华共生关系。

第一，文化建设是营造和谐共生氛围的基石。社区应致力于打造一个积极向上、充满正能量的教育环境，通过文艺晚会、学术讲座、读书分享会等文化活动，促进各方主体之间的情感交流与思想碰撞。同时，志愿服务等公益活动的开展，不仅能够提升学生的社会责任感与公民意识，还能在实践中增进学生、教师、家长等社区成员之间的相互了解与信任，为共生关系的深化奠定坚实的情感基础。

第二，制度保障是维护共生关系稳定的关键。社区应建立健全各项规章制度，确保各方主体的权益得到切实维护。例如，学生权益保障机制的建设，旨在防止学生权益受到侵害，为学生提供及时有效的帮助与支持。同时，教师、辅导员等社区工作人员的权益也应得到充分重视，通过设计合理的薪酬体系、职业发展路径等激励措施，激发他们的工作热情与创造力，为社区的持续发展贡献力量。

第三，社区还需注重共生关系的动态调整与优化。随着社区成员的成长与变化，以及外部环境的影响，共生关系可能会面临新的挑战与机遇。因此，社区应建立灵活的反馈机制，及时收集各方主体的意见与建议，对共生关系进行持续改进与优化。通过定期的评估与调整，确保共生关系始终与社区发展的实际需求保持同步，为社区的持续发展提供源源不断的动力。

三、动态性：全过程多业态育人

（一）教学因子的动态调整

在“一站式”学生社区的教育体系中，教学要素涵盖课程资源、教学方法、教学媒介等多个方面。这些要素并非一成不变，而是需要依据学生的实际需求以及教学计划的安排进行动态调整。以信息技术的持续发展为例，社区应紧跟时代步伐，积极引入在线学习平台、虚拟实验室等创新型教学手段。这些新型教学工具能够为学生打造更为便捷、高效的学习环境，满足学生多样化的学习需求。此外，社区还需关心学生的学习状态，以便对课程内容和难度进行合理调整，确保课程设置既符合学生的学习能力，又能让学生保持良好的学习节奏，进而取得理想的学习效果。

（二）学生成长的持续跟踪

“一站式”学生社区秉持全面育人的理念，关注学生完整成长历程，需构建一套完善的学生成长追踪体系，在学业表现、综合素质、心理健康等多个维度对学生进行全周期的跟踪与评估。通过定期、系统地收集和深入分析学生的成长数据，社区能够敏锐地察觉到学生在成长过程中出现的问题与不足。针对这些情况，社区可迅速采取针对性的干预措施，为学生提供切实有效的帮助。例如：对在学业上遇到困难、成绩不理想的学生，社区会量身定制个性化的辅导和补习方案，提供丰富的学习资源，助力他们提升学业水平；对存在心理困扰的学生，社区可安排专业的心理咨询师和辅导人员，为他们提供专业的心理支持和帮助，引导他们走出心理困境。这种对学生全周期的关注以及个性化的服务模式，能够充分体现社区对学生细致入微的关怀，确保学生在社区中能够获得全方位、多层次的支持与引导。

（三）多业态育人的实施与拓展

“一站式”学生社区育人模式的优势在于具备强大的适应性，能够在不断变化的环境中持续丰富育人实践。随着社会的多元化发展以及学生需求的日益多样化，社区积极探索育人领域的拓展，不断创新育人方式方法。例如，社区可以引入创业教育、国际交流、社会实践等多元化的育人项目，为学生搭建起更为广阔的成长平台，让学生在不同的领域中锻炼能力、拓展视野。同时，社区还能主动寻求与校外企业、机构展开深度合作，借助外部资源的优势，共同推动育人活动的深入开展。这种动态的育人实践模式，不仅极大地丰富了社区的育人内容，还使育人工作更具针对性和实效性，能够更好地满足学生在不同阶段的成长需求，为学生的未来发展奠定坚实的基础。

第三节 高校“一站式”学生社区的基本要求

一、明确建设目标

打造“全面覆盖”的学生社区，是一项融合综合集成体系、网格化管理策略、精细化服务架构和信息技术支撑的综合性工程。这一项目的发展并非一蹴而就，而是一个逐步推进的过程，在此过程中，清晰明确的目标导向起着关键作用。2021年，教育部思想政治工作司在工作规划布局中，着重强调打造学生党建新高地，将“智慧服务标杆平台”纳入整体发展规划之中。始终如一地依照既定目标开展工作，不仅是实际操作层面的必然要求，更是基于战略规划的审慎考量。这对于推动“一站式”学生社区实现长期、稳定的发展，具有极为深远的意义。

（一）构筑学生党建前沿阵地

“一站式”学生社区作为新时代高校教育管理与服务创新的重要模式，其基本要求之一便是构筑学生党建前沿阵地。党的领导不仅是提升我国高等教育水平的根本保证，而且是推动高校教育管理工作不断向前发展的核心驱动力。在这一背景下，将党建工作置于提升教育质量与管理水平的核心位置，对构建“一站式”学生社区而言，具有至关重要的意义。

一是确保党团组织的全面覆盖。在“一站式”学生社区的建设中，确保党团组织的全面覆盖是构筑学生党建前沿阵地的首要任务。这要求高校在构建学生社区时，必须充分考虑党团组织的设置与布局，确保每一个社区、每一个楼层，甚至每一个宿舍都有党团组织的存在与影响。一方面，每一个关键节点都应设立党团组织，这不仅包括在社区层面设立党总支或党支部，还应在楼层、宿舍等基本单位设立党小组或团小组，形成上下贯通、左右互联的党团组织网络；另一方面，确保党团组织能够深入学生群体，及时了解学生需求，有效发挥引领作用，使党的声音能够传递到每一个学生心中，党的政策能够得到有效落实，从而为学生社区的和谐稳定与健康发展提供坚强的政治保障。

二是依托党团活动加强阵地建设。在党团组织全面覆盖的基础上，依托党团活动加强阵地建设是构筑学生党建前沿阵地的关键举措。这要求高校在"一站式"学生社区中，不仅要设立党团组织，还要通过组织开展丰富多彩的党团活动，激发学生的内在活力，增强党团组织的凝聚力和战斗力。一方面，组织策划一系列主题鲜明、形式多样的党团活动，如主题党日、团日活动、志愿服务、社会实践等，为学生提供展示自我、锻炼能力的平台，同时也能够增强党团组织的吸引力和影响力；另一方面，以活动为载体，加强对学生党员和团员的教育、管理与服务，引导学生党员和团员树立正确的世界观、人生观和价值观，增强他们的党性观念和责任意识，从而为学生社区的党建工作注入源源不断的活力。

三是加强理论学习以坚定信仰。在构筑学生党建前沿阵地的过程中，加强理论学习以坚定信仰是不可或缺的一环。这要求高校在"一站式"学生社区中，必须注重对学生党员和团员的理论教育，引导他们深入学习党的理论和路线方针政策，坚定共产主义信仰。一方面，定期举办理论学习班、研讨会、读书会等活动，为学生提供系统、全面的理论学习平台，帮助他们掌握党的理论知识，提升理论素养；另一方面，以理论学习为基础，引导学生党员和团员将理论知识转化为实际行动，积极投身社会实践和志愿服务等活动，加深学生对党的理论和路线方针政策的理解与认同，增强他们的社会责任感和使命感，从而为学生社区的党建工作提供坚实的思想基础。

（二）建设"三全育人"实践园地

在当今高等教育体系中，学生社区不仅是大学生日常学习和生活的重要场所，更是推进思想政治教育工作的关键阵地。为了更有效地发挥学生社区的育人功能，高校不能仅仅将其视为一种教育工具，而应致力于构建一个全员、全过程、全方位的育人生态系统。这一生态系统旨在优化大学生的学习和生活环境，筑牢他们成长的精神根基，为他们提供全面而深刻的教育体验。

一是全面融入，激发学生社区的教育潜能。全面融入，即在学生社区的各个层面与环节深度融入育人理念，使之成为社区文化与实践的核心要素。这要求高校在规划与建设学生社区时，必须充分考虑其教育功能，确保社区不仅满足学生的基本生活需求，更能在潜移默化中传递正确的价值观与教育理念。需通过设计富有教育意义的社区活动，如学术讲座、文化交流、志愿服务等，将思想政治教育融入学生的日常生活。同时，利用社区公共空间，如图书馆、学习室、讨论区等,营造积极向上的学习氛围,鼓励学生自主学习、互动交流,从而在无形中提升其综合素质。此外,高校还应注重社区文化的建设,通过举办主题展览、文艺晚会等活动,弘扬中华优秀传统文化与社会主义核心价值观,增强学生的文化自信与民族自豪感。

二是全程陪伴,打造无缝衔接的学生社区教育链条。"一站式"育人理念的核心在于全程参与和持续引导,旨在确保学生社区教育能够形成一个连贯、有序且高效的教育链条。为实现这一目标,学生社区应依据学生不同的成长阶段,精心策划并实施一系列具有针对性的教育活动。对刚入学的新生,社区需扮演引导者的角色,通过组织迎新活动、介绍校园文化、讲解规章制度等,帮助他们迅速融入校园生活,熟悉并遵守学校的规章制度,为后续的学业和生活奠定坚实基础;对大一学生,社区应致力于帮助他们摆脱高中阶段单一的评价体系,鼓励他们积极参与校园活动,挖掘自身潜力,通过开展职业规划讲座、专业技能培训、领导力提升等活动,增强学生的综合素质和竞争力,为他们未来的职业发展打下良好基础;对大二学生,社区应着重培养他们的自主学习能力和团队协作能力,通过组织学术研讨会、课题研究、团队项目等活动,引导学生深入探索专业领域,拓宽学术视野,同时培养他们的团队合作精神和解决问题的能力;对大三学生,社区应协助他们做好考研、就业或创业的规划,通过提供考研指导、就业信息、创业培训等资源,帮助学生明确自己的职业目标和发展方向,为未来的职业道路做好充分准备;对大四学生,社区则要注重培养他们的自信心、勇气和独立性,通过组织社会实践活动、志愿服务、校友交流等活动,鼓励学生走出校园,勇敢面对社会的挑战,运用所学知识为社会贡献力量。同时,社区还应提供必要的心理辅导和就业指导,帮助学生顺利过渡到职业生涯新阶段。

三是全面优化,构建高品质的学生社区教育环境。全面优化,即通过改善学生社区的硬件设施与文化氛围,提升其整体教育质量与环境品质。这要求高校在学生社区建设中,必须注重环境育人的作用,通过美化社区环境、丰富文化内涵等方式,为学生提供一个更加舒适、和谐的学习与生活空间。需加强社区基础设施的建设与维护,如宿舍、食堂、体育设施等,确保其安全、卫生、便捷。同时,注重社区绿化与美化工作,营造绿色、生态的居住环境。此外,还应加强社区文化建设,通过举办各类文化活动、建设文化设施等方式,丰富社区文化内涵,提升学生的文化素养与审美能力。在优化社区教育环境的过程中,应注重学生的参与度与满意度。通过定期开展问卷调查、座谈会等活动,收集学生的意见与建议，及时调整与优化社区教育方案与措施。

（三）争创平安校园样板高地

在高等教育日益重视全面育人的背景下，“一站式”学生社区的建设成为提升教育质量、促进学生全面发展的关键举措。其中，争创平安校园样板高地，不仅是高校落实习近平总书记“安全是发展的基石”这一重要指示的具体体现，还是保障人才培养工作顺利进行的前提。

第一，教育为先导，强化安全意识，培育安全文化。教育始终是平安校园建设的基石。在“一站式”学生社区中，教育不仅指知识的传授，更包括安全意识的树立和安全文化的培育。一是应将安全教育纳入学生社区的日常教育体系中，通过定期举办安全教育讲座、安全演练等活动，增强学生的安全意识和自救互救能力。二是注重安全文化的培育同样重要。通过悬挂安全标语、设置安全宣传栏、播放安全宣传视频等方式，营造浓厚的安全文化氛围，使学生在潜移默化中接受安全教育，形成人人讲安全、事事为安全的良好风尚。三是注重安全教育的实效性。通过问卷调查、座谈会等方式，了解学生对安全教育的需求和反馈，及时调整教育内容和方法，确保安全教育能够真正落到实处，取得实效。

第二，师生协同，构建安全共同体，形成合力。在平安校园建设中，师生协同是不可或缺的一环。构建安全共同体，可以充分发挥师生双方的积极作用，形成维护校园安全的强大合力。一方面，教师应成为安全教育的引领者和实践者。他们不仅要传授安全知识，更要以身作则，通过自身的言行影响学生，让学生感受到安全的重要性。同时，教师还应积极参与学生社区的安全管理工作，如担任宿舍管理员、辅导员等，及时发现并处理安全隐患。另一方面，学生也应成为平安校园建设的积极参与者。通过设立学生安全委员会、组织安全志愿者等方式，鼓励学生主动参与到校园安全管理和监督中来。这样不仅可以增强学生的责任感和使命感，还可以提高他们的安全意识和自我管理能力。此外，师生协同还体现在信息的共享和沟通上。通过建立有效的信息沟通机制，如定期召开师生安全座谈会、设置安全意见箱等，及时了解师生的安全需求和诉求，为平安校园建设提供有力的支持。

第三，利用现代技术，提升安全管理水平。随着科技的发展，现代技术在平安校园建设中的应用越来越广泛。在“一站式”学生社区中，充分利用科技力量，可以大大提升安全管理的效率和水平。一方面，可以引入智能化安全管理系统，如人脸识别门禁、智能监控等，实现对校园安全的实时监控和预警。这些系统不仅可以及时发现安全隐患，还可以为后续的处理提供有力的证据支持。另一方面，可以利用大数据分析技术，对校园安全数据进行深入挖掘和分析，发现潜在的安全风险和规律，为制定针对性的安全措施提供科学依据。此外，还可以开发校园安全 App 等移动应用，方便师生随时随地了解校园安全动态和安全隐患，从而提高安全管理的便捷性和时效性。

第四，健全完善机制，构建全方位、多层次的安全保障体系。在平安校园建设中，健全完善的安全保障机制是确保各项措施落到实处的关键。在"一站式"学生社区中，应构建全方位、多层次的安全保障体系，确保校园安全无死角、无盲区。一方面，应建立健全安全管理制度和应急预案。通过制定详细的安全管理制度，明确各方责任和义务，规范安全管理行为。同时，针对可能发生的各类安全事故，制定切实可行的应急预案，确保在事故发生时能够迅速响应、有效处置。另一方面，应加强对安全管理制度的执行和监督。通过建立安全检查、考核等机制，定期对校园安全管理工作进行检查和评估，发现问题及时整改，确保各项安全措施得到有效落实。此外，还应加强与地方政府、公安机关等部门的合作与联动，通过建立信息共享、联合执法等机制，共同维护校园及其周边地区的安全稳定。

（四）打造智慧服务示范营地

随着智能时代的到来，高校"一站式"学生社区的建设正面临前所未有的机遇与挑战。为了顺应时代潮流，推动社区服务向更高层次发展，打造智慧服务示范营地成为了一项迫切的任务。

一是坚持以学生为中心，推动社区服务实现"一站式"集成。这要求社区实现从分散服务向集约服务的根本性转变，积极探索"校社合作"的新型服务模式。吸引更多内外部资源进驻学生服务中心，简化办事流程，提高服务效率，力求"只进一扇门，办成多件事"。

二是引入自助服务设施，实现线上线下服务无缝衔接。为了进一步提升服务效率和质量，社区应引入自助服务设施，打造全天候自助服务区域。这些设施包括但不限于自助查询机、自助打印设备、自助缴费终端等，能够让学生在宿舍楼内或其他便利位置轻松完成各类日常服务事项，如查询成绩、打印资料、缴纳费用等。此外，自助服务区域应与线上服务平台实现无缝衔接，形成线上线下一体化的服务体系。这样不仅可以方便学生随时随地获取服务，还能有效缓解人工服务窗口的压力，提高整体服务效率。

三是强化服务评估与反馈机制，提升服务满意度。在智慧服务示范营地的建设中，服务评估与反馈机制是不可或缺的一环。这要求社区建立科学、合理的评估体系，将学生的满意度作为评估社区服务成效的关键指标。通过定期开展问卷调查、座谈会等方式，收集学生对社区服务的意见和建议，及时发现问题并进行整改。同时，社区还应建立有效的反馈机制，确保学生的诉求能够得到及时回应和解决。通过强化服务评估与反馈机制，不断提升社区服务的质量和水平，从而增强学生的归属感和满意度。

四是促进数据融合与创新应用，构建智慧服务生态。智慧服务示范营地的建设，关键在于促进数据融合与创新应用，以此推动社区服务向智能化、个性化发展。这要求学生社区建立健全数据管理体系，通过大数据分析和挖掘技术整合多维度学生数据，并提供精准服务。同时，积极探索并应用新技术，如人工智能、物联网、区块链等，以提升服务智能化水平。此外，构建开放共享的服务平台，吸引内外部资源参与，形成智慧服务生态，共同推动社区服务向更高效、便捷、人性化的方向发展。

二、把握建设原则

"一站式"学生社区的构建原则是其成功落地与持续繁荣的基石，深刻体现了高校对学生需求的全面把握，同时紧密契合现代教育理念，确保社区建设始终紧密围绕立德树人根本任务，致力于促进学生的全面发展。

（一）坚持把牢方向与遵循规律相结合

在构建"一站式"学生社区的过程中，坚持把牢方向与遵循规律相结合是首要原则。这一原则要求高校在社区建设中既要明确目标方向，又要遵循教育和学生成长的客观规律。一是明确目标方向，这是社区建设的灵魂。高校作为立德树人的重要阵地，其学生社区的建设必须紧密围绕培养德智体美劳全面发展的社会主义建设者和接班人的目标。因此，在构建"一站式"学生社区时，高校应明确其教育性、服务性、管理性的多重功能，确保社区建设始终服务于这一根本目标。二是遵循规律，这是社区建设的基石。学生社区的建设必须遵循教育规律和学生成长规律。这要求高校深入了解学生的需求、兴趣和特点，尊重学生的个性差异和主体地位，为学生提供多样化的服务选择和发展空间。同时，高校还要关注社区环境和氛围的打造，通过优化社区布局、完善设施配套、丰富文化活动等方式，营造积极向上的社区氛围，激发学生的学习热情和创造力。三是可以借鉴国内外先进的社区建设经验，结合本校的实际情况和学生特点，制定科学合理的社区建设规划和实施方案。同时，还要加强对学生社区建设的监督和评估，确保各项措施得到有效落实，取得预期效果。

（二）坚持系统设计与重点突破相结合

在构建“一站式”学生社区的过程中，坚持系统设计与重点突破相结合是确保社区建设有序进行的关键。这一原则要求高校在社区建设中既要注重整体规划和系统设计，又要抓住关键问题和重点环节进行突破。一是整体规划和系统设计，这是社区建设的前提。高校需要从全局出发，对社区建设的各个方面进行综合考虑和整体规划，包括社区的功能定位、空间布局、设施配套、服务内容等方面，确保各项措施之间相互协调、相互促进。通过整体规划和系统设计，高校可以避免重复建设和资源浪费，提高社区建设的效率和效益。二是重点突破，这是社区建设的动力。在整体规划和系统设计的基础上，高校需要抓住关键问题和重点环节进行突破。这些问题可能涉及社区建设的某个方面或某个环节，但往往对社区建设的整体效果产生重要影响。例如，可以针对社区管理中的难点问题进行深入研究，提出切实可行的解决方案；或者针对社区服务中的薄弱环节进行加强和改进，提高服务质量和效率。三是采用项目化管理的方式，将社区建设分解为若干个具体项目，明确责任人和时间节点，确保各项任务得到有效落实。同时，还要加强项目之间的协调和配合，确保各项措施之间相互衔接、相互促进。

（三）坚持规范管理与人文关怀相结合

在构建“一站式”学生社区的过程中，坚持规范管理与人文关怀相结合是确保社区建设和谐有序的重要保障。这一原则要求高校在社区建设中既要注重制度建设和规范管理，又要关注人文关怀和心理疏导。一是制度建设和规范管理，这是社区建设的基石。高校需要建立健全社区管理制度，明确各项工作的职责和流程，包括社区的安全管理、卫生管理、秩序管理等方面，确保社区建设有章可循、有据可查，从而维护社区的秩序和安全，保障学生的合法权益和身心健康。二是人文关怀和心理疏导，这是社区建设的灵魂。在制度建设和规范管理的基础上，高校需要关注学生的情感需求和心理状态，提供人文关怀和心理疏导服务，增强学生的归属感和幸福感，促进学生的健康成长和全面发展。这包括关注学生的心理健康状况，开展心理健康教育和心理咨询；关注学生的情感需求，提供情感支持和心理辅导；关注学生的成长困惑和职业发展问题，提供职业规划和就业指导等服务。三是加强与学生社团和组织的联系与合作，共同开展丰富多彩的文化活动和心理健康教育活动。同时，建立学生心理健康档案和跟踪机制，及时发现和解决学生的心理问题。此外，还可以通过加强辅导员队伍建设、提高辅导员的专业素养和服务能力等方式，为学生提供更加全面、专业的服务。

三、突出重点内容

高校"一站式"学生社区作为新时代高等教育的重要组成部分，其建设的核心目标在于育人。这一目标的实现，需要从多个方面入手，突出重点内容，确保学生社区在促进学生全面发展、提升教育质量方面发挥积极作用。

（一）加强学生社区党的组织建设覆盖

党的组织建设在学生社区中发挥着引领方向、凝聚人心、推动发展的重要作用。一是要在学生社区中建立健全党的基层组织。在学生公寓、学生活动中心等关键区域设立党支部或党小组，确保党的组织网络覆盖到学生社区的每一个角落。通过定期召开党员大会、组织生活会等形式，加强党员之间的沟通交流，提高党组织的凝聚力和战斗力。二是要注重发挥学生党员的先锋模范作用。通过组织学生党员参与社区管理、志愿服务等活动，让他们在实践中锻炼党性、提升能力，同时带动周围同学共同进步。此外，还可以开展"党员示范岗""党员先锋队"等活动，树立学生党员的良好形象，增强党组织的吸引力和影响力。三是要加强学生社区党建工作的创新。结合学生社区的特点和实际，探索符合学生特点的党建工作新模式。例如：利用新媒体平台开展线上党建活动，增强党建工作的时效性和互动性；开展形式多样的主题党日活动，丰富党建工作的内容和形式。四是要加强对学生社区党建工作的监督和评估。通过定期检查、考核等方式，确保各项党建工作得到有效落实。同时，还要注重总结经验、发现问题，不断完善学生社区党建工作的体系和机制。

（二）完善学生社区日常教育管理体系

日常教育管理体系的完善，有助于规范学生的行为举止，提高学生的自我管理能力，促进学生的全面发展。一是要建立完善的学生社区管理制度，如制定学生社区管理规定、宿舍管理规定、活动场所管理规定等，明确学生的权利和义务，规范学生的行为举止。建立相应的奖惩机制，对表现优秀的学生给予表彰和奖励，对违反规定的学生进行批评教育并给予相应的处罚。二是要加强学生社区的日常管理,设立宿舍管理员、楼长等职位,负责学生社区的日常管理和服务工作。加强对学生社区的巡查和检查,如定期检查宿舍的卫生、安全等情况,及时发现和解决问题,确保学生有一个良好的生活环境。三是要注重培养学生的自我管理能力,开展宿舍文化节、文明宿舍评选等活动,引导学生养成良好的生活习惯和卫生习惯。开展自我管理技能培训、心理辅导等活动,提高学生的自我管理能力。四是要加强与学生社区相关的部门之间的协作,如与后勤管理部门、保卫部门等加强沟通协作,共同做好学生社区的日常管理和服务工作。通过整合资源、共享信息等方式,提高管理效率和服务质量。

(三) 营造学生社区文化育人良好氛围

文化育人氛围的营造,有助于培养学生的文化素养和道德品质,促进学生的全面发展。一是要注重学生社区文化的建设。设立文化宣传栏、文化墙等设施,展示中华优秀传统文化和现代文化成果。开展形式多样的文化活动,如文艺演出、书画展览、读书分享会等,丰富学生的文化生活。二是要加强学生社区文化的传承与创新。组织学生参与传统文化的学习和传播活动,如传统节日庆祝、民间艺术表演等,让学生了解和传承中华优秀传统文化。鼓励学生积极参与文化创新活动,如创意设计、微电影制作等,培养学生的创新意识和实践能力。三是要注重学生社区文化的多样性。引入多元文化元素,如国际文化交流、民族风情展示等,让学生了解和尊重文化的差异和多样性,培养学生的国际视野和跨文化交流能力。四是要加强学生社区文化的引导和规范。制定文化活动的审批制度和监管机制,确保文化活动健康、积极和有益。加强对学生社区文化活动的指导和支持,为学生提供更多的文化资源和平台。

(四) 增强学生社区学生参与的主体性

学生参与的主体性增强,有助于激发学生的积极性和创造力,促进学生的全面发展。一是要鼓励学生积极参与学生社区的管理和服务工作。通过设立学生自治组织、志愿者团队等形式,让学生参与到学生社区的日常管理和服务中来,从而增强学生的责任感和归属感,提高学生的组织能力和实践能力。二是要注重听取学生的意见和建议。通过定期召开学生座谈会、问卷调查等方式,收集学生对学生社区建设和管理的意见和建议,以便了解学生的真实需求和想法,为制定更加符合学生特点的管理措施和服务方案提供依据。三是要为学生参与学生社区建设提供平台和机会。如开展学生社区服务项目策划大赛、创新创业大赛等活动，鼓励学生积极参与学生社区的建设和创新，提供资金、场地等资源支持，帮助学生实现自己的创意和想法。四是要加强对学生参与学生社区建设的引导和教育。通过开展相关培训、讲座等活动，提高学生的参与意识和能力。同时，还要注重培养学生的团队合作精神和领导能力，为学生在未来的学习和生活中更好地应对挑战打下基础。

第四节 高校"一站式"学生社区育人的时代价值

一、"一站式"学生社区是时代育人的新场域

在新时代教育改革的浪潮中，"一站式"学生社区作为教育创新实践的典范，承载着"塑造时代新人精神风貌"的重大使命，是推动教育现代化、深化高等教育质量提升的关键要素。这一模式突破了传统教育环境的地域局限，构建起一个多元主体深度融合、可持续发展的教育生态体系，为新时代人才培养开创了全新的局面与视角。

（一）教育生态系统的深度重构与升级

"一站式"学生社区所搭建的教育生态系统，是一个涵盖学生、教师、管理者、服务人员，以及社会各界人士的复杂互动网络。该网络凭借精细且多层次的关联，将各方紧密相连，形成一个全方位、多维度、立体式的教育架构。在此架构中，除了物理空间的共享，精神、文化和教育资源的深度交融与共享更为关键，为新时代人才培养营造了丰富多样的资源环境。高校党委作为这一生态系统的顶层设计者，通过全面、科学的规划引导，为"一站式"学生社区的建设与发展明确了清晰方向。在党委的引领下，各方力量协同合作，紧紧围绕学生这一核心，全力推动学生的全面发展。这种党委引领、多方协同育人的新模式大幅提高了育人的精准性和实效性，为新时代人才培养注入了新的活力与动力。

（二）学生角色的转型与成长路径的拓展

在"一站式"学生社区里，学生的角色发生了根本性转变。通过投身社区管理、志愿服务、文化活动等各类实践活动，学生在锻炼自身综合素质与能力的同

时,还增强了社会责任感和公民意识。这种以学生为中心、注重实践与创新的教育理念,为学生开拓了更为广阔的学习与发展空间,使他们能够在实践中探索新知识、在创新中实现成长。具体而言,学生在"一站式"学生社区的成长主要表现在以下三方面:其一,参与社区管理,有效提升组织协调能力和团队协作精神;其二,参与志愿服务和文化活动,丰富课余生活,拓宽视野,强化社会责任感和公民意识;其三,参与创新实践项目,锻炼创新思维和实践能力,为未来的社会参与和职业发展筑牢基础。

(三)教育资源的整合与优化配置

"一站式"学生社区聚焦教育资源的整合与高效配置。通过打破传统教育空间的物理界限,对各类教育资源进行有机整合与高效利用,为学生提供了更为丰富的学习资源和更为便捷的学习途径。同时,社区积极引入外部优质资源,如企业、社会组织等,为学生创造更多的实践锻炼机会和就业渠道。这种资源整合与高效配置的举措,不仅显著提升了教育资源的利用效率,还为学生拓展了更为广阔的学习与发展空间,有力促进了学生的全面发展。

(四)文化传承与创新的深度融合

"一站式"学生社区也是文化传承与创新的重要平台。一方面,社区注重传承和弘扬中华优秀传统文化,通过举办各类文化活动、讲座、展览等,引导学生深入领略中华优秀传统文化的独特魅力与价值;另一方面,社区关注现代文化的引入与创新发展,借助现代科技手段和艺术表现形式,赋予传统文化新的活力与创意。这种文化传承与创新的深度融合,不仅丰富了社区文化的内涵与表现形式,还培养了学生的跨文化交流能力和国际视野,赋予新时代人才培养更广阔的国际视野和深厚的文化底蕴。

二、"一站式"学生社区是时代育人的综合体

"一站式"学生社区作为新时代教育创新和人才培养的关键载体,肩负着推动学生全面发展的重任。它以独特的共同价值观念为核心,深度融合教育、服务、文化、交流等多种功能,构建起一个集综合性、开放性、创新性于一身的新型育人平台。这一平台不仅拓展和深化了传统学生社区的理念,更在育人模式的广度与深度上实现了质的变革。

(一)共同价值观:精神引领与品格塑造的基石

共同价值观念是推动社区发展的精神动力,也是塑造学生品德、提升人文素养的核心要素。这种价值观体现在社区的规范制度和行为准则中,更体现在每一项活动、每一次互动的细微之处,成为社区成员共同遵循的行为范式和价值追求。为传承和弘扬中华优秀传统文化,社区将"四史"教育、院校文化底蕴、校训精神等元素巧妙融入日常文化氛围营造中。通过举办系列讲座、艺术展览、沉浸式文化体验等活动,引导学生深入感受中华优秀传统文化的独特魅力和深远内涵。这些举措激发了学生的文化自信和民族认同感,潜移默化地培养了他们的家国情怀和社会责任感。同时,社区十分注重社会主义核心价值观的融入与践行。通过树立先进榜样、开展志愿服务、组织主题教育等多种形式,引导学生树立正确的世界观、人生观和价值观。这些活动丰富了学生的精神世界,在不知不觉中提升了他们的道德品质和人文修养,为新时代人才培养筑牢了人文根基。

(二)网络文化:培育与引导的双重使命与路径

在信息化快速发展的时代,网络成为大学生学习交流、生活娱乐的重要平台。因此,"一站式"学生社区在强化线下文化建设的同时,高度重视网络文化空间的培育与引导。社区充分借助线上媒介,如微信公众号、QQ 社群、微博等社交平台,及时发布社区资讯、活动预告和学生风采展示内容,营造出一个积极向上、充满活力的网络生态环境。这些平台不仅是学生获取信息、交流思想的重要渠道,而且是他们展现个性、实现自身价值的广阔天地。为引导学生健康上网、提升网络素养,社区精心策划了一系列网络文化活动,如网络文化节、在线阅读分享会、网络知识挑战赛等。这些活动丰富了学生的课余生活,同时在无形中培养了他们的网络伦理意识和审美鉴赏能力。通过参与这些活动,学生逐渐学会在复杂多变的网络环境中保持理性思考,成为网络空间的积极建设者。

(三)实践创新:培养时代新人的关键路径

"一站式"学生社区不仅注重理论知识的传授,更强调实践与创新能力的培养。社区搭建了多元化的实践平台,如创新创业孵化中心、社会实践基地、科研实验室等,为学生提供了丰富的实践锻炼机会。在创新创业领域,社区鼓励学生结合专业特色开展创业实践,为他们提供政策咨询、资金支持、创业指导等全方位服务。通过参与创新创业项目,学生将理论知识转化为实践能力,锻炼了创新思维和解决问题的能力。这些经历为学生的职业生涯打下坚实基础,也为他们未来的创新创业积累了宝贵经验。在社会实践方面，社区积极组织学生参与志愿服务、社会调研等活动。这些活动让学生深入社会、了解国情，培养了他们的社会担当和公民意识。通过社会实践的锻炼，学生学会了团队合作和利益协调，为未来的社会融入和职业发展做好充分准备。

（四）协同育人：构建全方位育人体系的重要支撑

"一站式"学生社区秉持协同育人的理念并积极付诸实践，通过整合校内外教育资源，构建优势互补、资源共享的育人网络，为新时代人才培养提供了有力支撑。在校内，社区与教务处、学生事务部、团委等部门密切合作，共同推进课程体系优化、学生管理创新、校园文化建设等工作。通过举办学术论坛、文化节、体育赛事等活动，为学生打造丰富多彩的校园生活，促进学生的全面发展。在校外，社区积极与企业、社会组织等建立合作关系，为学生提供实习实训、就业创业等方面的支持。通过与企业合作开展项目研发、社会实践等活动，学生在实践中提升能力、锻炼素质，为未来的职业发展奠定坚实基础。这种协同育人模式提高了人才培养的质量和效率，同时培养了学生的团队协作精神和创新能力。

三、"一站式"学生社区是时代育人的新方式

"一站式"学生社区在教育领域掀起了一场深度变革，是极具前瞻性的探索。它旨在突破传统教育模式的束缚，全力推动学生的全面成长与才能发展。通过构建一个以学生为核心，着重培养实践与创新能力的教育生态系统，为学生营造出一个更为开放、自由且多元的学习成长环境。这一创新之举，不仅对传统教育模式发起挑战并加以重塑，更是积极回应了新时代对人才培养的迫切需求。

（一）学生主体性的彰显：从被动管理到主动参与的转变

在"一站式"学生社区中，学生的主体地位得到极大提升。他们不再仅仅是被管理和服务的对象，而是成为社区建设与发展不可或缺的关键力量和积极参与者。一方面，学生自治组织不断发展壮大，其影响力延伸至社区层面，搭建起学生自我管理的架构。这些组织独立自主地策划、组织并开展各类学术、文化和社交活动，在锻炼学生组织协调能力与团队合作精神的同时，也促进了学生之间的深度交流与互动，营造出和谐融洽的社区氛围。另一方面，多功能党支部发挥着显著的引领与示范作用。社区鼓励学生依靠党支部发起学习、社交、娱乐等不同主题的活动，借助朋辈之间的互动交流与榜样力量，为学生搭建起思想碰撞与

自我展示的平台。党支部不仅是引导学生思想的重要阵地，还通过组织各类主题党日活动、社会实践等，引导学生关注社会热点，思考人生价值，培养学生的社会责任感与公民意识。

（二）心理健康与职业规划：融入社区，助力学生全面发展

“一站式”学生社区十分注重将心理健康教育与职业规划指导这两项服务深度融入社区建设的每一个环节，为学生提供更加全面、细致且个性化的支持与引导。在心理健康教育层面，致力于构建一个全面且系统的教育模式。通过定期举办心理健康讲座、研讨会等活动，向学生普及心理健康知识，帮助他们建立正确的心理认知框架。同时，提供个性化的心理咨询服务，针对面临学业、情感、就业等多方面压力的学生，给予他们及时、专业的心理支持与辅导。在职业规划指导方面，注重为学生提供个性化的服务。通过一对一的职业规划咨询，帮助学生明确职业方向，制订符合个人特点与市场需求的职业规划路径。同时，积极与企业、机构建立紧密的合作关系，为学生提供丰富的实习实训机会，让他们在实践中学习职业技能，积累宝贵的工作经验。此外，定期举办职业规划工作坊、讲座等活动，邀请行业专家、企业 HR、校友分享职业经验，让学生更直观地了解不同职业的特点、发展前景和行业动态，为他们的未来职业发展奠定坚实的基础。总之，将心理健康教育与职业规划指导深度融入“一站式”学生社区，旨在为学生打造一个温馨、健康、积极向上的成长环境，助力他们在学业、职业乃至人生道路上稳健前行。

（三）新型生活方式的养成：自我管理、服务与监督的全面提升

在“一站式”学生社区教育生态的影响下，学生逐渐形成有利于自身健康成长与成才的新型生活方式。在自我管理方面，学生学会了合理规划时间、有效管理情绪、保持健康的生活习惯等，为未来的学业和职业发展筑牢基础；在服务意识培养方面，通过参与社区志愿服务、社会实践等活动，学生逐渐树立起服务意识与奉献精神，学会关心他人、帮助他人，并在服务过程中实现自我价值的提升；在监督与反馈机制建设方面，社区鼓励学生积极参与管理与监督，通过设立意见箱、开展满意度调查等方式广泛收集学生的意见和建议。这些举措推动了社区管理的民主化与科学化进程，增强了学生的参与感与归属感。

（四）社会影响与贡献：和谐稳定与进步的新动力源

“一站式”学生社区的创新实践，不仅为学生的全面发展与成才提供了有力

保障，还为社会的和谐稳定与进步注入了新的活力。社区以向社会输送大量品德高尚、学识扎实且具备创新能力的高素质人才为目标，注重培养学生的社会责任感与公民意识。同时，社区与企业、行业协会等建立紧密合作关系，有力促进了产学研用的深度融合与协同发展，为经济社会发展提供了坚实的人才支撑与智力保障。这些举措不仅提升了社区的社会影响力与贡献度，而且推动了社会的进步与发展。

四、“一站式”学生社区是时代育人的系统工程

“一站式”学生社区是新时代育人体系的重要构成部分，其核心任务是打造一个协作、互联且全面的工作环境。这个环境覆盖学生事务的各个领域，紧密整合校内外的教育资源和社会力量，构建起一个立体化的育人网络，为新时代人才培养提供坚实支撑。

（一）纵向维度：资源优化与育人合力的深度汇聚

从纵向维度来看，“一站式”学生社区通过深度整合和优化教育资源，实现了育人力量的高效汇聚。这些资源涵盖校内的领导团队、专业教师、思想政治教育工作者、行政后勤人员等，以及校外的家长、企业和社会组织等。一方面，加强了学术交流与互动。通过举办形式多样的学术活动，如讲座、研讨会、经验分享会等，促进了师生之间的深入交流与合作，为学生提供了丰富的学术资源和交流平台。邀请专业导师为学生提供个性化的指导与帮助，解决学生在学业和生活中遇到的实际问题，推动学生全面发展。另一方面，推动了资源共享与融合创新。学校与社会资源深度融合、共享，形成优势互补的良好局面。通过与企业和社会组织建立紧密合作关系，为学生提供实践机会、就业指导等全方位支持，进一步增强学生的实践能力和就业竞争力；学生在企业和社会组织的实习实践，则为后者的生产经营注入新鲜活力，为其长远发展提供人才支持。

（二）横向维度：多维度融合与全面发展的系统性构建

从横向维度来看，“一站式”学生社区的工作体系全方位融入学生思想政治教育的全过程，构建了一个以学生全面发展为目标的多维度融合体系。一方面，实现了育人工作协同与学生的全面成长。将思想政治教育、心理支持、学业辅导、科研指导、职业规划、生活服务、体育娱乐等多方面工作有机结合，营造出协同育人的良好氛围。通过举办各类主题教育活动、心理健康讲座、职业规划指导

等，为学生提供全方位、多层次的支持与引导。另一方面，强化了党建引领与文化熏陶。以党建工作为引领，通过加强党组织建设、党员培养与发展等工作，为学生指明政治方向，提供有力的思想引领。同时，将中华优秀传统文化、社会主义核心价值观等融入社区文化建设和育人实践中，为学生提供丰富的精神食粮，进一步坚定学生的理想信念和文化自信。

第二章

高校“一站式”学生社区育人的发展历程与经验

第一节 新中国成立后学生社区育人的历史沿革

一、“社区文化”概念确立的历史经验(1949—1986年)

自1949年中华人民共和国成立至1986年“社区文化”这一概念被正式引入,我国高校学生所处的社区环境经历了三个显著的历史变迁阶段。在新中国成立初期,社区建设强调服务于人民大众;“文化大革命”期间,社区转向强调革命性的特质;进入改革开放新时期后,社区开始注重改革导向的发展模式。这些变化阶段清晰地反映了在大学社区环境中,作为文化载体的人们从自我主导、自我受限到最终意识觉醒的过程。

(一)新中国成立初期的历史经验(1949—1966年)

自中华人民共和国成立之后,人民成为了国家的主人。在大学生社区文化场域的建设与发展过程中,国家与高校师生共同参与、自主创造新型文化的实践。这一进程不仅展示了个体意志的自主性,而且反映了人们在创造性活动中所表现出的自主精神。大学社区文化的发展是多方协作的结果,既有国家政策的引导,又有大学师生的主动贡献。这种文化的形成过程,充分展现了参与者作为主体,在意愿表达和创新行为上的双重自主特性。在此背景下,人的自主性并不局限于个人选择的自由,更体现在集体创造力的发挥上,为学术环境注入了活力,并促进了社会文化的进步。新中国成立之初,相当长的一段时期里,我国并未有要求大学生校内社区住宿或教职工校内居住的有关规定。大学生在校内社区寄宿学习和生活的模式，作为历史进程中的一种自发实践与文化传承的选择，反映了大学生社区场域文化的演变。这种模式不仅是时间长河中的一个自然发展结果，也是对传统文化元素的继承与创新的具体体现。在学术探讨中，这一寄宿模式被视为基于历史背景的自主选择，它承载了大学社区文化传承的功能，并通过学生的日常生活实践得以延续和发展。此过程体现了文化在特定环境中自我演进的特点，同时彰显了大学生作为文化主体的主动性和创造性。1950 年 8 月，教育部颁行《高等学校暂行规程》，要求“进行革命的政治及思想教育，肃清封建的、买办的、法西斯主义的思想，树立正确的观点和方法，发扬为人民服务的思想”。在高校的社区教育管理工作中，注重通过新思想的教育来引导青年大学生认同并遵循新中国的核心价值观念。自 1951 年起，国家政府正式在全国各大行政区范围内推行高等学校统一或联合招生。这一举措促进了校园内充满人民主权、平等主义以及建设新中国的热烈氛围。这种社会主流思潮不仅影响了当时的社会风气，而且深刻融入新中国成立初期大学社区文化构建的指导原则和教育实践中。具体而言，高校致力于以新思想为引领，培养学生的国家意识和社会责任感，确保他们能够积极响应新时代的要求。随着统一招生考试的推行，校园环境愈发体现出民主和平等的精神，反映出人民作为国家主人翁的主体地位。这种时代精神对大学社区文化的形成和发展起到了重要的导向作用，体现了那个时期特有的人文价值观和社会理想。综上所述，高校通过教育管理工作的强化，将新思想与主流价值观相结合，不仅塑造了积极向上的校园文化，而且为新中国初期的大学社区场域文化奠定了坚实的基础。

大学实行学生集体寄宿制度，国家为大学生提供免费住宿。在大学生社区中，建筑类型多样，既有 20 世纪 20 至 30 年代遗留的旧房，又有新中国成立后新建的学生宿舍，旨在满足学生的住宿需求。这些宿舍的建设标准相对较低，多采用砖木结构，包括平房和低层楼房。1956 年，高等教育部(今教育部)制定了学生宿舍的空间标准，规定每名学生应享有 4.5 平方米的建筑面积，相当于 2.5 平方米的使用面积；每间宿舍通常安排 6～8 名学生，宿舍总面积为 14～16 平方米。这一时期的宿舍设计受到苏联教育理念的影响，内部装修较为简朴，墙面一般仅作简单粉刷。宿舍设施主要包括上下铺床(材质多为木质或铁质)，配备一张小书桌及若干凳子或椅子，条件较好的宿舍还可能设有脸盆架。窗帘或门帘则通常由学生自行购买。

在20世纪50至60年代，尽管学生社区的物质条件较为简陋，但大学生大多来自中小城镇和乡村地区，经济状况差异不大。当时社区的业余文化生活相对单一，常见的活动有打扑克、下棋、聚餐、闲聊等。特别值得一提的是，每晚的“卧谈会”成为学生交流思想、增进情感的重要方式。这种环境下形成的社区场域文化，具有质朴严谨与严肃活泼并存的特点。学生们虽然只拥有有限的物质资源，但他们通过简单的娱乐形式和深入的思想交流，构建了一个既严格又充满活力的学习生活环境。这一时期的社区文化，不仅体现了学生之间的紧密联系，而且展现了他们对知识追求的认真态度和对生活的积极态度。尽管当时的物质条件有限，但这一时期的学生社区依然形成了独特的人文氛围，其特点是既保持了严谨的学习风气，又不失活泼的生活情趣，为那个时代的学生提供了重要的社交平台和发展空间。

（二）“文革”时期的历史教训（1966—1976年）

“文化大革命”初期，许多高校停止了办学活动。直至后期，随着工农兵学员被招收进入大学，大学生社区才逐渐恢复使用。这一时期的大学生宿舍通常采用行列式或内廊式的布局设计，房间南北对称排列，墙壁两侧安置上下铺床位，每间住六人，并配有中央学习桌，使得居住、生活、学习、交流和娱乐等多种功能在有限的空间内混合进行。受当时提倡勤俭节约和艰苦奋斗思想的影响，储物空间仅限于床下，导致室内显得拥挤且杂乱无章。公共走廊不仅占用了一定的使用面积，还因为其阴暗和频繁的人流而容易干扰居民的生活。一些学生文明素质不高，在走廊随意丢弃垃圾，造成楼宇两端的公共卫生间和盥洗室环境恶劣，卫生管理问题日益突出，引发了学生的不满情绪。为此，部分高校将改善社区卫生环境作为突破口，以管理措施为主导方式，强化社区文化建设。到了20世纪70年代，一些高校开始广泛推行社区改革。例如，1972年4月，武汉师范学院（今湖北大学）化学系首届工农兵学员启动了社区政治学习活动；四平师范学院（今吉林师范大学）则将思想政治工作延伸至学生社区；北京钢铁学院（今北京科技大学）立志成为巩固无产阶级专政的先锋阵地。这些举措反映了“以阶级斗争为纲”的方针在社区场域文化中的具体实践，强调政治领导作用，重视集体主义行为，而在一定程度上忽视了个体在社区文化环境中的个性化需求及非政治性的多元化人文关怀。

(三)改革开放初期的历史经验(1976—1986年)

经过1976年至1978年的沉淀迎来了改革开放,在多元化的社会思潮影响下,大学生社区逐渐从"集体生活共同体"转变为更加注重个体发展的空间,其政治色彩逐渐淡化。自20世纪80年代中期起,各高校开始在学生社区管理的职责、目标、服务体系等方面推行改革,推动了大学生社区文化的创新发展。1984年国庆35周年庆典期间,北京大学学生在游行中展示"小平您好"横幅成为了一个历史性瞬间。这一创意源自北大28号楼203室生物系1981级的六名学生。在制作横幅的过程中,他们还得到了邻近宿舍同学的帮助和支持。这个举动不仅成为了共和国历史上的珍贵记忆,而且象征着当时年轻人对国家领导人的尊敬和对改革开放政策的支持。

在恢复高考初期,大学社区的设施因"文化大革命"期间遭受严重破坏而条件简陋。当时,许多大学生只能住在临时整修的平房中,甚至十几到二十几个人挤在一个大通铺上。为了缓解学生的住宿压力,各高校启动了大规模的学生社区改建和新建工程。然而,由于当时的国家财力有限,新建的学生社区普遍采用了成本较低的砖混结构,建筑层数通常不超过7层,并采用内廊式布局。每层楼一般在两端设有盥洗室和卫生间。这一时期的社区楼宇设计力求简洁实用,外形较为朴素,但内部生活设施有所提升。例如,部分宿舍设置了壁橱,有的还配备了书架,照明系统也升级为更明亮的荧光灯,以改善学生的学习和生活环境。

为强化社区管理服务,践行以人为本的理念,高校在体制机制上进行了调整,恢复或新成立了学生工作部(学生处),将原先由后勤部门负责的社区管理工作独立出来,建立了专门的学生社区管理机构。这些机构配备了专职党政干部和工勤人员,专注于大学生社区的教育、管理和服务。自20世纪80年代起,随着社会主义精神文明建设运动的兴起,高校社区积极响应,开展了广泛而持久的精神文明建设活动。在此背景下,学生们齐心协力创建"文明社区",特别是在八人上下铺的宿舍环境中,大家共同努力改善学风和寝风,提高个人及集体的文明素养。这一时期的努力,成为"70后"大学生对社区文化最深刻的青春回忆之一。如浙江中医学院(今浙江中医药大学)1978级515室男生社区七名学生,大学四年共同努力,互相帮助,较好地完成了学习任务,把社区打造成为一个文明整洁、团结友爱、健康向上的文明集体,每个人也都实现了自身的发展。

自1984年起,为体现以人为本的服务理念,一些高校开始探索学生社区公寓化的管理模式改革。这项改革打破了长期以来学生需自带行李及日常用品(如暖瓶、脸盆等)的传统做法,而为入住学生公寓的学生提供统一的床上用品和生活用具。这样一来,新生入学时无须再携带笨重的个人物品,使得社区内务管理更加整洁、规范和有序。这一创新举措不仅改善了学生的居住条件,还为20世纪90年代全面加强大学生社区文化建设进行了有益的尝试与探索。通过公寓化管理,高校在优化学生生活环境的同时,促进了社区文化的建设与发展,为后续相关政策的制定提供了实践经验。

在学生社区管理模式日益相近的宏观环境下,位于改革开放前沿阵地的深圳与佛山等地的高等学府,着手学习并采纳了香港高校所采用的社区单元化模式。1984年,深圳大学在国内率先推行了学生公寓社区化楼宇设计,该设计以双人间为单位构建社区,并配备了独立卫生间,同时在楼层内规划了公共活动区域。在社区内部布局上,沿墙区域被设置为学习桌与壁挂式书架,综合运用单侧走廊、内庭式布局和底层架空结构,普遍采用了上床下桌式的架子床。在管理模式上,深圳大学率先引入了有偿服务制度。紧接着,1985年,佛山师范专科学校(今佛山大学)提出了“一梯三户”的社区设计构想,每个单元内设有两室一厅,可容纳4～8名学生居住,并配备了公共厨房及卫生间设施。两所学校在社区空间文化培育模式上的实践探索,成为了全国高校中较为罕见的改革典范。

二、书院制探索的历史经验(1986—2005年)

文化自觉体现为个人内在素养与主体意识的觉醒。人类既是文化的创造者,又是其塑造的对象。1986年11月,上海交通大学组织了一次关于上海市高校校园文化的专题研讨会,并编纂了我国首部专注于校园文化的理论文集——《文化·校园·人》校园文化研讨文集。该文集收录了46篇探讨校园文化的学术文章,其中龚民煜撰写的《交大校园文化的雏形和发展》一文首次引入了“社区文化”的概念,这标志着人们在从实践探索向理论研究转变的过程中,对于社区文化的认知达到了一个新的高度,即文化自觉。到了1997年,《中共国家教委党组关于进一步加强高等学校社会主义精神文明建设的若干意见》强调,应重视社团文化和社区文化的建设,增强社团和宿舍在育人方面的作用。此政策文件从国家层面确认了社区文化建设对于培养人才的重要意义。

制度保障体现了人类理性决策与文化进步的结合。作为大学生社区环境中的深层结构,制度文化具有稳定性和持久性,它反映了我国在不同历史阶段对大学社区治理的文化态度和理性选择。自1998年起，我国开始借鉴欧美国家的经验，推行以合并重组为特点的高等教育管理体制改革，探索符合中国国情的大学管理模式，并引入社会化公寓社区的概念，这标志着大学生社区文化建设进入了一个新的自觉创造阶段。在此期间，出现了多个具有代表性的政策文件，如2007年6月发布的《教育部办公厅关于进一步做好高校学生住宿管理的通知》。该通知要求各高校认真落实按班级住宿的工作要求，杜绝按学生经济状况安排住房；同时，严格校外住宿学生的教育和管理，原则上不允许学生自行在校外租房居住，对特殊原因在校外租房的学生，要履行相关备案手续，加强信息沟通，严格教育管理。这些规定确保了学生的安全、权益和发展得到充分保护，同时也展现了我国自20世纪80年代末以来，在大学生社区治理制度化建设上的多维度进展。从制度演变的角度来看，这些措施始终围绕着以人为本的核心原则展开，即保护学生安全、维护学生权益、促进学生全面发展。这不仅体现了我国在构建大学生社区场域文化方面的持续努力，也为未来重构这一领域的学术范式提供了宝贵的制度参考。

实践自觉体现了人类的能动性和价值实现。特别是自1999年高校扩招以来，大学生社区供给不足成为了制约高等教育普及的一个关键障碍，促使大学社区的文化生态发生了深刻变化。针对这一问题，国家积极促进地方政府和高校加速推进大学生社区公寓的社会化改革。例如，对外经济贸易大学的虹远楼作为“亚洲最大的单体学生社区建筑”，于2005年建成，地上十层全部用于女生宿舍，可容纳大约10 000名女生居住；地下两层则设有专门的学生社团活动空间。该社区配备了完善的设施，包括服装餐饮服务、电脑维修、超市购物、洗衣美容等生活便利设施，并提供Wi-Fi覆盖、空调、电梯，以及每层的洗浴间、开水房和充足的卫生间，充分考虑了学生的实际需求，为学生的学习、生活和娱乐提供了全方位的一站式服务，且价格实惠。大学生社区社会化改革尽管取得了一定的成绩，但也揭示了一些深层次的问题。从教育学的角度看，社会化的管理机制往往带有逐利性，这与大学生社区育人目标之间存在一定的冲突，可能在一定程度上削弱社区文化对学生教化作用的有效性。虽然高校与社会投资方签订了协议，但在现有的管理模式和权限下，高校难以完全承担起社区治理与教育的所有责任。北京、天津、济南等地的部分高校，在尝试后勤社会化改革后，又回归到了传统的管理模式。这些问题和挑战对重构大学生社区场域文化的教育模式具有重要的历史参考价值。

三、中国当代新型书院制改革探索的历史经验(2005—2012 年)

中华优秀传统文化中传承千年的古典书院教育模式,以及西方特色的住宿学院文化育人制度,均以其成功的人文教化实践和深厚的文化育人理念,成为反思当前工具理性过度膨胀,导致大学生社区文化异化的宝贵思想资源。这些传统与现代的交汇点,为构建现代大学生社区场域文化提供了重要的启示和借鉴。古典书院的育人模式,经过漫长的历史积淀,形成了独特的教学方法和价值观念,强调个人修养和社会责任感的培养;而西方住宿学院制度则注重在生活环境中融入教育元素,促进学生的全面发展。二者共同体现了人文关怀的重要性,并对当前大学生社区文化的建设提出了挑战:如何在现代化进程中保持并发扬以人为本的教育精神?在当代背景下,重新审视这些传统的教育模式,可以为解决大学生社区场域文化中存在的问题提供新的思路。它们不仅提醒我们要重视教育的全面性和深度,也提示我们需要探索适应新时代需求的文化育人路径。因此,借鉴历史上的成功经验,结合现代社会的特点,对构建一个更加和谐、富有活力的大学社区文化具有不可忽视的意义。

复旦大学创立复旦学院,开启了新型书院社区场域文化育人的初步探索。自 2005 年 9 月起,复旦大学借鉴英美顶尖学府(如牛津大学、剑桥大学、哈佛大学、耶鲁大学)的住宿学院制度,并融合港澳地区的书院育人模式,同时深入挖掘中国古代书院教育的精髓,将中西方教育理念相结合,创建了独具特色的复旦学院。随后,学校陆续设立了志德书院、腾飞书院、克卿书院、任重书院和希德书院。这些新式书院均以复旦历史上备受尊敬的老校长之名命名,旨在传承和弘扬前辈先贤的崇高精神境界、人格魅力、光辉人生经历、家国情怀和坚定的理想信念。在作为社区场域的书院中,大一新生不再按专业集中居住或组建班级,而是采取专业混合的方式,鼓励不同学科背景的学生相互交流,促进跨学科的学习与合作,充分发挥书院全方位育人的功能。在总结复旦学院创建的历史经验后,2012 年 9 月,复旦大学进一步改革,允许学生根据个人兴趣选择和更换不同风格的住宿书院,强化了现代书院以人为本、重视通识教育和人文教育的特点。

2008 年 7 月,汕头大学设立了至诚书院,开展了一项旨在改革新型书院社区场域文化育人的实践。至诚书院打破了传统的以院系和班级为单位、按专业划分居住区的管理模式,转而构建了一个不同专业与年级学生混合居住的社区模式。这一变革尊重学生的主体意愿和个人需求,允许学生自主选择其居住的书院，将生活、学习与个人成长紧密结合。至诚书院致力于继承和弘扬中外优秀传统文化，拓宽学生的人际交往范围，并培养师生对书院文化和精神的认同感。书院努力营造一个温暖的人文环境，促进学生的身心健康全面发展。这种新的社区场域文化模式不仅增加了学生人际交流的机会，也为学生提供了一个更具综合性的成长平台，使他们在学术和个人发展上都能获得支持。

自 2005 年复旦大学创立复旦学院以来，中国大陆地区在现代新型书院社区场域文化育人方面的探索从未间断，并逐渐形成当代大学生社区文化育人的新潮流。截至目前，包括北京大学、西安交通大学、苏州大学和福州大学在内的 70 余所高校正在持续推进新型书院社区场域文化的改革实践。这一趋势表明，随着教育理念的不断更新，越来越多的高校认识到新型书院模式在学生全面发展中的重要性，并积极投入相关改革，以期为学生提供更加丰富多元的成长环境。这些改革不仅关注学生的学术成就，还重视其人格培养和社会责任感的形成，旨在构建一个有利于学生成长与成才的综合性教育平台。

四、中国特色社会主义新时代学生社区育人发展的历史经验（2012 年至今）

2012 年至 2019 年，中国特色社会主义新时代学生社区育人发展取得了显著成效。学生社区成为学生全面发展的重要场所，不仅注重学生的知识学习，更关注学生的综合素质培养。社区通过举办丰富多彩的活动和实践项目，积极引导学生参与社会实践，增强了学生的社会责任感和创新精神。同时，社区还注重培养学生的团队协作能力和领导能力，为学生的未来发展奠定了坚实基础。这些努力为中国特色社会主义事业培养了大量德智体美劳全面发展的社会主义建设者和接班人。

2019 年，中华人民共和国教育部发布的《教育部关于深化本科教育教学改革全面提高人才培养质量的意见》提出，要积极推动高校建立书院制学生管理模式，开展"一站式"学生社区综合管理模式建设试点工作。2020 年发布的《教育部等八部门关于加快构建高校思想政治工作体系的意见》，详细规划了"一站式"学生社区建设的具体实施路径。2021 年，教育部思想政治工作司在其年度工作要点中进一步提出，要全面推进"一站式"学生社区综合管理模式改革，指导高校打造党委领导、学工牵头、教师协同、学生参与、支部引领、社团助力、辅导员入驻的学生党建前沿阵地、"三全育人"实践园地、平安校园样板高地，创造高校版"枫桥经验”。2022 年，教育部在当年的工作要点中重申，将推进“一站式”学生社区综合管理模式，实现对 1 000 所左右高校有效覆盖。多所高校积极响应 2021 年教育部印发的《关于深化“一站式”学生社区综合管理模式建设试点工作的通知》等重要文件要求，先后开展“一站式”学生社区综合管理模式建设试点工作，结合自身发展实际和特色亮点，不断挖掘和优化学生社区的育人功能，发挥学生社区的感染作用，联动思想政治理论课等，实现全员全过程全方位育人。总体来看，“一站式”学生社区在这一阶段已经实现了广泛覆盖，并取得了显著成效，逐步积累了一系列可复制、推广和借鉴的成功经验。

（一）初步试点阶段（2019—2021 年）：十所高校，发轫前行

2019 年 10 月，教育部选定北京航空航天大学、浙江大学、厦门大学、西安交通大学、东北大学、华南理工大学、河北大学、上海大学、深圳职业技术学院（2023 年整合为深圳职业技术大学）和西安外事学院作为首批试点单位，开启了高校“一站式”学生社区建设的新篇章。这 10 所试点高校分布于 8 个省（直辖市），包括教育部直属院校、工信部直属院校、省级本科院校、民办本科院校、高职高专院校，在全国 2 756 所普通高等学校中具有广泛的代表性。经过两年的探索与实践，各试点单位因地制宜，展现了各自特色，围绕组织结构优化、党建引领作用、管理协同机制、服务深入基层、队伍进驻社区、文化熏陶、自我治理模式、保障体系建设等方面进行了深入的学生社区综合管理改革，取得了显著成效。这些成果为后续高校开展“一站式”学生社区建设提供了宝贵的初步蓝本，为进一步推广该模式奠定了坚实基础。具体而言，试点单位在以下八个方面积累了丰富的经验。

1. 组织结构

北京航空航天大学成立了学生社区综合管理模式改革试点工作领导小组，形成了党委统一领导、党政共同推进、各部门各负其责的工作体系。由书记和校长亲自担任组长，分管学工、教学、后勤基建和财务的校领导任副组长，并设立办公室协调 17 个职能部门，集中解决“一站式”学生社区机制改革、资源分配与经费保障等核心问题。西安外事学院则创新了学生社区建设的领导机制，通过校党委书记加入董事会负责统筹规划，校党委委员进入校务会负责具体执行，院系党组书记兼任副院长确保主体运行的方式，实现了党组织在社区建设过程中的上下贯通。这种模式为民办院校建设“一站式”学生社区提供了切实可行的参考案例。

2. 党建引领

浙江大学以新生为切入点，通过MOOC(慕课)平台进行入党启蒙教育，并鼓励新生入学时即提交入党申请。华南理工大学则设立了“学习日”机制，每周三下午组织全校性的集体学习活动。深圳职业技术学院在学生社区内建立了党建服务中心、示范路和党员示范宿舍。上海大学构建了学生党员网格化管理体系，划分责任区、设立先锋岗，并成立工作坊，强化学生党员的榜样作用。

3. 管理协作机制

西安外事学院构建了以二级学院为核心的学生社区体系，其中细分为“楼”“层”“组”的结构，具体而言，“楼”之下再划分“层”，而每“层”下分设有“组”。在此架构中，学工干部负责担任楼长职务，辅导员则出任各楼层的层长，学生干部被指派为组长。上海大学在其学生社区内设立了楼宇工作中心、学生事务服务中心、研究发展中心和课外培养中心，上述四个中心协同运作，承担起对学生进行教育管理和处理日常事务的责任。西安交通大学则倡导了一种涵盖三个方面的协同管理模式：一是学院与书院之间的合作，二是课堂教学与课外活动的融合，三是线上平台与线下实践的结合。这种“三大协同”的理念旨在促进全面且高效的教育管理体系。

4. 服务延伸至基层

河北大学通过赋予学生社区多种创新功能，如心理咨询、资助管理、学业辅导、事务处理、就业创业支持等，显著增强了学生的满足感和收获感。与此同时，西安交通大学整合了包括人工智能、大数据分析、物联网在内的先进信息技术，构建了一个集成的学生工作管理信息平台。该平台使得学生能够在线完成各类事务性操作，从而为社区内的学生提供了极大的便利，真正实现了让学生无须离开宿舍即可办理日常事务的目标。此举措不仅优化了服务流程，还提高了服务效率，进一步提升了学生的体验感与满意度。

5. 队伍入驻

北京航空航天大学实施了本科生学业导师制度，根据教师的专业背景、教学特长和研究领域，为学生提供精准匹配的学业导师，并让导师深入社区进行学术指导与思想引领。西安交通大学则聘请国有企业骨干和退役军人担任校外辅导员，以他们的真实案例对学生进行启发教育。河北大学严格执行联系学生的制度，规定院系领导干部每人至少负责指导一间宿舍的学生，确保处级干部定期联络师生，并推动全校党员常态化联系学生，还鼓励机关青年干部前往社区挂职锻炼，以增强其实践能力和服务意识。

6. 文化熏陶

厦门大学致力于将中华优秀传统文化和社会主义先进文化融入学生社区生活中，通过设置社区书架、培养楼廊文化、组织品牌活动等举措，结合校史传承，弘扬爱国精神、革命精神、自强不息的精神和科学探索的精神。深圳职业技术学院则构建了必修课与选修课相结合的文化教育课程体系，同时成立了工业文化研究中心，深入挖掘深圳工匠精神，讲述深圳工业发展的故事，以达到文化育人的目的。

7. 自我治理机制

华南理工大学倡导“学生间互助陪伴”的理念，在学生社区内建立了“朋辈帮扶中心”，设立了学习互助平台，并组建了学生心理咨询师团队。东北大学则构建了学生自我服务平台，鼓励具备各种特长的学生达人发挥所长，为周围的同学提供实际帮助。浙江大学成立了学生自我管理委员会，旨在促进学生成长，从被动的“要我干”向主动的“我要干”转变。

8. 资源保障体系建设

东北大学整合了平台、政策、制度、资金、机构等多方面的支持措施，构建了一个综合性的保障框架，确保“一站式”学生社区不仅能够顺利运作，还能持续提升服务质量。华南理工大学为学生社区提供了人均 4 平方米的公共活动空间，旨在结合中国本土的成长环境与国际化的教学体验，促进学生的全面发展。浙江大学则创新性地推出了单元式住宿模式，并为每个住宿单元配置了 20 平方米的学习和讨论空间，以优化学习条件和支持学术交流。

(二) 持续探索阶段(2021—2022 年)：数量提升，集成探索

2021 年，高校“一站式”学生社区建设进入深化阶段。2021 年年初，教育部思想政治工作司在总结过去两年首批 10 所高校试点经验的基础上，明确了“一站式”学生社区的建设目标，并发布了《高校“一站式”学生社区综合管理模式建设试点工作指南》。该指南强调了党建引领、队伍入驻、学生参与、条件保障作为建设的核心要素，并对每个方面设定了基本和拓展要求，为各试点高校提供了清晰的工作指导。同年 7 月，通过省级教育部门推荐、书面调研、实地考察、集中遴选等程序，教育部宣布新增北京大学、清华大学、天津大学、哈尔滨工业大学(威海)等 21 所高校加入“一站式”学生社区试点项目。随后，在 7 月 27 日，教育部思想政治工作司发布了《关于深化“一站式”学生社区试点工作的通知》，旨在指

导31所试点高校推进教育培养模式改革、创新管理服务机制、完善协同育人体系，并强化支撑保障措施，围绕“三全育人”的综合管理模式进行探索与实践，以期在全国范围内形成可推广的经验。7月29日，教育部在西安交通大学组织召开了“一站式”学生社区综合管理模式建设试点工作的推进会议。在这次会议上，首批10所试点高校分享了各自的实践经验，并安排参会者现场参观了西安交通大学的学生社区，展示了其建设成果。至此，第二阶段的试点建设正式开始，并集中呈现出以下四种态势。

1. 更加注重人才培养

清华大学在人才培养方面更加注重深化师生交流，通过学生社区的小规模互动平台，学校加强了教师与学生之间的沟通联系，不仅为学生提供了学术入门指导和职业规划支持，还组织多样化的活动吸引导师深入参与学生的科技创新项目。东南大学秉持价值引领与文化熏陶并重的原则，在学生社区内开展了诸如“润心育美”和“耕读体验”等系列活动，涵盖德育、智育、体育、美育和劳动教育，旨在促进学生的全面发展。深圳职业技术学院专注于职业教育的特点，将企业资源融入学生社区建设中，实现了企业和学校资源的优势互补与产业教育的深度融合。此举为高职院校的学生社区建设和人才培养探索了新的路径，为职业教育的发展提供了创新模式。

2. 育人协同进一步强化

哈尔滨工业大学(威海)的学院与书院共同承担“一站式”学生社区建设的主要责任，其中学院负责导师的聘任工作，而书院则确保这些导师能够深入到社区一线，二者协作以推进“三全育人”的深入实施。同济大学实现了从单一模式向综合模式的转型，促使社区内的各支队伍不仅专注于自身职责，还共同肩负起育人的任务，从而构建了更加紧密的社区育人共同体。四川大学不断完善其协同机制，充分发挥领导干部和职能部门负责人的示范引领作用，采用包干片区分配、课表式安排、订单式服务、预约制等多种方式，确保各支育人团队能够积极且有序地参与到社区工作中，推动育人工作的有效开展。

3. 技术赋能显著加强

东南大学通过信息化手段创新党建工作的开展方式，推出了VR(虚拟现实)项目和志愿服务平台，以提升对学生党员及入党积极分子的考察与教育质量。南京大学强化了在线办事平台的建设，开发了线上预约系统，高效对接需求与供给，及时共享社区公共空间使用信息，确保活动时间和场地的精确匹配，并实现“一站式”借用审批流程。苏州大学构建了一个涵盖德智体美劳的综合育人评价体系，通过收集学生在社区内的学习生活数据，为每名学生绘制精准的成长画像，提供个性化的指导服务。长沙理工大学建立了社区“综合管理系统”和“学生教育管理系统”，整合了包括人事处、教务处、学工部、研究生院等在内的多个部门的数据，打破了“数据孤岛”，实现了服务的个性化和管理的平台化，从而优化了教育资源的配置。

4. 宣传推广工作进一步强化

自 2021 年 8 月起，教育部思想政治工作司与各试点高校采取了多种措施，利用公众号、官方网站、新闻媒体、重要会议等渠道，积极报道“一站式”学生社区试点建设的进展和成功经验，旨在激励更多高校加入试点行列。全国高校思想政治工作网通过其官方网站和官方公众号发布了多篇介绍“一站式”学生社区建设的文章，展示了天津大学、河北大学、厦门大学、北京航空航天大学等多所高校的试点成果，并邀请光明网党建频道进行转载，以扩大影响力。此外，各试点高校也积极运用官方网站和社交媒体平台宣传其社区建设的成效。2021 年 8 月 17 日，在第 27 次全国高校党的建设工作会议上，西安交通大学围绕“学生社区育人工作”主题进行了交流发言，重点介绍了其在整合育人功能、资源和项目方面的“一站式”集成实践。同年 11 月，“‘一站式’学生社区综合管理模式建设工作云平台”正式上线，该平台通过收集基础数据、设立展示专区、优化交流机制、组织风采展览等多种方式，全面推动高校试点工作的立体化发展。这一平台的建立标志着“一站式”学生社区试点建设进入了快速发展的新阶段。

(三) 创新发展阶段(2022 年至今)：千帆竞渡，大有可为

2022 年，高校“一站式”学生社区建设迈入了快速发展的新阶段。2021 年 11 月，教育部思想政治工作司发布了《关于依托云平台深化“一站式”学生社区综合管理模式建设工作的通知》，旨在通过云平台扩大高校参与试点的途径，并鼓励高校自主开展试点工作。2022 年 2 月，教育部公布了年度工作要点，设定了“推进‘一站式’学生社区综合管理模式，实现对 1 000 所左右高校有效覆盖”的目标。随后，在 3 月发布的教育部思想政治工作司 2022 年工作要点进一步细化了这一目标，提出了加强对试点高校的指导督促、开展主题宣传展示活动、召开现场工作推进现场会等具体措施。随着自主试点机会的开放和宣传力度的不断增强，至 2023 年年初，已有 1 447 所高校参与“一站式”学生社区建设。这一系列举措促进了高校间的交流与合作，为“一站式”学生社区模式的广泛推广奠

定了坚实的基础。

千所院校通过试点建设云平台积极开展交流与合作，共同进步，使得“一站式”学生社区的功能得到了充分展现，其优势也日益突出。2022 年年初，面对奥密克戎变种病毒的快速传播，许多高校启动了常态化的疫情防控措施。同年 10 月 16 日，党的二十大胜利召开，学习和宣传大会精神随即成为全国各高校的重要任务。在此背景下，“一站式”学生社区在疫情常态化防控和党的二十大精神学习宣传中发挥了重要作用，展示了其在推动高校高质量发展方面的潜力和价值。它不仅为高校提供了重要的工作阵地，还体现了中国特色社会主义大学的本质属性和独特优势，成为一项有益的探索实践。这一阶段的社区建设主要体现在以下三个方面。

一是依托“一站式”学生社区建设云平台实现交流与互鉴。自该平台建立以来，越来越多的试点高校申请并入驻了线上育人号。各高校通过图文推送上传有关“一站式”学生社区建设的基本情况、项目进展、特色经验和规章制度等内容，为其他试点高校及研究学者提供了宝贵的参考资料。从 2022 年 4 月开始，云平台针对社区建设中的关键问题组织了 10 期问学交流活动，在此期间，试点高校累计进行了超过 60 次的经验分享和问题解答。同年 4 月，首次线上试点工作经验分享会正式举办，包括浙江大学在内的四所高校分享了各自的经验，并展示了云平台的实际应用情况。2022 年 5 月，教育部思想政治工作司举办了以“党建引领、三全育人、平安校园、智慧服务”为主题的社区风采展示活动，精选了一批具有特色且易于推广的成果，在云平台上进行集中展示和宣传，并纳入“一站式”学生社区建设案例库，供全国高校学习借鉴。同月月底，第二次试点工作经验分享会在线上召开，更多高校参与其中，进一步明确了“一站式”学生社区的核心内涵，并对建设过程中遇到的共性问题进行了详细解答。2022 年 7 月，高校“一站式”学生社区建设研究课题组召开工作研讨会，深入探讨了社区建设的相关议题，总结了试点建设的实践经验，为后续工作提供了理论支持和实践指导。

二是依托“一站式”学生社区强化常态化疫情防控措施。2022 年，面对疫情反复的严峻挑战，上海、长春、西安等城市的部分高校学生短期内不得不封闭在宿舍，“一站式”学生社区成为校园防疫的关键力量。上海交通大学在学生社区内迅速成立了 66 个楼栋临时党支部，由楼长担任党支部书记，并挂牌了 5 307间党员宿舍，设立党支部责任区，确保党旗始终飘扬在抗疫前线。吉林大学构建了一个以社区为核心、以公寓为基本单元的管理体系，指定专人担任社区长，实行

“一社区一策”，保障了10个社区、87栋公寓中约54 000名学生的健康与安全。西安交通大学整合“大思政”资源，搭建“大思政”平台，拓展“大思政”路径，将思想政治教育贯穿抗疫全过程，充分发挥了社区的育人作用。自2023年1月8日起，新冠病毒被调整为乙类传染病管理，高校的常态化疫情防控措施也随之进行了适时调整。然而，“一站式”学生社区在此期间积累的宝贵经验对其后续的发展仍具有重要指导意义。

三是依托“一站式”学生社区深入学习宣传党的二十大精神。当前及未来一段时间内，学习、宣传和贯彻党的二十大精神是全党全国的首要政治任务。为此，“一站式”学生社区承担了组织丰富多彩的学习教育活动的重要使命。一方面，各高校通过多种方式促进师生理论学习。例如，利用社区公共空间组织师生集体观看党的二十大开幕会，并采用微宣讲、录制视频等形式分享学习体会。西安交通大学邀请思政课教师与社区辅导员、优秀学生共同开展理论宣讲，深入解读党的二十大报告；苏州大学的学生社区功能型党支部与马克思主义学院研究生第一党支部在线上联合举办主题党日活动，共同探讨党的二十大精神。另一方面，社区积极组织实践活动以强化学习效果。许多高校组建了党的二十大精神宣讲团，走出校园，在更大范围内进行理论传播。厦门大学在社区共享空间举办了艺术类主题活动，鼓励学生通过书法和绘画创作来表达对党的二十大精神的理解；四川农业大学安排社区学生在寒假期间深入城乡社区开展社会实践，以青年视角和行动将党的二十大精神传递到全国各地。

第二节 ╱ 国外大学生社区文化育人建设的历程

国外高等教育发展历史悠久，参考马丁·特罗(Martin Trow)的高等教育大众化理论，目前已进入高等教育普及阶段。在高等教育的不同时期，高等教育的性质、内容都会发生改变，大学生社区文化建设也具有不同的特点。国外大学生社区文化建设历程可以分为基于精英教育的建设阶段、基于大众教育的建设阶段和基于普及教育的建设阶段。

(一) 基于精英教育的建设阶段

根据马丁·特罗的高等教育大众化理论，当高等教育毛入学率低于15%

时，为精英教育阶段。在这一阶段，学校重视学生在道德方面的发展，认为高等教育的目的并不局限于培养学生的智力，更重要的是培养学生的道德。在对学生的住宿管理方面，实行家长式的严格管理，推行寄宿舍制的管理方式，学生被动地接受着修道院式的管理方式，心灵和行为受到严格的束缚。随着社会环境的巨大改变，学生越来越追求精神上的自由，向往更开放的生活，他们反对只教授古典课程，要求学习实用科学知识，并反对一味歌颂宗教道德。为了平息学生激烈的反对，学校作出妥协，放松了对学生严厉的管理，并组织成立了学生俱乐部、学生社团等学生活动组织，通过开展丰富多彩的课外活动改善学生单调的课余生活。与此同时，丰富多彩的课外活动吸引了学生过多的注意力，学生对课外活动倾注了过多的心血，造成课内教学与课外活动越来越大的裂隙。这个时期，大学生社区文化建设主要表现在三个方面：一是集体寄宿制的没落催生了学生自我管理理念与学生自我管理组织。如由学生组成的宿舍管理委员会，学生通过自我管理组织来实现自我管理和维护自身权益。二是各种学生俱乐部的产生给社区文化建设提供了丰富的载体。俱乐部分为两种类型：一类是聚焦某一学科或者学术领域的俱乐部，这类俱乐部经常举办由师生共同参加的学术讨论活动；另一类是以满足具有不同兴趣的学生的要求为目的的俱乐部，如宗教俱乐部、音乐俱乐部、戏剧俱乐部等。三是院际体育比赛的狂热促进了社区文化的建设。学生代表学院参加比赛，更加注重自己的形象，珍惜学院的荣誉，增强了归属感和集体凝聚力。

（二）基于大众教育的建设阶段

随着高等教育入学率的不断攀升，高等教育迈入大众教育阶段。这一阶段，世界高等教育的中心由德国向美国转移。美国大学以增强高等教育对社会的直接服务能力为主题，进行大学制度创新，成为这一阶段世界大学的典范，其中，哈佛大学和耶鲁大学最具有代表性。20 世纪初，随着学生规模的急剧扩大，哈佛大学一直倡导的“在学校生活和学习中建立一种联系”的理念被冲击得支离破碎，师生比的急剧降低，导致了哈佛大学对学生的管理工作仅限于课堂教学。在学生社区，哈佛原先倡导的“宗教、学术和社会生活”三合一的学院式生活荡然无存。时任哈佛大学校长的阿伯特·劳伦斯·洛厄尔（Abbott Lawrence Lowell）为了改变这种状况，认真研究了英国牛津大学和剑桥大学的住宿学院制，结合哈佛大学的实际情况，经过周密的筹备，开始在哈佛大学建立“宿舍制”，推行住宿学院。经过 20 年的建设，截至 1928 年，哈佛大学二至四年级的学生已全部搬入住宿学院中学习生活。随着住宿学院的建立,哈佛大学在住宿学院内建立起完整的导师制,管理学生的日常学习和生活。耶鲁大学在20世纪初也遇到了类似的问题:学生数量大规模增加,而学生管理工作发展滞后,学生和教师的关系逐渐疏远。耶鲁大学上下开始认真讨论学校未来的发展方向。《耶鲁报告》的正式提出,为耶鲁大学今后的发展方向奠定了思想基础。耶鲁大学于20世纪初开始着手建立住宿学院制,在哈克尼斯(Harkness)的赞助下,于20世纪30年代正式建立了住宿学院制。耶鲁大学任命罗伯特为耶鲁大学第一所住宿学院的院长,从此揭开了耶鲁大学社区学生管理工作的新一页。耶鲁大学的住宿学院内有完善的基础设施,包括学生学习室、学生活动中心、学生餐厅等,学生在导师的精心指导下,全面提升自己的综合素质。在这一时期,大学生社区文化建设主要有三个特点:第一,大学生社区管理体制由“寄宿舍”向“住宿学院制”开始转变。由于学生规模的急剧扩大严重冲击了以“寄宿舍”为基础的学生社区管理模式,各个学校纷纷对学生社区管理体制进行改革和创新以适应新的情况,其中最为典型的改革措施是通过建立住宿学院来解决学生社区管理体制转变的问题。第二,住宿学院制的出现使得大学生社区文化建设进入新的阶段。住宿学院内建有完善的基础设施,包括学生的学习场所、活动中心、起居室等,方便开展内容丰富、形式多样的社区文化活动。第三,导师制的建立促进了大学生社区文化育人功能的更好实现。学生在社区内跟随导师一起生活学习,在潜移默化中塑造了良好的品格,培养了兴趣,养成了良好的学习生活习惯。

(三) 基于普及教育的建设阶段

20世纪后半叶以来,随着经济社会的不断发展,人类社会开始步入知识经济时代。新时代的到来要求建设新型大学,这种新型大学具有以下四个特征:第一,大学管理更加科学规范;第二,人才培养更加广泛;第三,大学国际化趋势更加明显;第四,大学社会责任更加深远。伴随着新型大学的出现,高等教育从大众教育阶段进入普及教育阶段。在这一阶段,学生规模进一步扩大,给高校学生教学与管理工作造成了极大的负担。高校学生社区管理制度进行了新一轮的转型升级和改革创新。特别是20世纪60—70年代,美国高校校园骚乱和暴力活动频发,导致美国高校陷入多种危机之中:公众信任危机、大学生信仰危机、学术道德危机、大学财政危机……面对如此窘境,高校学生管理工作开始反思高等教育和学生管理的出路,认为高校学生管理的理念应由“为学生提供服务”向

“使学生发展”转变，并随之开始了一系列学生管理改革的实践。首先，为了解决学生学业问题和日常事务管理工作，在大学生社区设立学生事务指导中心，对学生进行学业指导、就业指导、个人问题指导和宗教指导。其次，建立学生自治组织，参与学生社区管理。随着“学生消费者第一”思潮的兴起，学生成为教育设施的使用者和消费者，高校开始关注他们的倾向和选择。通过建立大学生自治组织，使大学生参与到大学生社区的日常管理之中，并维护自身在校的利益。最后，推出“明日高等教育工程”，推动大学生发展理论的实践化。这一时期，大学生社区文化建设有三个特点：第一，学生事务指导中心的建立，使得大学生社区文化建设具有系统性。大学生事务指导中心根据学生发展的需要，指导大学生社区文化活动的开展，使得大学生社区文化建设具有了系统性和指导性。第二，学生自治组织的成立，进一步促进了大学生社区文化的建设。学生自治组织参与到大学生社区文化建设中，并起主导作用。第三，伴随着“明日高等教育工程”的实施，大学生社区文化建设具有更深层次的内涵。

第三节　对新时代高校“一站式”学生社区育人的启示

一、突出政治导向，贯穿“一站式”学生社区育人的全过程、各方面

（一）创新基层组织建设融入学生社区的方式

创新基层组织建设融入学生社区的方式，要求通过变革传统的党支部设置，使其与社区生态紧密融合，将党课学习、实践活动与社区日常生活紧密结合，以实现基层党组织在学生社区的生动实践和有效引领。具体策略如下。

实施“支部建在社区”的模式，将党支部设立在学生宿舍楼或学习生活区域，使得学生党员在日常生活中更容易接触到党日活动，形成“身边支部，身边党员”的格局，使党的理论学习和实践活动更具生活化和亲和力。同时，这样的设置有助于学生党员更好地服务同学，产生良好的朋辈影响，增强党组织的凝聚力和吸引力。

开展形式多样的“红色社区活动”，如党史知识竞赛、微党课分享、红色电影

展播等，将学习教育融入休闲娱乐之中，提升学生参与的主动性和趣味性。这些活动既能弘扬红色文化，又能培养学生的爱国情怀，丰富社区的文化内涵强化社区的价值导向。

实行"党员责任网格化管理"，将学生党员分配到不同的网格区域，负责所在网格的党务工作和学生事务，如解决生活难题、组织社区活动、开展朋辈辅导等。这样的管理方式使学生党员有了明确的职责，同时也让社区中的问题能够更直接、迅速地得到回应，社区服务质量和学生满意度显著提升。

创新基层组织建设还应注重数字化和信息化手段的运用，如建立线上党建平台，发布学习资料，组织在线讨论，提升理论学习的便捷性和及时性。同时，使用数据分析工具，跟踪学生党员的参与情况，评估活动效果，以数据为依据优化活动设计，提高教育的精准性。

通过这些策略，基层党组织在学生社区中不仅强化了政治引领作用，还促进了党建与学生社区生活的深度融合，使学生在日常生活中感受到党的温暖，实现理论学习与实践育人的无缝对接，为培养担当民族复兴大任的时代新人提供了坚实的组织保障。

（二）突出党的理论宣传融入学生社区的形式

党的理论宣传工作要求将党的创新理论与学生生活实际相结合，能够有效增强理论的吸引力和感染力。新时代高校"一站式"学生社区在党的理论宣传方面，应注重形式的创新，以提升教育效果。具体策略如下。

打造沉浸式红色教育空间。将红色文化元素融入校园环境，如设立红色文化长廊、特色主题教室，通过实物展示、图文解说、互动体验等方式，让学生在日常生活中随时随地感受到红色文化的熏陶。同时，利用校园公共区域定期举办红色主题活动，如红色电影节、红色音乐会，将理论学习与艺术审美相融合，使学生在轻松的氛围中接受红色教育。

利用新媒体技术传播党的理论。通过微信、微博、短视频等平台，制作和发布党的理论故事、微视频、H5 等新媒体内容，以生动有趣的形式传递党的声音，吸引学生的关注。同时，鼓励学生自发创作与分享红色内容，通过网络扩散，形成良好的舆论引导环境。

开展主题党日活动与志愿服务相结合。组织学生党员定期开展志愿服务活动，如社区清洁、敬老服务、支教等，将党的理论学习与实际行动相结合，让学生在服务中体悟党的初心使命，实现理论与实践的深度融合。同时，通过活动后的分享会、心得交流,进一步深化理论学习,提升学生的社会责任感。

加强教师党员的示范引领作用。教师党员应积极参与学生社区的理论宣传,通过言传身教,引导学生树立正确的价值观。教师党员可以开设小型讲座,分享学习体会,或者与学生进行一对一的学术指导,将党的理论融入教学实践中,发挥示范和榜样作用。

通过这些形式的创新,党的理论宣传在学生社区中不再仅仅是枯燥的理论灌输,而是转化为生动活泼、贴近生活、充满活力的教育过程,使学生在日常生活中潜移默化地接受党的理论教育,从而培养他们的思想政治素质,为他们的全面发展打下坚实的思想基础。

(三)构建网格精准管理融入学生社区的模式

构建网格精准管理融入学生社区的模式,要求将网格化管理理念引入社区,实现对学生群体的精细化、动态化管理,进一步提升服务质量和育人效果。具体策略如下。

明确网格划分和责任主体。依据社区实际,按照空间分布或功能定位将社区划分为若干个小网格,每个网格由一名或多名责任心强、沟通能力佳的工作人员负责。网格责任人并非孤立工作,他们与社区其他管理人员形成协同机制,确保信息的快速传递和问题的有效解决。

实施网格化服务。网格责任人应密切关注网格内学生的需求,定期开展走访,及时发现学生生活、学习上的困难,提供个性化的帮助。同时,网格责任人还要收集学生对社区管理的建议,推动社区服务的持续改进。网格化服务有助于增强学生的归属感,让他们在遇到问题时能第一时间找到"依靠"。

构建数据驱动的网格管理。借助信息技术,建立网格化管理信息系统,收集网格内学生的数据,如学籍信息、学业成绩、生活行为等。通过数据分析,识别出特定网格中学生群体的特点和需求,为个性化服务提供数据支持。同时,系统还可以用于预测学生可能面临的问题,实现问题的前置解决。

建立网格管理评估机制。定期进行网格服务评估,对网格责任人的工作进行考核,确保服务质量和效率。评估机制不仅要关注网格服务的完成情况,还要重视服务效果,以及学生对网格管理的满意度。评估结果应公开透明,以便于持续改进网格化管理实践。

通过构建网格精准管理融入学生社区的模式,高校可进一步实现对学生个体的深度关注和有效支持,将"一站式"服务细化到每个网格,使得学生在社区中的体验更加个性化和高效。同时,网格化管理的实施也能促进学生自治能力的培养,形成互动、互助的社区氛围,为新时代高校“一站式”学生社区的育人工作提供有力的支持。

二、创建育人氛围,驱动“一站式”学生社区育人的载体化、模式化

(一)构建以学生为中心的育人载体

打造个性化学习空间,设立个性化学习区,满足不同学生的学习习惯和需求,如静默自习室、小组讨论区、创意工作坊等,让学生在最适合自己的环境中学习和创造。利用智能技术,如大数据、云计算等,为学生提供定制化的学习资源和反馈,帮助其发现学习盲点,提升学习效率。

建立综合能力培养平台,开展各类社团活动、竞赛、志愿服务等,为学生提供展示才华和培养实践能力的机会。这些平台应覆盖不同领域,如科技创新、艺术表演、社会服务等,以满足学生多样的兴趣和特长。

建立职业生涯规划中心,提供就业指导、实习机会、职业培训等服务,帮助学生提前规划未来,增强就业竞争力。举办国际文化节、语言角、海外学生交流活动等,让学生在多元文化环境中交流学习,培养跨文化交际能力。开设国际课程,邀请海外学者举办讲座,为学生提供全球视野下的学习资源。

关照社区学生心理健康,设立心理健康服务中心,提供咨询服务、心理治疗、压力管理课程等,帮助学生应对学习和生活中的心理压力。创建健康生活空间,如健身房、瑜伽室、冥想区等,鼓励学生保持身心健康,平衡学习与生活。

鼓励学生参与社区治理,如加入学生自治组织、参与社区规划和决策,培养其责任意识和领导力。开设领导力培训课程,如团队建设、沟通技巧、项目管理等,让学生在实践中学习和提升领导才能。

数字化学习与资源共享,整合在线课程、学术资料、虚拟实验室等资源,让学生能够随时随地学习和研究。利用社交媒体、在线论坛等工具,促进学生之间的交流与合作,构建网络学习社区。

(二)进行育人工作的模式化实践

设计与应用系统化育人模式。系统化育人模式的设计需紧密围绕学生发展的核心需求,涵盖知识技能、情感态度、社会能力等多个维度。例如,华南理工大学的“现代书院制”和“全员导师制”便是对系统化育人模式的积极探索。这种模式不仅强调专业知识的传授,更注重培养学生的创新思维、团队协作能力和社交

技巧。通过将育人模式系统化，高校可以确保教育活动的连贯性和有效性，避免教育过程中的碎片化和随机性，从而实现全面育人的目标。

实施情境教学与创造沉浸式学习体验。模拟或创造与学生未来职业或生活情境相似的学习环境，如模拟法庭、商业案例分析、虚拟实验操作等，激发学生的学习兴趣，增强其实践能力和问题解决能力。为学生提供获取沉浸式学习体验的机会，如社区服务项目、海外游学等，让学生在实际情境中运用知识，培养其适应能力和创新思维，从而提升教育效果。

建立多元评价体系。为了评估模式化实践的效果，高校需建立多元、全面的评价体系。这一体系应包括学习成果、实践能力、团队协作、创新思维等多个维度的评估，以全面反映学生的发展情况。根据定期的自我评估、同伴评估和导师评估结果，及时调整育人模式，确保其有效性，同时激发学生的学习动力，促进其全面发展。

社会参与与资源共享。高校应加强与社会的联系，构建开放的育人环境。通过与企事业单位、社区、文化机构等社会资源的深度合作，高校可以提供实习实训、社会实践、志愿服务等丰富多样的学习机会，让学生在真实的职场和社会环境中学习和成长。同时，社会资源的引入还可以为高校提供多元化的育人资源，促进教育资源的共享，为学生提供更加广阔的发展平台。

（三）打造开放共享的社区育人文化

建立资源共享机制。建立一套完善的信息和资源分享机制，包括设立共享平台，如数字图书馆、在线课程库、学术论坛等，让学生能够轻松访问丰富的教育资源。同时，鼓励学生分享自己的学习成果、项目经验和创意想法，营造一个鼓励开放交流和相互学习的氛围。

促进跨学科合作。社区应积极推动跨学科项目的开展，如跨学院的科研项目、艺术创作、社区服务等，让学生找到不同领域的交汇点，激发创新火花。这种跨学科合作不仅能够拓宽学生的知识视野，还能培养其团队协作能力和解决复杂问题的能力。

鼓励学生自治。社区应鼓励学生参与社区治理，如设立学生自治组织，让学生参与决策过程，对社区活动和政策提出建议。此外，鼓励学生自主发起项目和活动，如学术研讨会、文化节、志愿服务等，这不仅能提升学生的能力，还能增强其社区归属感。

营造正面心理环境。社区应重视学生心理健康，提供心理咨询、压力管理、情绪辅导等服务，营造一个正面、支持性的心理环境。同时，鼓励学生之间建立积极的互动和互助关系，如设立“同伴支持计划”，让学生在遇到困难时能够获得同龄人的帮助和鼓励。

建立社区荣誉体系。为了激励学生积极参与社区建设，社区应建立一套荣誉体系，对在学术、创新、社区服务等方面表现突出的学生给予表彰和奖励。这不仅能够激发学生的积极性，还能在社区内树立正面的榜样，促进良好风气的形成。

引入社会资源和专家。社区应与企事业单位、非营利组织、知名专家学者等建立紧密联系，邀请他们参与社区活动，如举办专题讲座、提供实习机会、指导学生项目等。社会资源的引入不仅能够为学生提供实践机会，还能让学生接触到行业前沿，增强其就业竞争力。

三、构建场馆阵地，实现“一站式”学生社区育人的浸润式、立体化

（一）培育浸润式学习氛围

营造知识与创新并重的社区文化。社区应致力于构建一个以知识和创新为核心的文化氛围，让学生在日常生活中就能接触到新思想、新技术，激发其探索未知的好奇心。设立创意工坊、创新实验室等场所，为学生提供实践创新的平台，鼓励他们将课堂所学与实际应用相结合，培养解决问题的能力。

打造沉浸式学习空间。高校应充分利用校园内外的空间资源，如图书馆、实验室、艺术中心等，打造集学习、研究、创新于一体的多功能空间。这些空间不仅应配备先进的硬件设施，更需融入创新元素，如虚拟现实技术、人工智能辅助等，让学生在体验中学习，激发学习兴趣，提高学习效率。

强化实践与理论结合。社区应引入更多的实践活动，如实习实训、志愿服务、社团活动、创新创业项目等，让学生将所学应用于实际，加深对理论知识的理解，在实践中培养团队协作能力、沟通能力和领导力。

构建学习型社区。高校应鼓励教师、辅导员、校友等成为学生学习的引导者，通过设立导师制、学长制等机制，让学生在日常生活中就能获得专业指导和人生规划建议。同时，举办学术讲座、读书会、主题沙龙等活动，为学生提供与学者专家、行业精英面对面交流的机会，帮助学生拓宽视野，提升素养。

强化心理健康教育与支持。高校应设立心理咨询中心，提供专业辅导，帮助学生应对学习压力和情感困扰。举办心理健康教育活动，如开办压力管理工作

坊、开设情绪调节课程等，增强学生的心理调适能力，营造一个健康和谐的学习环境。

（二）建设立体化成长平台

构建线上线下融合的学习生态。在数字化时代，高校应充分利用网络技术，构建线上线下融合的学习生态。线上，建立数字化学习平台，提供丰富的在线课程、学术资源、虚拟实验室等，让学生能够随时随地获取知识，满足学生的个性化学习需求；线下，设立功能多样的实体学习空间，如研讨室、创新工坊、艺术工作室等，为学生提供实践探索的场所。线上线下资源无缝链接，形成互补，促进学生知识的深度理解和技能的综合运用。

打造跨学科项目与实践平台。立体化成长平台应鼓励学生参与跨学科项目，如科技创新、文化艺术、社会服务等，锻炼学生的实际操作能力，培养学生的创新思维和团队协作精神。高校可与企业、非营利组织等社会资源合作，为学生提供实习实训、志愿服务、社会实践等机会，让学生在真实的职业环境和社会环境中学习和成长，增强就业竞争力和社会适应能力。

建立全方位人才培养体系。立体化成长平台应涵盖学生发展的各个方面，包括学术能力、实践技能、人文素养、身心健康等。社区应设立专业的辅导中心，为学生提供全方位的支持和服务，如学术指导、职业规划、心理健康、体育健身等。同时，举办各类讲座、工作坊、竞赛、文化节等，激发学生的学习兴趣，促进其全面发展。

支持个性化发展与终身学习。立体化成长平台应支持学生的个性化发展，鼓励其根据个人兴趣和目标选择适合自己的学习路径。提供各类选修课程、兴趣小组、职业规划服务等，满足学生的多元需求。同时，倡导终身学习理念，建立终身教育体系，为学生提供持续成长和发展的机会。

（三）丰富发展社区场馆阵地

实现场馆多样化与个性化。为满足不同学生的学习和成长需求，社区应不断丰富场馆类型，如增设专业实验室、艺术工作室、创业孵化基地、心理健康中心等，以覆盖学术研究、艺术创作、创新实践、个人发展等多个领域。同时，场馆设计应注重个性化和舒适性，如设立静默学习区、小组讨论室、个人兴趣角等，让学生在最适合自己的环境中探索和成长。

促进技术与创新融合。结合最新科技，如虚拟现实（VR）、增强现实（AR）、人工智能(AI)等,改造升级现有场馆,提升学生的学习体验和学习效率。例如,利用VR技术建立虚拟实验室,让学生在安全的环境中进行危险系数高或高成本的实验;利用AI辅助学习系统,为学生提供个性化学习路径和即时反馈,增强学生的自主学习能力。

鼓励跨学科与跨界合作。鼓励场馆之间、社区与社会资源之间的跨界合作,如与企业、科研机构、艺术团体、非营利组织等建立合作伙伴关系,共同打造实践基地、研究平台和文化交流空间。通过引入外部资源,为学生提供接触行业前沿、参与社会实践的机会,促进学生参加跨学科项目,培养创新思维。

建立持续改进与反馈机制。建立场馆使用反馈机制,定期收集学生对场馆设施、服务、活动的反馈,及时调整和优化,确保场馆能够持续满足学生的需求和兴趣。根据数据分析场馆使用情况和学生参与度,为未来场馆的规划和升级提供依据。

四、汇聚内外资源,整合"一站式"学生社区育人的多场域、各阵地

(一)健全线上线下相结合的服务平台

在新时代高校"一站式"学生社区的育人实践中,健全线上线下相结合的服务平台是提升服务质量、增强学生参与感的关键。这不仅能够提供便捷、高效的服务,还能通过虚拟与现实空间的互动,创造更多元、更丰富的学习与生活体验,促进学生的活跃度和归属感。

高校应整合线上资源,打造一体化服务平台。开发或优化学生事务管理系统,使之集成课程查询、选课报名、成绩管理、缴费、住宿申请等功能,简化学生的办事流程,提高服务效率。同时,系统应具备个性化推送功能,为学生提供课程建议、活动通知、学术资源等定制化信息,以满足不同需求。同时,通过数据分析,追踪学生线上线下活动的参与情况,以此为依据调整服务项目,提供更加精准的个性化支持。在互动交流方面,设立在线讨论区或论坛,鼓励学生分享学习心得、组织线上活动,打造一个跨越时空界限的互动空间。同时,利用直播、视频会议等手段,实现线上讲座、研讨会的实时参与,拓宽学生获取知识的途径,打破传统教育的时空限制。

学生社区应充分利用数字化手段优化线下服务。设置自助服务终端,以便学生快速处理生活事务,如图书借阅、洗衣卡充值等,减少学生的排队等待时间。同时,利用物联网技术,实现宿舍、教室等公共空间的智能化管理,如预约系统、

环境监控，提升学生的生活体验。

线上线下相结合的服务平台可以帮助高校“一站式”学生社区有效提升服务的便捷性与满意度，为学生创造一个更加开放、包容的学习生活环境。这样的平台不仅满足了学生多样化的需求，而且促进了社区文化的融合，增强了学生的社区归属感。而在这个过程中，学生的数字化素养也在无形中得到提升，为他们适应信息时代的挑战打下坚实的基础。

（二）叠加、促进师生同频共振的育人能效

2019 年 3 月 18 日，习近平总书记在学校思想政治理论课教师座谈会上强调，要“推动思想政治工作贯通人才培养体系，发挥融入式、嵌入式、渗入式的立德树人协同效应”。在“一站式”学生社区的育人实践中，叠加促师生同频共振的育人能效是提升教育效果与满意度的重要途径。通过多元主体的深度参与和共享资源的高效整合，社区能够构建起一个立体化、互动式的教育网络，实现教育者与受教育者之间的深度交流与互动，共同促进学生全面成长。

打造无缝隙的师生互动平台，使教师不再仅仅是课堂上的讲授者，而是学生生活和学习的引导者。在社区中，教师可以设立固定的办公时间，以方便学生面对面咨询课程问题；也可以在非正式场合与学生交流，如食堂用餐、课外活动，这样有助于建立更加亲密的师生关系，增强学生的信任感。此外，教师还应参与社区的各类活动，如学术讲座、兴趣小组，以提升学生的学术兴趣和综合素质。

鼓励教师参与学生的社区生活，与学生共享资源和经验。教师可以作为导师，指导学生开展学术研究、创新创业，甚至参与社区服务。这既有助于培养学生的实践能力，又能增强教师的专业认同感，还有助于形成“教师即学生，学生即教师”的学习氛围，使得教育过程更具开放性和合作性。

利用信息技术手段，实现师生间的在线互动与资源共享。在数字化平台上，教师可以发布课程资源、作业要求，学生可以提交作业、发起提问，这样既方便了信息的传递，又打破了时间和空间的限制，使得师生交流更加便捷。同时，平台可以利用大数据分析学生的学习行为，为教师提供个性化的教学建议，实现教学的精准化。

叠加促师生同频共振的育人能效要求高校在“一站式”学生社区中，创设丰富的互动机会，整合资源，构建开放的评价机制，以及提升教师的社区教育能力，实现教育者与受教育者在教育过程中的深度互动，从而更有效地促进学生的全面发展，提升教育的实效性和满意度。

（三）增强陪伴指导齐发力的队伍力量

在新时代高校“一站式”学生社区的育人体系中，队伍力量的完善与协同是至关重要的。这一队伍包括专业教师、辅导员、心理咨询师、生涯规划顾问等多元角色，他们共同构成了贯穿学生学习、生活、成长全过程的陪伴与指导网络。队伍力量的整合与优化，可以确保学生的个性化需求得到充分满足，实现教育的精准化。

专业教师在“一站式”学生社区中发挥着学科知识传授和价值引领的重要作用。他们不仅在课堂上传授专业知识，还应积极参与社区活动，通过实践教学、学术讲座等形式，激发学生的学习兴趣，引导他们形成独立思考的能力和批判性思维。同时，教师还应关注学生的情感需求，在提供学术指导的同时，展现人文关怀，成为学生学术和人生的双重导师。

辅导员是学生社区的核心指导者，他们不仅负责日常管理，更应扮演“成长伙伴”的角色。辅导员应具备良好的教育理念和专业技能，能够根据学生的个性和需求，提供个性化的指导，如学业咨询、就业指导、心理支持等。他们还应与学生建立信任关系，通过定期谈心、组织主题班会等活动，帮助学生解决成长中的困惑，促进全面发展。

心理咨询师是社区育人队伍中的重要补充，他们凭借专业技能为学生提供情绪支持与心理疏导。在“一站式”学生社区中，心理咨询师应定期开展心理健康讲座，设立在线咨询平台，及时发现并解决学生的心理问题，促进学生身心健康。同时，他们还应与教师、辅导员等其他教育工作者密切合作，形成心理健康教育的合力。

生涯规划顾问则帮助学生明确职业定位，规划未来发展路径。他们通过开设生涯规划课程、开展职业测评、举办职业讲座等活动，引导学生了解自我，发掘兴趣，增强职业探索的意识。同时，他们还应与企业、行业专家合作，为学生提供实习、就业信息，搭建实践平台，实现理论与实践相结合。

增强“一站式”学生社区的队伍力量，需要构建一个多元角色专业互补、协同合作的教育者网络。通过这支队伍，高校能够为学生提供全方位、个性化的陪伴与指导，满足新时代学生日益复杂和多样的成长需求，从而提升育人的质量和效果，为培养新时代的高素质人才奠定坚实的基础。

五、树立创新思维，促进“一站式”学生社区育人的数字化、信息化

（一）遵循成长规律，以科学成才理念完善评价体系

在新时代高校“一站式”学生社区的育人实践中，评价体系的构建是衡量和

促进学生成长的重要工具。高校应遵循学生的成长规律，以科学成才理念为导向，致力于构建一个多元、全面、公正的评价体系，以促进学生的个性化发展和综合素质提升。

建立以德为先的评价导向。评价体系应重点关注学生的道德品质，鼓励他们形成良好的道德风尚和社会责任感。应对学生的公益行为、团队合作、尊重他人、诚信品质等方面进行评价，确保学生成长为有道德、有爱心、有担当的公民。评价体系应涵盖学术、技能、体育、艺术、劳动等多方面，强调全面发展，摒弃唯分数论，鼓励学生多元发展，避免以单一的学术成绩作为评价的唯一标准。这有助于培养学生的多元智能，激发他们的创新精神，增强他们的实践能力，为社会输送全面发展的复合型人才。

实施过程性和增值性评价。评价体系不仅要关注学生的学习结果，更要重视他们的学习过程。记录和分析学生的学习行为、进步情况和遇到的挑战，可以更准确地评估他们的学习能力，同时能发现他们的潜在优势和需要改进的地方。增值性评价则关注学生自身的发展，对比他们在不同时期的表现，以此反映他们的进步速度和潜力。此外，可以引入同行评价和自我评价。鼓励学生在学习和生活中互相评价，培养他们的批判性思考和自我认知能力。自我评价能帮助学生更清晰地认识自己的优势和不足，有助于他们设定合理的学习目标，自我调整和改进。

利用大数据和人工智能进行精准化评价。收集和分析学生的在线学习数据、实践活动记录，为每个学生生成个性化评价报告，帮助教师和学生精确了解学习状况，为个性化指导提供依据。同时，数据驱动的评价能避免主观偏见，提升评价的公正性和透明度。建立健全反馈机制，将评价结果及时反馈给学生和教师，以便进行有针对性的调整。学生应了解自己的长处和改进点，教师则可以根据评价结果优化教学策略，实现教育的精准化。

遵循成长规律的科学成才理念是新时代高校“一站式”学生社区评价体系的核心。通过构建多元、全面的评价体系，高校能够更准确地衡量和引导学生的成长，激发他们的内在动力，为培育新时代所需的人才打下坚实的基础。同时，评价体系的改进与创新也是教育现代化的重要组成部分，它将帮助高校适应快速变化的社会需求，培养出具有全球视野和创新精神的未来领袖。

（二）依托信息技术，以呈现过程记录强化个性服务

在新时代高校“一站式”学生社区的育人实践中，信息技术的运用已经成为

实现个性化服务的关键。通过数据收集、整合与分析，高校能够实时、动态地了解学生的需求，提供更加精准和个性化的支持，从而优化教育质量和学生体验。

利用大数据技术建立学生行为分析模型。收集学生在课堂、学习、生活等方面的行为数据，如在线课程的完成情况、图书馆借阅记录、社团活动参与度等，构建学生个体行为的数字化模型。这不仅有助于了解学生的学习习惯和兴趣，还能针对性地提供学习资源、指导和辅导，以满足他们的个性化需求。例如，分析学生在图书馆的使用数据，可以优化图书采购策略，或调整图书馆开放时间，以提升服务质量和满意度。引入人工智能技术进行个性化推荐。利用机器学习算法分析学生数据，预测他们可能需要的课程、资源、活动等，然后推送定制化的学习计划和活动信息。例如，根据学生的专业和兴趣，推荐相关的学术讲座、实践活动和职业规划路径，帮助他们优化学习路径和实现全面发展。

创新使用社交媒体进行互动式评价。利用社交媒体平台，建立学生、教师和社区的互动空间，鼓励学生分享学习心得、反馈课程意见，教师也可以及时回应并提供指导。通过这种方式，学生可以得到及时的反馈，教师可以了解教学效果，进而调整教学策略，形成有效的教学互动。建立智能化的学生服务平台。利用移动应用和自助服务终端，学生可以便捷地查询信息、预约资源、提交申请，同时，系统可以记录学生的服务使用情况，为个性化服务提供数据支持。例如，系统可以根据学生的生活习惯，推荐合适的餐饮、健身服务，或者在特定时间推送学习资源。

信息技术在“一站式”学生社区中发挥着至关重要的作用，它不仅能为学生提供个性化的服务，而且能提升教育的效率和效果。同时，这些技术的应用也能助力高校教育的现代化，使之能够更好地适应新时代人才培养的需求。

（三）构建智慧校园，以数据互联共享支撑精准管理

新时代高校“一站式”学生社区致力于集成学校内外的各类资源，通过整合信息和服务，提供“一站式”解决方案。在“一站式”学生社区的智慧化进程中，整合信息应用资源是至关重要的一步。高校通过构建智慧校园，将信息技术与教育、管理、服务深度结合，以提高学生社区运营效率，满足学生个性化需求，打造高效便捷的信息化生活环境。这不仅提升了社区的智能化水平，而且对学生的自主学习与成长起到了积极促进作用。

高校依靠完善的学生信息管理系统，实现数据的集中化、标准化管理。这套系统涵盖学籍管理、课程选修、成绩查询、在线缴费、住宿管理等功能，通过统一

的线上平台，简化学生事务处理流程，提高管理效率。同时，通过数据分析，学校能够实时了解学生的学习、生活状况，为个性化教育提供数据支持，以便及时为学生提供精准的指导和帮助。

促进教育资源的数字化和共享化。学校开放各类在线课程资源，设立数字图书馆，让学生可以随时随地访问丰富的学术资源。鼓励学生通过在线讨论区、虚拟实验室、线上研究小组等形式自主探索，促进学生深度学习和跨学科交流。此外，通过云端服务，将教师的教学资源、研究成果与学生的学习需求无缝对接，打破传统教室的物理限制，实现教育资源的最大化利用。在保障学生隐私的前提下，学校利用人工智能、大数据等技术，对学生的学习行为、兴趣爱好、心理状态进行分析，以提供个性化推荐服务。例如，推荐符合学生兴趣的课程、实践活动，或者在学生遇到困难时提供及时的心理辅导。这种个性化的服务有助于增强学生的归属感，也有利于挖掘学生潜力，培养其终身学习的能力。

高校应与校外资源深度融合，如与科研机构、企业合作，为学生提供实习、创新创业的平台。通过线上平台，学生可以直接对接现实世界的项目，提升实践能力，为未来的职业生涯发展做好准备。

通过整合信息应用资源，构建智慧校园，高校"一站式"学生社区不仅能提升服务品质，而且能实现教育的个性化、智能化。这样的社区环境不仅能够满足学生的多样化需求，更能在信息化时代中培养学生的数字素养，为他们适应未来社会做好充分准备。智慧校园的建设，是新时代高校育人工作的一项重要战略举措，它以技术的力量推动教育的革新，助力培养具有全球视野和创新能力的未来人才。

第三章

高校“一站式”学生社区育人的条件保障与实践模式

第一节 条件保障的主要方面

在新时代背景下，高校“一站式”学生社区作为一种新型的学生管理模式，正在逐步成为推动高等教育内涵式发展的重要力量。这一模式旨在整合校内外资源，构建集学生思想教育、师生交流、文化活动、生活服务于一体的教育生活园地，为学生的全面发展提供有力保障。然而，“一站式”学生社区的建设与运行并非易事，需要制度、队伍、空间和经费等多方面的条件保障。

一、空间保障：构建舒适便捷的生活空间

高校学生社区作为育人的重要阵地，其物理空间的规划与设施配置至关重要。社区不仅应满足学生的基本生活需求，更应成为一个促进学生学习、交流与成长的多元化平台。“一站式”学生社区的建设首先要求资源的有效整合与优化配置，包括教学设施、生活设施、文化活动场所等多方面的资源，即空间保障。通过构建舒适便捷的生活空间，确保学生能够在社区内便捷地获取学习资源、开展校园活动、享受文化娱乐，从而丰富大学校园生活，提升学生的学习效率。

（一）基础设施建设

高校学生社区的物理空间与设施配置，在实现“一站式”育人目标的过程中扮演着举足轻重的角色。在现代高校的育人体系中，学生社区不仅仅是学生日常生活的中心，更是思想碰撞、知识传递和技能培养的重要平台。因此，基础设

施的建设和完善成为提升学生社区育人功能的关键环节。在设施配置方面，高校需紧跟时代步伐，不断更新和完善各类硬件设施，以适应信息技术迅猛发展的趋势。

1. 物理空间布局

从物理空间的角度来看，“一站式”学生社区建设主要是依托书院、宿舍等生活园区，探索学生组织形式、管理模式、服务机制改革，推进党团组织、管理部门、服务单位等进驻园区开展工作，把校院领导力量、管理力量、服务力量下沉到一线的教育管理服务中去，将园区打造成为集师生交流、文化活动、生活服务于一体的教育生活园地。高校“一站式”学生社区应当建设成为一个多功能活动场所，划分不同区域，以满足学生发展的多种需求。合理规划与布局物理空间，不仅能够显著提升学生的学习效率，还能在无形中培养他们的团队精神和社会交往能力。

2. 设施配置完善

在设施配置方面，高校学生社区必须与时俱进，不断更新和完善各类硬件设施。“一站式”学生社区设施配置完善具有重要的意义。

一是为学生提供便捷舒适的生活环境。在社区中，完善的设施配置能够为学生提供便捷舒适的生活环境，学生无须花费大量时间在不同场所之间奔波，便可满足日常生活的各种需求。

二是促进学生的学习与成长。社区内的图书室、自习室等学习场所，能为学生提供安静、舒适的学习环境，学生可以在这里专心学习、查阅资料，提高学习效率。同时，多媒体室、实践操作室等教学设施的完善，能够为学生提供更多的实践机会，帮助他们将理论知识与实践操作相结合，更好地掌握专业技能。

三是增强学生的社交与互动。社区内的休闲娱乐设施，如健身房、休闲室等，能为学生提供放松身心、娱乐休闲的场所，学生可以在这里结交朋友、增进感情，丰富课余生活。此外，社区内的活动中心、会议室等场所，可以用于举办各种社团活动、文艺演出、主题班会等，为学生提供展示自我、交流互动的平台。

四是强化学生的安全保障。社区内安装的监控设备、门禁系统等安全设施，能够有效地保障学生的人身安全和财产安全；消防设施、应急照明等设备的完善，能在紧急情况下为学生提供及时的救援和保障。此外，社区内还可以设置心理咨询室等场所，为学生提供基本心理辅导，保障学生的身心健康。

五是提升学校的管理效率和服务质量。通过集中配置各种设施和服务，学校可以实现资源的优化整合，提高管理效率。同时，学校可以更好地了解学生的需求和反馈，及时调整服务内容和方式，提高服务质量。

（二）资源配置

1. 图书资源

在高校学生社区的育人过程中，资源配置是一个至关重要的环节。教育资源，包括图书、网络和活动场所等，不仅为学生提供了学习与发展的坚实基础，而且是实现"一站式"育人模式的物质保障。图书作为传统的知识载体，在高校学生社区的资源配置中占据着极其重要的地位。丰富多样的藏书能够满足不同学科背景学生的需求，为他们提供深入研究所需的专业资料。根据各高校图书馆的数据统计显示，近年来高校图书馆的藏书量和借阅量均呈现稳步增长的趋势，这充分反映了学生对图书资源的高度依赖和迫切需求。因此，在高校"一站式"学生社区的建设中，图书角的建设和更新应当得到足够的重视，以确保学生能够便捷地获取所需的图书资源。同时，将社区图书角与学校图书馆资源结合，便于学生在社区中实现阅读的目的。

2. 网络资源

网络资源是现代学生学习与生活中不可或缺的一部分。随着信息技术的迅猛发展，网络已经成为学生获取信息、交流思想的重要渠道。高校学生社区应当配备高速稳定的网络环境，并提供丰富的在线学习资源和数字图书馆服务。近年来许多高校纷纷建立了自己的在线教育平台，整合了校内外优质的课程资源，为学生提供了更加灵活多样的学习选择。这些平台不仅包括视频课程、电子书籍，还有互动讨论区和在线测试工具，极大地丰富了学生的学习体验。

总之，资源配置在高校"一站式"学生社区育人中扮演着举足轻重的角色。通过合理配置图书、网络等资源，高校能够为学生打造一个更加完善、便捷的学习与生活环境，从而有效促进学生的全面发展。

二、经费保障：确保社区育人的可持续发展

在高校推进"一站式"学生社区育人体系的过程中，经费保障作为条件保障中的核心要素，直接影响了该体系的建设质量和实际效果。

（一）支持基础设施建设

"一站式"学生社区要求建设集学习、生活和服务于一体的物理空间，确保学

生在社区内能够获得便捷的学习和生活支持。要达到这样的目标,学校需设立并维护各类专业功能区域。例如:社区中心,作为学生社交、交流和资源中心,为学生提供多样化的学习和交流场所,经费保障有助于打造现代化、多功能的空间,为学生创造良好的学习和生活氛围;心理咨询室和健康服务中心,在心理健康需求增加的背景下,社区需要具备专业的心理咨询场所和设施,为学生的心理健康提供支持;活动空间和阅览室,这些场所可以供学生开展社团活动、学术讨论和个人阅读,是学生全面成长的重要平台。这些设施的建设、设备购置和日常维护都依赖充足的经费投入。

(二)促进专业服务团队建设

"一站式"学生社区育人模式涉及多个领域的支持,包括心理辅导、职业规划、学业指导等。要满足这些需求,社区需要配备专门的专业团队。具体而言,经费保障的作用在于:一是招聘和留住高素质人才,充足的经费可以帮助学校提供具有竞争力的薪酬和福利,从而吸引心理学、教育学、职业规划等领域的高素质人才;二是人员培训和能力提升,为了提高服务团队的专业素养和技能,学校可以凭借充足的经费保障定期组织培训和研讨会,为工作人员提供与时俱进的专业知识和工作方法,使其能够更好地服务学生;三是提升服务的可持续性,在经费支持下,学校能够保持长期稳定的专业团队配置,确保学生社区的各项服务能够持续、稳定地开展。

(三)提升服务质量和学生体验

经费的充足与否直接关系到"一站式"学生社区的服务质量和学生的实际体验。在社区服务过程中,提供丰富的资源和个性化的支持能有效提高学生的满意度和参与度。一是购置现代化设备,先进的教学设备、电子资源、计算机设备等设施,能够显著改善学生的学习体验,增强学生社区的吸引力;二是提供丰富的学习资源,学校可以为学生购置学术期刊、电子书籍、学习材料等,满足学生的不同学术需求,使学生在社区内可以轻松获取学习资源;三是开展个性化支持项目,学校可以为学生提供一对一辅导、心理干预和职业咨询等个性化的服务,提升服务的多样性和针对性,帮助学生在各方面取得更好发展。

(四)推动信息化平台建设

在数字化转型背景下,"一站式"学生社区需要依靠现代化的信息平台来实现高效管理和信息共享。经费在这方面的重要作用在于:一是建设信息化管理平台，通过充足的经费投入，学校可以搭建统一的信息平台，实现学生信息和需求的整合与共享，使各项服务更加便捷和高效；二是完善在线支持系统，经费支持可以用于开发或购置专业的在线支持系统，让学生在校园内外随时访问咨询、预约和反馈等服务，进一步提升服务的便利性和响应速度；三是数据分析和决策支持，学校可以利用大数据技术分析学生需求和反馈，定期评估服务效果，进行科学决策，从而进一步提升社区服务质量。

综上所述，经费保障不仅是“一站式”学生社区育人体系建设的基石，更是其长效发展的驱动力。有了充足的经费支持，学校能够建设完善的硬件设施、招募和培养高素质的专业团队，提升服务的广度和深度，从而真正实现“一站式”学生社区育人模式的初衷，即全面支持学生的学业成长、心理健康和职业发展，助力学生的全面发展和成长。

三、队伍保障：打造高素质的服务团队

“一站式”学生社区强调师生之间的紧密互动与良好关系。“一站式”育人阵地的建设，要求社区入驻多支队伍，以辅导员、班主任、思政教师队伍为主体，以心理健康教师、专业教师、行政管理人员、后勤服务人员、学生干部等多支育人队伍为分支。通过设立党建活动室、导师学术交流室、辅导员谈心谈话室、心理咨询室等措施，确保每名学生都能得到足够的关注和指导。这种近距离的师生交流，有助于及时解决学生在学习、生活等方面遇到的问题，增进师生间的信任与理解，形成良好的师生关系，为学生的健康成长提供有力支持。

（一）师生队伍建设

1. 师资队伍

一支高素质的师资队伍不仅能显著提升社区育人的效果，还能为学生的全面发展提供坚实的支撑。

一是学业指导，高素质的师资队伍能够为学生提供专业的学业指导。教师凭借丰富的知识储备和教学经验，帮助学生制订合理的学习计划，解答学生在学习过程中遇到的难题，引导学生掌握正确的学习方法。这有助于提高学生的学习效率和学习成绩，为他们的未来发展奠定坚实的知识基础。

二是人生导航，高素质的教师不仅是知识的传授者，更是学生人生的导航者。他们以自身的品德修养和人生阅历，为学生树立良好的榜样，引导学生树立正确的世界观、人生观、价值观。在学生面临人生选择和困惑时，教师能够给予

及时的指导和建议，帮助学生做出正确的决策，走上健康、积极的人生道路。

三是个性化培养，每个学生都有自己的特点和需求，高素质的师资队伍能够关注到学生的个体差异，实施个性化培养。教师通过与学生的密切交流，发现学生的特长和潜力，为他们提供针对性的培养方案，激发学生的内在动力和创造力，促进学生的全面发展。

四是营造良好氛围，高素质的师资队伍能够在“一站式”学生社区中营造良好的学习氛围和文化氛围。教师的敬业精神、学术追求和人文关怀，会感染和影响学生，激发学生的学习热情和进取精神。同时，教师还可以组织各种文化活动和学术活动，丰富学生的课余生活，提升社区的文化品位。

五是促进社区管理，教师作为社区的重要成员，能够积极参与社区的管理和服务工作。他们可以发挥自身的专业优势和管理经验，为社区的规划建设、制度制定、活动组织等提供有益的建议和支持。同时，教师还可以通过与学生的互动交流，了解学生的需求和意见，及时反馈给社区管理部门，促进社区管理的不断完善。

六是加强团队建设，高素质的师资队伍能够带动社区内其他工作人员的成长和发展，加强社区团队建设。教师可以通过开展培训、交流等活动，提高社区工作人员的业务水平和服务意识。同时，教师还可以与社区工作人员合作开展各种项目和活动，增强团队的凝聚力和战斗力。

综上所述，在“一站式”学生社区中建设高素质师资队伍具有重要的意义。它不仅关系到学生的成长和发展，而且关系到社区的建设和学校的发展。因此，学校应该高度重视师资队伍建设，为“一站式”学生社区的建设和发展提供坚实的人才保障。

2. 学生干部队伍

学生干部队伍不仅肩负着有序管理学生日常生活的重任，更是推动“一站式”育人模式落地实施的关键力量。他们不仅仅是管理者，更是服务者和引导者，具有不可替代的作用。

一是榜样引领作用，学生干部通常在学习、品德、行为等方面表现较为突出。他们的优秀表现为其他学生树立了榜样，激励着同学们积极向上。在学习方面，学生干部努力进取的态度可以带动周围同学更加认真地对待学业，提高学习的积极性和主动性；在品德方面，学生干部的正直、善良、责任感等品质能够感染他人，促进良好品德的形成和传播。

二是桥梁纽带作用,学生干部是学校与学生之间的桥梁和纽带。他们能够及时将学校的各项政策、要求传达给同学们,同时也能将同学们的意见、建议反馈给学校。通过这种双向沟通,学校可以更好地了解学生的需求和想法,从而调整教育教学管理策略,提高管理的针对性和有效性。

三是组织管理作用,在“一站式”学生社区中,学生干部承担着大量的组织管理工作。他们协助教师策划、组织、实施各种活动,如学术竞赛、文体活动、社团活动等,充分发挥自己的领导才能和组织能力,确保活动的顺利进行。他们还负责班级和学生组织的日常管理,如考勤、卫生、纪律等方面的工作,既培养了自己的责任感和团队合作精神,又提高了学生的自我管理能力。

四是服务同学作用,学生干部的宗旨是服务同学。他们关心同学的学习和生活,为同学们提供各种帮助和支持。例如:在学习中,学生干部可以组织学习小组,开展互帮互助活动,帮助学习困难的同学提高成绩;在生活中,学生干部可以关心同学的身心健康,组织开展心理健康教育活动和体育锻炼活动。他们还可以积极参与学校的志愿服务活动,为社区和社会作出贡献。

五是培养综合素质作用,学生干部在工作中需要不断提高自己的沟通能力、组织能力、领导能力、团队合作能力等,还需要学会处理各种复杂的问题和矛盾,提高自己的应变能力和决策能力。这些能力的培养不仅有助于学生在学校期间的发展,而且为他们未来的职业生涯和社会生活打下了坚实的基础。

总之,学校应该重视学生干部队伍的建设,为学生干部提供更多的培训和锻炼机会,充分发挥他们的作用,推动学校教育教学工作的发展,为高校育人工作提供强有力的保障。

(二) 培训与发展

培训与发展环节对提升服务质量的重要性不容忽视。随着高等教育的迅猛发展和学生需求的日益多样化,学生社区作为育人的重要阵地,其工作人员的专业素养和服务能力直接决定了育人效果。

1. 教师培训

一是了解学生需求。教师通过培训可以更好地了解学生的心理特点和需求,掌握与学生沟通和交流的技巧,建立良好的师生关系。这样,教师就能更好地指导学生在学生社区中的学习和生活,帮助他们解决各种问题和困难。二是指导社区活动。培训可以让教师了解社区活动的组织和管理方法,掌握活动指导的技巧和策略,提高社区活动的质量和效果。三是促进学生发展。通过培训,教师可以更好地了解学生的发展需求，掌握指导学生发展的方法和技巧，为学生提供个性化的发展指导，促进学生的全面发展。四是推动社区建设。培训可以让教师了解学生社区建设的理念和方法，掌握社区建设的策略和技巧，积极参与学生社区的建设和管理，推动学生社区的不断发展和完善。

2. 学生干部培训

一是领导能力培养。通过培训，学生干部可以学习到有效的领导方法和技巧，包括如何激励团队成员、如何决策等，从而提升自己的领导能力。二是沟通能力提升。培训可以帮助学生干部提高沟通技巧，学会与不同性格和背景的同学进行有效的沟通，及时了解同学们的需求和意见，更好地为同学们服务。三是团队协作能力增强。培训可以促进学生干部之间的团队协作，使其学会分工合作、如何解决团队内部的矛盾和问题，提高团队的工作效率。四是问题解决能力锻炼。通过培训，学生干部可以学习到问题解决的方法和步骤，提高自己的问题解决能力，更好地应对各种突发情况。

总之，加强教师队伍与学生干部队伍培训，可以有效提升工作人员的专业素养和服务质量，从而推动高校育人工作的全面发展。

四、制度保障：构建规范高效的运行机制

（一）政策支持

在高校"一站式"学生社区育人的实施过程中，政策支持起到了至关重要的作用。这不仅为育人工作提供了宏观指导，还确保了各项措施的顺利推进。

从国家层面来看，近年来教育部门出台了一系列相关政策，旨在强化高校学生社区的育人功能。这些政策不仅明确了高校在育人方面的责任与义务，还提出了具体的实施要求与评估标准。例如，2017 年中共中央、国务院发布的《关于加强和改进新形势下高校思想政治工作的意见》中，明确指出高校应当"加强学生互动社区、主题教育网站、专业学术网站和'两微一端'建设，运用大学生喜欢的表达方式开展思想政治教育"，并要求"加强人文关怀和心理疏导，促进大学生身心和人格健康发展"。

在地方层面，各级政府积极响应国家政策，结合本地实际情况出台了相应的配套措施。这些措施更加具体、针对性更强，为高校开展"一站式"学生社区育人提供了有力支持。例如，某些地方政府通过设立专项资金、搭建校企合作平台等方式，帮助高校解决在育人过程中遇到的资金和资源短缺问题。此外，地方政府

还鼓励高校与当地企业、社区建立合作关系，共同推动学生社区的建设和发展。

高校自身在育人政策的执行方面也做出了积极努力。许多高校成立了专门的领导小组，负责制订和实施育人计划。例如，一些高校投资建设了现代化的学生宿舍和活动中心，配备了先进的教学设备和丰富的图书资源，为学生提供了良好的学习和生活环境。同时，高校还注重教师队伍的培养，通过引进优秀人才、组织教师培训等方式，提升教师的专业水平和教学能力。高校还建立了完善的监督机制，定期对育人工作的进展情况进行评估和总结，确保各项政策得到有效落实。这些评估不仅关注硬件设施的建设情况，还注重学生满意度和育人效果的反馈。通过定期的调研和数据分析，高校能够及时发现问题并采取有效措施进行改进，不断提升育人质量。

综上所述，政策支持在高校“一站式”学生社区育人中发挥着举足轻重的作用。通过国家、地方和高校三方的共同努力，这一育人模式将会在未来得到更加广泛的应用和推广。随着政策的不断完善和技术的不断进步，高校“一站式”学生社区育人必将迎来更加美好的前景。

（二）制度建设

随着高等教育事业的不断进步，学生社区在育人方面的作用日益显著，其中，制度建设成为确保这一功能充分发挥的关键所在。制度建设不仅涉及学生社区的日常管理，还在更深层次上影响着学生的全面发展。建立一套完善的管理制度，首先需要考虑的是制度的系统性和科学性。高校学生社区是一个集生活、学习和交流于一体的综合性空间，其管理制度必须能够覆盖学生的各个方面。从入住规定到日常行为规范，再到学习资源的使用与管理，每一项制度都应当明确、具体，并具备实际操作性。这些制度之间还需相互关联、协调一致，形成一个有机的整体，以确保学生社区的高效运行。

在育人过程中，管理制度发挥着基础性作用。一方面，规范的制度管理，可以营造出一个安全、有序、和谐的生活环境，为学生的身心健康提供强有力的保障。另一方面，制度中的激励机制和约束机制能够引导学生形成良好的行为习惯和道德品质，促进他们的自我管理和自我成长。此外，制度建设需要与时俱进，不断适应新的育人需求。随着社会的快速发展和高校教育改革的深入推进，学生社区的育人目标、内容和方式都在发生深刻的变化。这要求高校密切关注这些变化，及时调整和更新管理制度，以确保其始终能够跟上育人工作的步伐，为高校“一站式”学生社区育人模式的顺利实施提供坚实的保障。

制度建设在高校“一站式”学生社区育人工作中具有不可替代的重要性。只有建立起一套完善、科学、系统的管理制度，才能确保学生社区的育人功能得到有效发挥，为学生的全面发展和成长成才创造良好的条件。科学合理的制度设计，不仅可以提高学生社区的管理水平，还能增强学生的归属感和责任感，使他们在学习和生活中都能获得更好的体验和发展机会。因此，高校管理者和教育工作者应当高度重视制度建设，不断优化和完善相关制度，为学生提供更加优质的服务。

（三）评估机制

评估与反馈机制不仅是检验育人工作成效的重要手段，更是持续改进和优化工作的关键工具，能够为高校提供有力的数据支撑和实践指导。通过对各项育人活动和服务进行定期评估，高校可以及时了解学生社区的运行状况，发现存在的问题和不足，从而有针对性地调整育人策略，确保资源的合理分配和高效利用。评估结果不仅可以作为衡量育人效果的重要指标，还能作为激励和约束的依据，促进工作人员提升服务质量，形成良性竞争的工作氛围。具体而言，评估结果可以用于表彰优秀工作人员，激发他们的积极性；同时，也可以指出存在的问题，促使相关人员改进，避免低效或无效的工作。在实施评估机制时，高校应注重多元化和科学化的评估方法。除了传统的问卷调查、座谈会等方法，还可以结合现代信息技术，对互联网数据进行分析。通过收集学生在线学习、社交互动、课外活动参与等方面的数据，高校能够更全面地了解学生的需求和行为特征，为精准育人提供有力支持。

此外，高校还可以利用大数据技术对育人效果进行长期追踪和预测，以便及时调整育人方案，确保育人工作的前瞻性和有效性。评估机制的建立还需与反馈机制紧密结合。高校应定期将评估结果反馈给相关部门和工作人员，督促他们根据反馈意见进行整改和提升。这不仅能提高工作效率，还能增强各部门之间的协作和沟通。同时，高校应鼓励学生积极参与到评估与反馈的过程中，充分发挥学生的主体作用，增强他们的归属感和责任感。通过构建畅通的反馈渠道和互动平台，高校能够与学生保持紧密联系，及时了解学生的意见和建议，为育人工作的持续改进注入源源不断的动力。

综上所述，通过建立科学、有效的评估与反馈机制，高校不仅能够不断提升育人质量，还能培养出更多德智体美劳全面发展的优秀人才，为社会输送更多高素质的栋梁之材。这一机制的完善和应用，将为高校的育人工作带来长远的发展和显著的成效。

第二节 条件保障的实施路径

一、提升空间保障：路径与措施双管齐下

（一）基础设施改善

随着高校“一站式”学生社区育人模式的不断深化与推进，基础设施的优化已成为提升该模式实施效果的重要环节。针对当前学生社区设施中存在的各种问题，本书提出以下三项具体且切实可行的改进措施，旨在全面提升学生的社区体验和综合素养。

首先，优化学习空间配置至关重要。鉴于学生多样化且日益增长的学习需求，在社区内增加自习室、讨论室和研修室的数量显得尤为必要。提供更加灵活多变的空间布局也是提升学习效率的有效手段，即将社区空间多功能化。例如，引入可移动式桌椅设计，使学生能够根据学习小组的实际规模自由调整空间布局，从而更好地促进团队合作与交流。此外，这些学习空间应配备先进的信息技术设施，包括但不限于高速无线网络、高质量的多媒体展示设备等，以支持学生开展更加高效、便捷的线上线下结合的学习活动，满足他们在信息时代的学习需求。例如：宿迁学院坚持以学生为本，通过完善社区硬件设施及物理配套，优化学生社区物理空间，如将学生公寓楼的玻璃房改造成多功能活动室，利用老图书馆为学生拓展物理学习空间等，为优化学习空间配置提供了宏观层面的实践参考；内蒙古工业大学持续推进为学生办“暖心实事”，全力为“一站式”学生社区建设提供条件保障，构建了包括研学空间等在内的多种功能空间，其建设思路和实践成果可作为参考。

其次，改善社区内设施条件同样不可或缺。在学生社区，除了提供基本的生活学习必需品，如书桌、打印机之外，还应进一步关注社区环境的舒适性与功能性。例如：设置公共休闲区域，如咖啡厅、健身房、阅览室等，为学生提供更多样化的休闲选择，构建一个充满活力、积极向上的社区文化氛围，促进学生身心健康地发展；同时设立一站式服务台，提供失物招领、维修申报服务，设置信息公告栏，及时更新社区活动、学校通知等信息。

最后，加强社区的安全管理是保障学生日常生活和学习的基础。为此，完善社区内的监控系统，实现公共区域全覆盖，确保监控无死角，对预防安全事故具有重要意义。强化门禁管理措施，采用刷卡或人脸识别技术控制人员进出，有效阻止非社区成员擅自进入，保护学生的人身安全。此外，定期组织消防安全演练及培训活动，不仅能增强学生的安全防范意识，还能提高他们在紧急情况下的自我保护能力，为创建和谐安全的校园环境打下坚实基础。

上述一系列基础设施的改善措施，不仅能够有效提升学生社区的使用体验和育人效果，还能更好地满足学生在学习、生活等方面的需求，为其综合素质和社会责任感的培养创造更加有利的条件。这不仅是对学生个人成长的有力支持，而且是高校实现学生全面发展目标的重要途径之一。

（二）资源整合

资源整合不仅是对育人环境的优化，更是提高教育资源利用效率、促进学生全面发展的关键所在。为了实现有效的资源整合，首先需要对学生社区内各种资源进行全面而细致的梳理与评估。这些资源涵盖图书资料、实验设备、网络资源、活动场所等多个方面。通过编制详尽的资源清单和评估报告，高校可以准确掌握哪些资源较为充足，哪些资源相对匮乏，以及哪些资源的使用效率有待提升。基于这样的资源评估结果，高校可以有针对性地开展资源整合工作。一方面，搭建资源共享平台，如联合图书馆资源进行数字化处理，实现线上共享，或者开发实验室设备的预约使用系统，打破不同资源间的壁垒，促进资源的自由流动与互补。这样不仅能够避免资源的重复建设和浪费，还能显著提高资源的使用效率，使更多学生能够更加便捷地获取到所需的学习资料和支持。另一方面，高校应当积极拓展与外界的合作渠道，如与其他高校或科研机构建立合作关系，共同分享高质量的教育资源。随着互联网技术的飞速发展，越来越多的在线教育资源为高校提供了新的整合方向。通过引进优秀的在线课程，或是积极参与在线教育平台的共建，高校不仅能够为学生提供更多样化的学习选择，还能进一步拓宽育人工作的路径和范围。此外，在资源整合的过程中，高校需特别关注资源的更新与维护工作。定期对现有资源进行检查和维护，确保其处于良好的运行状态。同时，高校应根据学科发展的趋势和学生需求的变化，适时地更新和补充新的资源，以保持资源库的活力。

上述一系列的资源整合举措，不仅能够为广大学生营造出一个更为便捷、高效的学习环境，还能够在进一步促进教育资源的合理分配和优质资源的广泛共享。

（三）资金筹措

为了确保育人工作的持续投入，高校必须积极探索多渠道的资金来源，并科学合理地规划资金使用，确保每一分钱都能发挥最大的效益。作为育人工作的主要实施者，高校应当承担起资金筹措的首要责任。通过优化内部资源配置，提高教育经费的使用效率，高校可以释放出更多资金用于社区育人项目。例如，调整预算结构，增加对改善学生社区基础设施、师资培训等方面的投入，从而提升整体育人环境。高校还可以积极争取政府部门的支持，申请相关教育项目资金，以缓解资金压力；还可以通过与地方政府的合作，争取更多的公共教育资源，进一步丰富学生的课外活动和实践机会。除了高校自身的努力外，社会力量的积极参与也是资金筹措的重要途径。社会资本参与高校建设的多种模式和机制，如校企合作、校友捐赠、PPP 模式（政府与私人组织合作建设基础设施或提供公共服务的模式）等，为高校“一站式”学生社区引入社会资金提供了思路和方法。高校可以与企业、社会团体等建立合作关系，共同推进学生社区育人工作。例如：企业可以通过设立奖学金、资助学生活动等方式提供资金支持，同时为学生提供实习、实训等实践机会，实现资源共享和互利共赢；社会团体则可以通过组织公益活动、志愿服务等形式，为学生社区育人项目提供人力和物力支持。

随着互联网技术的不断发展，众筹、在线捐赠等新型筹款方式也为高校资金筹措提供了新的思路。通过搭建在线筹款平台，高校可以广泛动员社会各界人士为育人事业贡献力量。这种方式不仅拓宽了资金来源渠道，还能增强社会各界对高校育人工作的关注度和认同感。在线筹款平台的透明度和便捷性，使得更多人愿意参与其中，为高校的育人项目贡献自己的力量。在资金筹措过程中，高校应注重资金使用的透明度和效益评估，建立健全财务管理制度和监督机制，定期对育人项目进行效益评估，及时调整资金投入方向和策略，以实现最佳的育人效果。

总之，资金筹措需要高校、政府、企业和社会各方共同努力，形成合力，共同推动学生社区育人工作的顺利开展。

二、优化人力资源：建设与培育并重同行

（一）师资培训计划

高校“一站式”学生社区是落实立德树人根本任务的重要载体，需汇聚各方

育人力量，师资力量的提升显得尤为关键。为了有效提高教师的育人能力和服务意识，设计一套系统化的师资培训计划至关重要。针对现有教师队伍的具体情况，首先进行全面的能力评估，明确每名教师在育人方面的优势和不足。这一评估过程不仅能够帮助高校了解教师的实际水平，还能为后续的个性化培训提供科学依据。基于评估结果，可以制订具有针对性和实效性的个性化培训计划。每名教师都有其独特的教学风格和育人方式，因此，培训内容应当充分考虑个体差异，确保每名教师都能从中受益。

在培训内容方面，需要注重理论与实践的有机结合。一方面，通过专题讲座、案例研讨等形式，向教师传授先进的育人理念和方法，引导他们深入理解“一站式”学生社区育人模式的内涵与要求，提升他们的理论素养。另一方面，组织教师进行实地考察和模拟实践，让他们亲身体验育人工作的挑战与乐趣，从而增强实际操作能力。此外，利用网络平台，为教师提供便捷的在线学习机会，鼓励他们自主学习和持续进步。通过线上交流与互动，教师不仅可以及时获取同行的经验分享，还能得到专家的指导建议，不断拓宽自己的育人视野。这种灵活多样的学习方式，不仅能提高教师的学习效率，还能增强他们的学习动力。

在实施师资培训计划的过程中，建立完善的激励机制和考核机制同样重要。设立奖励制度，表彰在育人工作中表现突出的教师，激发教师的积极性和创造力，形成良好的示范效应。定期对教师的育人成果进行考核评估，及时发现问题并给予指导帮助，确保培训计划的有效实施和持续改进。这种动态的管理和评估机制，能够促进教师不断提升自身的育人水平。

总之，师资力量的提升是实现高校“一站式”学生社区育人目标的重要支撑，只有不断加强教师队伍建设，才能真正实现教育的高质量发展。

（二）学生干部培养

当前，随着高等教育的不断发展和学生需求的日益多样化，学生干部在社区育人中所扮演的角色日益重要。他们不仅需要具备扎实的专业知识，还需要拥有出色的组织协调能力、沟通能力和创新意识。这些能力的培养离不开系统化和专业化的培训。针对学生干部的培训，可以从多个方面入手。

第一，加强领导力培训。通过案例分析、角色扮演等方式，提升学生干部的决策能力和团队协作精神，使他们在面对复杂问题时能够更加从容应对。

第二，开展沟通技巧培训。这不仅能帮助他们更好地与同学们沟通交流，了解同学们的需求和困惑，还能为社区育人提供有针对性的建议，从而提高社区活动的参与度和满意度。

第三，进行创新思维训练。鼓励学生干部勇于尝试新事物，引领社区文化的发展方向，激发他们的创造力和积极性，为社区带来更多的活力和创新。

互联网技术的飞速发展为学生干部培训提供了新的契机。利用网络资源，如慕课、在线讲座等，让学生干部接触到更广阔的知识领域和前沿理念，拓宽他们的视野；通过大数据分析，精准把握学生干部的成长轨迹和培训需求，为他们量身定制个性化的培训计划，确保培训内容更加贴合实际需求。

学生干部的培养并非一蹴而就，而是需要长期坚持和不断完善。高校应建立长效的培训机制，定期举办研讨会、经验分享会等，促进学生干部之间的交流与合作，共同探讨社区育人中的新问题和新方法，定期评估培训效果，及时调整培训方案，确保学生干部的能力与时俱进，更好地服务于“一站式”学生社区的育人工作。学生干部的专业化培训对于提升高校“一站式”学生社区的育人效果具有举足轻重的意义。

总之，科学系统的培训，不仅能够增强学生干部自身的综合素质，还能进一步发挥他们在社区育人中的积极作用，为构建和谐、富有活力的学生社区贡献力量。

（三）团队建设

学生管理团队作为高校“一站式”学生社区育人的关键支柱，其团队合作能力和专业水平直接影响着育人工作的成效。因此，构建一个高效、和谐且专业的学生管理团队，不仅是提升服务质量的必要条件，而且是实现高校教育目标的重要途径。

高校学生社区是一个融合了学习、生活与交流的多功能平台，管理团队应当围绕促进学生的全面发展这一核心目标展开工作。为了确保每名成员都能深刻理解并认同这一目标，可以定期举办团队会议和开展丰富多彩的交流活动，加强成员间的沟通与相互理解。这些活动有助于加深成员之间的信任和默契，使每个人都能明确自己在实现团队整体目标中的角色和贡献，从而增强团队的向心力和战斗力。

专业素养的提升是团队建设不可或缺的一环。高校应当定期为管理团队提供系统的专业培训，培训内容应涵盖学生心理咨询、职业规划指导、活动策划与执行等多个领域，帮助团队成员及时更新知识结构、提升业务能力，使他们在面对复杂多变的学生需求时更加从容不迫，提供更为专业和贴心的服务。

团队凝聚力的强化还需借助有效的激励机制。激励机制不仅包括物质奖励，如奖金、补贴等，更应重视精神层面的激励。可以设立“优秀学生管理团队”“最佳团队”等荣誉称号，对表现卓越的团队和个人给予表彰，以此激发团队成员的积极性和归属感。

在信息化时代，信息技术的应用为学生管理团队的建设和优化提供了新的契机。可以搭建线上协作平台，实现团队成员之间的即时信息共享和高效协同工作，大大提升工作效率。同时，利用大数据和人工智能技术，对学生的需求进行精确分析，为团队决策提供科学依据，进而提高服务的精准度和满意度。

总之，打造一支高素质、高效率的学生管理团队，可以为高校的育人工作提供坚实保障，为高校的长远发展奠定坚实的基础。

三、完善制度保障：体系与举措同步推进

（一）政策修订

随着教育理念的不断更新和学生需求的日益多样化，原有的政策体系在某些方面已经难以完全适应新的育人模式。因此，对政策进行修订与完善显得尤为重要。

第一，针对“一站式”学生社区育人模式的综合性特点，政策修订应强化跨部门协同与资源整合。在高校内部，各部门之间往往存在割裂的现象，可以通过政策层面的调整，明确各部门在育人工作中的具体职责与分工，推动形成合力，实现资源共享和优势互补。例如，建立跨部门协调机制，定期召开联席会议，共同研究解决育人过程中遇到的问题，确保各项措施能够有效落实。

第二，政策修订还需关注学生个性化发展需求的满足。在“一站式”学生社区中，学生不再是被动接受者，而是主动的参与者和创造者。政策应更加灵活多样，以适应不同学生的成长路径，为他们提供个性化的教育支持和服务。例如：制订创新创业支持政策，鼓励学生在社区内开展实践活动，培养他们的创新精神和创业能力；设立学术研究支持项目，为有志于科学研究的学生提供更多的资源和机会，帮助他们在学术领域取得突破。在修订政策时，应充分利用互联网和大数据技术，收集与分析学生学习、生活等各方面的数据，更准确地把握学生的真实需求和发展动态，为政策制定提供有力支撑，提升政策的科学性和精准性。借助互联网平台，政策的宣传与实施也能更加高效便捷，确保各项措施能够精准落地。可以建立在线服务平台，实时发布政策信息，收集学生反馈，及时调整和完

善政策内容，提高政策的执行效果。

在构建完善的政策体系的过程中，高校应积极听取各方意见，包括学生、教师、家长和社会各界的意见和建议，确保政策修订能够真正反映广大师生的需求和期望，实现育人工作的高质量发展。

（二）建立激励机制

建立一套有效的激励机制的核心目标在于，通过合理设计奖励与惩罚措施，激发每名教职员工的工作热情，从而整体提升社区的育人成效。具体来说，对于教师的激励机制可以从多个维度综合考虑，包括教学质量、科研成果、学生反馈等。

首先，在教学质量方面，高校可以设立“教学之星”奖项，表彰在课堂上展现出卓越教学能力的教师。除了颁发荣誉证书之外，还可以提供一定的物质奖励，比如奖金或教学设备更新等机会，以此鼓励教师持续改进教学方法，提高教学质量。同时，将学生评价纳入教师考核体系之中，促使教师关注学生的真实需求，促进师生之间的互动与理解，共同营造积极向上的学习环境。

其次，对科研成绩突出的教师，应当给予更多的支持与认可。为他们争取更多的科研项目资金，开放高级实验室使用权，邀请参加国内外学术交流活动，帮助他们拓宽视野，深耕研究领域。这种做法不仅能促进教师个人职业生涯的发展，而且能为学校带来更高的学术影响力和社会声誉。

最后，针对工作人员的激励措施，则应侧重于提升其工作效率和服务水平。高校可以实施严格的绩效评估制度，对表现出色的员工给予物质与精神上的双重奖励。定期在学生社区举办表彰大会，让在育人工作中作出杰出贡献的教师和员工感受到学校的认可和支持，并通过这种方式增强团队成员的凝聚力，形成一种积极向上的文化氛围。同时，利用校内外的各种媒体平台广泛宣传这些正面故事，既能够树立良好的社会形象，又能够吸引更多有志之士加入到高校的学生社区育人工作中来。

当然，构建有效的激励机制还需要坚持公平、公正、透明的原则。这意味着高校必须明确设定考核标准和奖励规则，确保每一名教职员工的努力都能得到公正的评价和相应的回报。同时，随着外部环境的变化及内部需求的演变，激励机制本身需保持灵活性，适时进行调整，以便更好地服务高校的长远发展目标。

总之，精心设计并不断完善激励机制，能够有效激发全体教职员工的积极性与创造性，还能在校园内营造出一种全员参与、共同努力的良好育人氛围。这有利于促进学生的全面成长与发展，也将为高校的教育教学改革注入新的活力，推动其育人工作不断取得新进展。

（三）评估反馈机制

高校“一站式”学生社区育人的评估反馈机制应当具备高效性和针对性，能够促进育人工作的持续改进与优化。评估与反馈机制应当涵盖多个方面，从定期的评估活动到科学的数据分析方法，再到有效的信息反馈渠道，每一步都至关重要。

首先，定期的评估活动是评估反馈机制的核心组成部分之一，它可以帮助收集和分析大量数据，从而准确地监测育人工作的实际成效。评估活动可以采取多种形式，如问卷调查、深度访谈、现场观察等，全方位、多角度地获取学生和教师的真实意见与建议。可以通过在线问卷系统向学生和教师发放满意度调查表，询问他们对社区育人环境、教学质量、服务水平的看法和感受。此外，结合学生的学业成绩、参与社区活动的情况、心理健康状态等客观指标，形成一份全面且翔实的评估报告，为后续的改进工作提供坚实的数据支持。

其次，数据分析在评估反馈机制中扮演着至关重要的角色。借助先进的大数据分析工具和技术，对收集到的信息进行深度挖掘和分析，揭示育人工作中可能存在的问题和不足之处。对不同学生群体的学业表现进行对比分析，发现哪些服务或资源对特定群体更为有效，哪些方面需要进一步优化或加强。这种基于数据的决策过程，有助于学校更加精准地定位问题所在，进而采取有针对性的改进措施。

再者，构建一个高效的反馈机制同样重要。这不仅意味着要及时地将评估结果传达给学校的管理层、教师和学生，提高社区育人工作的透明度，还需要建立一套完善的问题跟踪与解决体系。具体而言，可以设立一个在线反馈平台，鼓励学生和教师随时提出他们的意见和建议，并指定专门的人员负责这些问题的跟进和处理。这样能够确保每一个问题都能得到及时的关注和解决，为持续改进育人工作提供宝贵的参考信息。

最后，评估与反馈机制的设计还需关注其长效性和动态性。长效性是指该机制需要保持长期稳定运行，并定期进行评估和反馈，确保育人工作的不断进步和发展。动态性则强调机制应具有灵活性，能够根据高校育人环境的变化和学生需求的发展做出相应的调整和完善。

总之，精心设计和实施评估与反馈机制，能够帮助高校更好地了解和满足学生的需求，不断提升育人工作的质量和效率，最终实现培养高素质人才的目标。

高校"一站式"学生社区育人的条件保障是实现教育目标、促进学生全面发展的重要基石。它不仅关乎资源的有效利用、环境的优化营造，更关乎良好师生关系的构建、个性化服务的提供和机制的创新与持续发展。加强条件保障，可以更有效地发挥"一站式"学生社区在人才培养中的独特作用，为培养德智体美劳全面发展的社会主义建设者和接班人贡献力量。

第三节 实践模式的主要类型

一、社区书院模式：知识汇聚与人格塑造的殿堂

（一）社区书院模式简介

社区书院模式，是一种将传统书院精神与现代高等教育理念深度融合的教育创新模式，旨在构建集学习、生活、成长于一体的综合性学生社区。在这个社区中，学生不仅能够受到系统的专业教育，还能在浓厚的文化氛围中，通过通识教育的滋养，实现个人综合素质的全面提升。社区书院模式旨在打破传统教育模式的界限，构建一个更加开放、包容、互动的学习环境，让学生在与教师、同窗的深入交流中，激发创新思维，培养批判性思考能力，形成独立的人格和健全的心理。

整体而言，社区书院模式将传统书院的精神内核与现代高等教育的理念相融合，既保留书院的学术自由、师生共治等优良传统，又融入现代教育的科技手段、跨学科教学等创新元素。不仅关注学生的学习需求，还重视其生活、情感、心理等多方面的成长，通过提供全方位的服务和支持，促进学生的全面发展；鼓励师生之间的深入交流，通过小组讨论、学术讲座、文化沙龙等多种形式，激发学生的参与热情，培养其团队协作和沟通能力；注重培养学生的创新思维和实践能力，通过项目式学习、科研实践等方式，让学生在实践中学习和成长，为其未来的职业发展打下坚实的基础。

（二）社区书院模式的特点

1. 师生共治：构建平等和谐的教育生态

社区书院模式强调师生共治，即教师和学生共同参与社区的管理和决策过

程。这一特点打破了传统教育中教师权威、学生服从的固有模式，构建了更加平等、和谐的教育生态。在师生共治的过程中，教师不再是单纯的知识传授者，而是学生学习和生活的指导者、伙伴；学生也不再是被动接受知识的容器，而是积极参与社区管理的主体。师生共同参与社区规则制定、活动组织和日常管理，不仅增强了学生的责任感和主人翁意识，而且促进了师生之间的深入交流与理解。这种管理模式有助于培养学生的独立思考能力和批判性思维，同时也为教师提供了更多了解学生、关注学生的机会，让教师能够更加精准地指导学生的学习和成长。

2. 通识教育与专业教育融合：培养复合型人才

社区书院模式注重通识教育与专业教育的深度融合。通识教育旨在拓宽学生的知识面，培养其批判性思维、创新能力和跨文化交流的能力；专业教育则专注于培养学生的专业技能和职业素养。在社区书院中，二者并非孤立存在，而是相互渗透、相互促进。开设跨学科的通识课程，引导学生探索不同领域的知识，激发他们的学习兴趣和好奇心；同时，结合专业教育，将通识教育的成果转化为解决实际问题的能力，为学生的未来发展奠定坚实的基础。这种教育模式有助于培养既具备深厚专业素养，又拥有广泛知识背景和创新能力的复合型人才，以适应快速变化的社会需求。

3. 文化氛围浓厚：传承与创新并重

社区书院模式还注重营造浓厚的文化氛围。这不仅仅体现在物质层面的环境布置上，如古色古香的建筑风格、藏书丰富的图书馆、宁静雅致的自习室等；更体现在精神层面的文化传承与创新上。定期举办的学术讲座、文化沙龙、师生交流会等活动，丰富了学生的课余生活，也促进了学术与文化的交流碰撞。同时，社区书院还鼓励学生积极参与文化传承与创新活动，如传统手工艺制作、非物质文化遗产保护等，让学生在实践中感受文化的魅力，培养学生的文化认同感和责任感。

4. 强调实践与创新：培养实战能力

社区书院模式强调实践与创新的重要性。通过项目式学习、科研实践、社会实践等多种方式，让学生在实践中学习和成长。这些实践活动不仅有助于巩固学生的理论知识，还能培养其解决实际问题的能力、团队协作能力和创新能力。同时，社区书院还鼓励学生积极参与创新创业活动，如创业计划大赛、科技创新项目等，为学生提供展示自我、实现梦想的舞台。通过这些实践活动，学生能够获得宝贵的实践经验，在实践中发现自己的兴趣和优势，为未来的职业发展打下坚实的基础。

二、党建育人模式：红色基因与思想引领的阵地

（一）党建育人模式简介

党建育人模式，简而言之，是在高校“一站式”学生社区服务工作中，以党的组织建设为核心，构建完善的学生社区党组织体系，将党的先进理论、优良传统和时代精神融入学生日常管理、思想政治教育和社区文化建设之中，形成的一种党建引领、全员参与、全程育人的新型教育模式。该模式强调在党的领导下，充分发挥学生党员的先锋模范作用，带动全体学生共同成长，实现个人价值与社会价值的双重提升。党建育人模式依托学生社区党组织，包括学生党支部、党小组等基层组织，通过定期开展组织生活、理论学习、志愿服务、社会实践等活动，将党的理论教育与学生的生活实际紧密结合，既强化了学生的政治意识、大局意识、核心意识、看齐意识，又提升了学生的社会责任感、实践能力和创新精神。

（二）党建育人模式的特点

1. 政治引领，强化党性教育

党建育人模式的核心在于政治引领。组织学生党员深入学习党的理论知识，特别是习近平新时代中国特色社会主义思想，强化学生的党性教育，使其坚定理想信念，增强“四个自信”，自觉在思想上政治上行动上同党中央保持高度一致。同时，组织学生党员参与社区治理、志愿服务等活动，将党的先进理念转化为实际行动，展现学生党员的良好形象，发挥学生党员的示范引领作用。

2. 全员参与，实现全方位育人

党建育人模式强调全员参与，即不仅限于学生党员，还包括普通学生、辅导员、教师党员等多方力量的共同参与，构建“党建＋团建＋学工”的协同育人机制，形成合力，将党建工作渗透到学生日常管理的各个环节，实现全方位育人。例如，设立党员责任区、党员先锋岗，让学生党员在学业帮扶、心理辅导、就业指导等方面发挥积极作用，带动全体学生的共同进步。

3. 实践导向，注重能力提升

党建育人模式注重实践导向，鼓励学生党员在实践中学习、在实践中成长。组织社会实践、志愿服务、创新创业等活动，让学生党员在服务社会、服务师生的过程中，增强社会责任感，提升实践能力、组织协调能力和团队协作能力。同时，

设立党员项目、党员课题等,鼓励学生党员结合专业特长,开展科研创新和社会调研,培养创新思维和解决问题的能力。

4. 文化浸润,促进社区和谐

党建育人模式还注重文化浸润,通过打造具有鲜明特色的社区党建文化,营造积极向上的社区氛围。例如:举办红色文化讲座、主题党日活动、红色经典诵读等,传承红色基因,弘扬革命精神;组织社区文化节、体育竞赛、文艺晚会等,丰富学生课余生活,增进学生之间的友谊和团结,促进社区的和谐稳定。

5. 制度保障,确保长效运行

为了确保党建育人模式的长效运行,需要建立健全相关制度保障体系。制定学生社区党组织工作条例、党员发展培养流程、党员考核评价机制等,明确各级党组织的职责和任务,规范党员的行为和表现。建立党员志愿服务积分制、党员先锋岗评选机制等激励措施,激发学生党员的积极性和创造性,确保党建育人模式的持续有效推进。

三、智慧社区模式:科技赋能与便捷服务的平台

(一)智慧社区模式简介

随着信息技术的飞速发展,智慧社区模式正逐步成为高校教育管理与服务创新的重要方向。这一模式充分利用大数据、云计算、物联网等现代信息技术手段,构建智能化、数字化的学生社区环境,旨在提升管理效率、优化服务体验,为学生提供一个更加安全、便捷、高效的学习与生活空间。智慧社区模式的引入,不仅是对传统学生社区管理模式的革新,更是对未来教育生态的积极探索。

智慧社区模式的核心在于信息技术的深度应用与融合。通过构建智能化管理平台,实现对学生社区各类数据的实时采集、分析与处理,从而精准把握学生需求,优化资源配置,提升管理与服务的智能化水平。同时,借助数字化学习资源与个性化服务推送,满足学生多元化、个性化的学习需求,促进其全面发展。

(二)智慧社区模式的特点

1. 智能化管理平台:大数据分析、物联网应用

智慧社区模式的基石在于智能化管理平台的建设。这一平台运用集成大数据分析、物联网应用等技术,实现对学生社区的全面感知与智能管理。大数据分析技术能够对学生行为、学习状态、健康状况等多维度数据进行深度挖掘与分析,为管理者提供科学决策支持;物联网应用则通过传感器、智能设备等,实现对

学生社区环境的实时监测与智能调控，如智能门禁、环境监测、能源管理等，有效提升了社区的安全性与舒适度。

智能化管理平台的建设，不仅提高了管理效率，还为学生提供了更加便捷的服务体验。例如，通过移动 App 或小程序，学生可以轻松完成宿舍报修、活动预约、图书借阅等操作，大大节省了时间成本。

2. 个性化服务推送：智能推荐、精准辅导

智慧社区模式强调服务的个性化与精准化。通过智能化管理平台收集的学生数据，结合 AI 机器人、人工智能等先进技术，系统能够自动识别学生的兴趣爱好、学习需求、心理状态等特征，从而为其推送个性化的服务内容。

在智能推荐方面，系统可以根据学生的学习进度、成绩表现、专业方向等因素，为其推荐合适的在线课程、学习资源、实习机会等，帮助其更好地规划学习路径，提升学习效率。在精准辅导方面，系统能够针对学生的学习难点和薄弱环节，提供个性化的辅导方案，如在线答疑、错题解析、学习建议等，助力学生攻克学习难关，实现学业进步。

3. 数字化学习资源：在线课程、虚拟实验室

智慧社区模式为学生提供了丰富的数字化学习资源，包括在线课程、虚拟实验室、数字图书馆等，能够满足学生多样化的学习需求。

在线课程打破了传统课堂教学的时空限制，学生可以随时随地进行学习，自由选择感兴趣的课程和教师，享受优质的教育资源。虚拟实验室利用虚拟现实技术，模拟真实的实验环境，让学生在虚拟空间中完成实验操作，既降低了实验成本，又提高了实验教学的安全性和趣味性。数字图书馆则提供了海量的电子图书、期刊、论文等资源，支持全文检索、在线阅读、下载打印等功能，为学生的自主学习提供了极大的便利。

数字化学习资源的应用，不仅丰富了学生的学习方式，还促进了其自主学习能力的提升。学生可以根据自己的学习进度和兴趣，自主选择学习资源，制订学习计划，实现个性化学习。同时，数字化学习资源还为学生提供了更加直观、生动的学习体验，有助于激发其学习兴趣和创造力。

四、文化引领模式：精神滋养与价值导向的灯塔

（一）文化引领模式简介

文化引领模式作为现代教育管理的重要策略，旨在塑造积极向上的社区文

化，营造浓厚的育人氛围，潜移默化地影响学生的价值观念和行为习惯。这一模式强调文化的力量，认为优秀的文化不仅能够激发学生的内在潜能，促进其全面发展，还能够引领社会风尚，培养具有高尚品德、创新精神和社会责任感的新时代人才。

文化引领模式的核心在于构建以社会主义核心价值观为引领，融合学校特色、地域文化和时代精神的校园文化体系。这一体系通过丰富多彩的文化活动、深入人心的价值观教育和传承有序的校园精神，为学生提供一个充满正能量、富有启迪性的成长环境，使其在文化的熏陶下，形成正确的世界观、人生观和价值观，成为有理想、有本领、有担当的时代新人。

（二）文化引领模式的特点

1. 校园文化建设：主题文化活动、特色社团

校园文化建设是文化引领模式的基础。主题鲜明、形式多样的文化活动，如文化节、艺术节、科技周、读书月等，能够丰富学生的课余生活，在轻松愉快的氛围中传递正能量，培养学生的审美情趣和人文素养。这些活动往往围绕特定的主题展开，如"传统文化与现代生活""科技创新与社会责任"等，旨在引导学生思考个人与社会、传统与创新的关系，激发其探索未知、追求真理的热情。

特色社团作为校园文化的重要组成部分，为学生提供了展示自我、发展兴趣的平台。无论是文学社、音乐社、科技创新团队，还是志愿服务组织，每个社团都承载着特定的文化使命，能够培养学生的团队协作能力、创新思维和社会责任感。特色社团的蓬勃发展，丰富了校园文化的内涵，促进了学生之间的交流，有利于形成多元共融、和谐共生的校园文化生态。

2. 核心价值观培育：爱国主义教育、职业道德教育

核心价值观培育是文化引领模式的核心。加强爱国主义教育，引导学生树立正确的国家观、民族观、历史观，增强其国家认同感和民族自豪感。学校可以组织参观红色教育基地、观看爱国影片、开展主题班会等活动，让学生在历史与现实的交汇中，感受国家的伟大与民族的复兴，激发其爱国情怀和报国之志。

职业道德教育则是针对学生未来职业发展的需求，培养学生的职业精神、职业道德和职业素养。邀请行业专家、优秀校友举办讲座，开展职业生涯规划大赛、模拟职场体验等活动，让学生提前了解职业世界，树立正确的职业观念，学会在职业生涯中坚守道德底线，追求卓越。

3. 校园精神传承：校史教育、校友榜样

校园精神传承是文化引领模式的灵魂。校史教育通过讲述学校的发展历程、杰出校友的奋斗故事，让学生深刻理解学校的办学理念和校园文化，感受前辈们的奋斗精神和家国情怀，从而激发其传承和发扬校园精神的责任感和使命感。

校友榜样则是校园精神传承的生动教材。通过邀请优秀校友回校分享经验、举办校友论坛、建立校友导师制度等，让学生近距离接触和了解校友的成长历程和成功经验，从中汲取智慧和力量，激励自己不断前行。校友榜样的示范，增强了学生对学校的归属感和荣誉感，促进了学生之间的互助与合作，形成了积极向上的校园文化氛围。

五、自我管理服务模式：自主发展与协同治理的家园

（一）自我管理服务模式简介

自我管理服务模式，作为现代教育理念的重要实践，强调鼓励学生自主管理、自我服务，培养其领导力与社会责任感。这一模式打破了传统教育中教师主导、学生被动接受的管理模式，转而倡导以学生为中心，让学生在实践中学习管理知识，锻炼组织能力，增强社会责任感，从而成长为具有独立思考、自主行动能力的未来领导者。

自我管理服务模式的核心在于激发学生的内在潜能，通过成立学生自治组织、志愿服务团队以及实施学生社区治理等机制，为学生提供一个参与管理、服务他人的平台。在这一过程中，学生能够提升个人能力，在实践中学会合作、沟通与决策，为将来步入社会、承担更大责任打下坚实的基础。

（二）自我管理服务模式的特点

1. 学生自治组织：学生会、楼管会

学生自治组织是自我管理服务模式的重要组成部分，包括学生会、楼管会等，它们承担着学生社区日常管理和活动策划的职责。学生会作为学生群体的代表，负责协调学生与学校之间的关系，组织各类校园活动，如文化节、运动会、学术讲座等，能够丰富学生的课余生活，锻炼学生的组织协调能力。

楼管会则专注于学生宿舍楼的管理与服务，通过选举产生的学生楼长和学生代表，负责宿舍楼的卫生监督、安全巡查、意见收集等工作。楼管会的存在，不仅提高了宿舍楼的管理效率，还增强了学生的自我管理和服务意识，促进了学生之间的互助与理解。

2. 志愿服务团队：公益社团、志愿者服务队

志愿服务团队是自我管理服务模式中培养学生社会责任感的重要途径。公益社团和志愿者服务队通常由学生自发组织，旨在通过志愿服务活动回馈社会，传递正能量。这些团队的活动范围广泛，包括社区服务、环保行动、支教助学、灾害救援等，能够让学生在实践中体验帮助他人的快乐，增强社会责任感。

志愿服务团队不仅为学生提供了实践社会服务的平台，还促进了学生之间的交流与合作，培养了他们的团队协作能力和解决问题的能力。通过参与志愿服务，学生学会了倾听、理解和尊重他人，学会了在困难面前不放弃，这些品质将对他们未来的职业生涯和社会生活产生深远的影响。

3. 学生社区治理：社区公约、民主决策

学生社区治理是自我管理服务模式的另一大亮点。通过制定社区公约、实施民主决策等方式，学生成为了社区管理的主体，参与到社区规则的制定与执行中。社区公约是学生共同制定的行为规范，它体现了学生的共同意愿和社区精神，是维护社区秩序、促进社区和谐的重要保障。

民主决策机制则让学生有机会参与到社区重大事务的决策过程中，如宿舍楼的改造、社区活动的规划等。通过召开学生大会、开展问卷调查、举行听证会等方式，广泛收集学生的意见和建议，确保决策的科学性和合理性。这种参与式管理提高了学生的主人翁意识，增强了他们的民主意识和公民责任感。

第四节 实践模式的实施策略

一、全方位资源整合，推动社区书院模式深度发展

社区书院模式作为一种新型的教育组织形式，旨在打破传统教育的界限，为学生提供一个集图书馆、自习室、讨论室、休闲区于一体的多功能学习空间，并通过开发跨学科的通识课程、开展精品品牌活动，促进学生的全面发展与个性化成长。

（一）空间布局：打造多功能学习空间

1. 图书馆与自习室的设计

图书馆作为知识的宝库，应拥有丰富的藏书量，涵盖人文、社科、自然科学等

多个领域，以满足不同学生的需求。同时，图书馆应配备现代化的检索系统和舒适的阅读环境，如可调节的灯光、舒适的座椅等，以提升学生的阅读体验。

自习室是学生进行自主学习的重要场所。在设计上，应注重空间的开放性和灵活性，可根据学生的需求进行自由组合和分隔。此外，自习室还应配备必要的学习设施，如电脑、打印机、网络接口等，以方便学生进行在线学习和资料查询。

2. 讨论室与休闲区的设置

讨论室是促进学生交流与合作的重要平台。在社区书院中，应设置多个大小不一的讨论室，以满足不同规模和形式的小组讨论需求。讨论室内应配备必要的视听设备，如投影仪、音响等，以方便学生进行演示和讨论。

休闲区是学生放松身心、交流思想的场所。在设计上，应注重舒适性和互动性，如设置舒适的沙发、茶几、咖啡机等设施，以及开放式的交流空间，以营造轻松愉悦的氛围。

社区书院的空间布局并非一成不变，而应根据学生的需求和反馈进行持续优化。可以通过定期的调查问卷、座谈会等方式，收集学生对学习空间的意见和建议，以便及时调整和改进。

（二）课程体系：开发跨学科的通识课程

1. 跨学科课程的设置

社区书院模式的课程体系应注重跨学科性，即打破传统学科界限，将不同领域的知识进行有机融合。可以开设涵盖文学、历史、哲学、艺术、科学等多个领域的通识课程，以拓宽学生的知识面和视野。在设置跨学科课程时，应注重课程的实用性和趣味性，以激发学生的学习兴趣和积极性。同时，还应注重课程的层次性和递进性，以满足不同学生的学习需求和水平。

2. 教学方法的创新

跨学科课程的教学应注重创新性和实践性。可以采用项目式学习、翻转课堂等新型教学模式，让学生在实践中学习和掌握知识。还可以邀请来自不同领域的专家学者进行授课或讲座，以丰富教学内容和形式。

3. 课程评估与反馈

为了确保跨学科课程的质量和效果，应建立完善的课程评估体系。可以通过定期的考试、作业、项目等方式，对学生的学习成果进行检验和评估。还可以通过调查问卷、座谈会等方式，收集学生对课程的意见和建议，以便及时调整和改进。

（三）活动组织：开展精品品牌活动

1. 学术讲座的举办

学术讲座是社区书院模式中不可或缺的一部分。邀请来自不同领域的专家学者举办讲座或报告，可以拓宽学生的知识面和视野，激发他们的学习兴趣和求知欲。同时，学术讲座还可以为学生提供与专家学者面对面交流的机会，增进他们对学术研究的了解和认识。

在举办学术讲座时，应注重讲座的主题和内容的选择，以确保其针对性和实用性。同时，还应注重讲座的形式和氛围的营造，如设置互动环节、提问环节等，以增强学生的参与感和体验感。

2. 文化沙龙的开展

文化沙龙是促进学生文化交流和思想碰撞的重要平台。在社区书院中，可以定期举办不同主题的文化沙龙活动，邀请来自不同背景的学生和教师参与讨论和交流，这样不仅可以增进他们之间的了解和友谊，同时也可以促进不同文化之间的交流和融合。

在文化沙龙中，应注重活动的多样性和趣味性。可以设置不同的讨论主题和形式，如辩论赛、演讲比赛、角色扮演等，以增强学生的参与热情和积极性。还可以邀请校内外嘉宾进行点评和指导，以提升活动的质量和水平。

3. 师生交流会的组织

师生交流会是增进师生互动和了解的重要途径。在社区书院中，可以定期举办不同形式的师生交流会活动，如茶话会、座谈会等，邀请不同学科的教师和学生参与讨论和交流，增进他们之间的了解和信任，为学生多提供一个向教师请教和学习的机会。

在师生交流会中，应注重活动的互动性和实效性。例如，可以设置不同的讨论主题和议题，如学习方法、职业规划、人生哲理等，以增强学生的参与感和收获感。还可以邀请教师分享自己的学术成果和人生经历，以激发学生的学习兴趣和动力。

为了确保活动的质量和效果，应建立完善的活动评估体系。可以通过调查问卷、座谈会等方式收集学生对活动的意见和建议；也可以通过观察学生的参与度和表现来评估活动的实际效果。根据评估结果，及时调整和改进活动的主题、形式和内容等，以更好地满足学生的需求和期望。

二、多维度党建创新，强化党建育人模式的引领作用

在新时代背景下，党建育人不仅是高校党建工作的核心任务，而且是培养德

智体美劳全面发展的社会主义建设者和接班人的重要途径。完善社区党组织架构、开展多样化的教育活动，以及鼓励学生党员在社区服务和学风建设中发挥先锋模范作用，可以有效提升党建育人的实效性。

（一）组织建设：完善社区党组织架构，实现党员管理网格化

1. 明确组织架构与职责

组织建设是党建育人的基础。首先，需要明确社区党组织的组织架构和各级党组织的职责。社区党组织通常包括党委（党总支）、党支部和党小组等层级。党委（党总支）负责全面领导，制定党建育人规划；党支部负责具体执行，组织党员开展各项活动；党小组则负责落实具体措施，确保党建育人工作深入基层。

2. 党员管理网格化

为了实现党员管理的精细化、高效化，需要建立党员管理网格化体系。具体来说，就是将党员按照居住地、专业、班级等要素进行分组，形成若干党小组，每个党小组由一名或若干名党员担任负责人，负责组内党员的日常管理、学习和活动组织。利用现代信息技术手段，建立党员信息管理系统，实现党员信息的动态更新和实时管理。

3. 完善党员发展机制

党员发展是组织建设的重要环节。为了确保党员队伍的先进性和纯洁性，需要完善党员发展机制，包括制定严格的党员发展标准、程序和考核体系。在党员发展过程中，应注重考察申请人的政治素质、道德品质、学业成绩和群众基础等方面，确保新发展的党员能够真正起到先锋模范作用。

4. 加强组织生活规范化

组织生活是党员接受教育和锻炼的重要平台。为了加强组织生活的规范化建设，需要制定完善的组织生活制度，包括“三会一课”、民主评议党员等制度。还需要注重组织生活的创新性和实效性，采用线上线下相结合的方式，丰富组织生活的形式和内容。

（二）教育活动：开展形式多样的活动，注重创新性与实效性

1. 主题党日活动

主题党日是党员接受党性教育和思想洗礼的重要载体。社区党组织可以定期开展主题党日活动，如“不忘初心、牢记使命”主题教育、党史学习教育等。通过邀请专家学者举办讲座、观看红色电影、开展主题讨论等方式，让党员深入了

解党的历史、理论和方针政策，增强党性观念和组织纪律性。

2. 红色教育基地参观

红色教育基地是传承红色基因、弘扬革命精神的重要场所，如革命纪念馆、烈士陵园、革命旧址等。社区党组织可以定期组织党员前往红色教育基地参观学习，通过实地参观、听取讲解、互动体验等方式，让党员深刻感受革命先烈的英勇事迹和崇高精神，激发爱国热情和奋斗精神。

3. 党员志愿服务活动

党员志愿服务是党员践行宗旨、服务群众的具体体现。社区党组织可以鼓励党员积极参与志愿服务活动，如社区服务、扶贫帮困、环境保护等，让党员在实践中锤炼党性、提升素质，同时也增进与群众的感情和联系。

教育活动应注重创新性和实效性。一方面，可以结合时代特点和青年学生的兴趣爱好，创新教育活动的内容和形式，如采用线上线下相结合的方式、开展互动式学习等；另一方面，还需要注重教育活动的实际效果，通过问卷调查、座谈会等方式收集党员的反馈意见，及时调整和改进教育活动的内容和形式。

（三）作用发挥：鼓励学生党员发挥先锋模范作用

1. 在社区服务、学风建设中发挥先锋模范作用

社区服务是党员践行宗旨、服务群众的重要途径。学生党员可以积极参与社区治理、志愿服务等活动，如参与社区环境整治、组织文化活动、开展扶贫帮困等。展现学生党员的良好形象和先锋模范作用，增进与社区居民的感情和联系。

学风建设是高校育人的重要内容。学生党员作为优秀学生的代表，应该在学风建设中发挥引领作用。可以通过组织学习小组、开展学习竞赛、分享学习经验等方式，带动周围同学共同进步；还可以积极参与学术科研活动，为学校的学术繁荣贡献力量。

2. 先锋模范作用的评价与激励

为了激励学生党员发挥先锋模范作用，需要建立完善的评价和激励机制。一方面，可以通过定期评选优秀党员、先进基层党组织等方式，对表现突出的学生党员和基层党组织进行表彰和奖励；另一方面，可以通过建立党员积分制、志愿服务时长记录等方式，对学生党员的表现进行量化考核和记录，将之作为评优评先的重要依据。

3. 加强党员自我管理与自我提升

除了外部的评价和激励外，还需要加强学生党员的自我管理与自我提升。

可以通过开展党员自我教育活动、设立党员先锋岗等方式，让学生党员在自我教育中不断反思和提升自己；还可以通过参加培训、学习交流等方式，让学生党员不断提升自己的政治素质、业务能力和综合素质。

三、智能化技术升级，加速智慧社区模式的迭代进化

智慧社区模式在教育领域的应用，旨在通过信息技术的集成与创新，构建一个高效、智能、个性化的学习环境。

（一）技术选型与集成：构建智慧社区平台

智慧社区模式的实施首先需要选择适合学校实际情况的信息技术，并进行系统集成，以构建一个功能全面、操作便捷的智慧社区平台。

1. 需求分析与调研

在技术选型前，要对学校的实际需求进行深入调研，包括师生对智慧社区功能的期望、现有信息技术的使用情况、学校预算和资源条件等。通过问卷调查、访谈、座谈会等形式，收集不同层面的意见和建议，确保技术选型符合实际需求。

2. 技术评估与选型

基于需求分析的结果，对市场上现有的信息技术进行评估。评估标准包括但不限于技术的成熟度、稳定性、安全性、可扩展性，以及用户友好性。智慧社区平台可能涉及的技术包括云计算、物联网（IoT）、大数据分析、人工智能（AI）、移动应用等。根据学校的具体需求，选择最适合的技术组合。

3. 系统集成与测试

在选定技术后，进行系统集成工作。这包括硬件设备的部署（如传感器、智能设备等）、软件系统的安装与配置（如云平台、数据分析系统等），以及各系统之间的接口对接与数据共享。集成完成后，进行严格的测试，确保系统的稳定运行和数据的准确性。测试内容应包括功能测试、性能测试、安全测试等。

4. 用户培训与支持

智慧社区平台的成功运行离不开用户的熟练使用。因此，需要对师生进行系统培训，帮助他们掌握平台的基本操作、功能使用和常见问题的处理方法。同时，建立技术支持团队，提供持续的技术支持和服务，确保平台的高效运行。

（二）数据收集与分析：利用大数据与 AI 技术

数据是智慧社区模式的核心资源。运用大数据和人工智能技术，收集并分

析学生行为数据，为精准服务提供依据。

1. 数据源确定与采集

明确需要收集的数据类型，如学生的学习进度、成绩、在线活动记录、社交互动数据等。根据数据类型选择合适的采集方式，如平台日志、传感器监测、问卷调查、第三方数据合作等。遵循相关法律法规和伦理原则，确保数据采集的合法性和隐私保护。

2. 数据清洗与预处理

原始数据往往存在噪声、重复、缺失等问题，需要进行预处理。通过数据去重、缺失值填充、异常值检测与处理等手段，提高数据质量。同时，根据需求对数据进行格式化、标准化或归一化处理，以便后续的分析和挖掘。

3. 数据分析与挖掘

利用大数据分析工具和AI算法，对处理后的数据进行深入分析。分析内容可以包括学生行为模式识别、学习成效评估、兴趣偏好分析、社交关系网络构建等。利用数据挖掘技术，发现数据中的隐藏规律和关联关系，为精准服务提供科学依据。

4. 结果可视化与报告

将分析结果以图表、报告等形式进行可视化展示，便于师生和管理者直观理解数据背后的含义。报告内容应包括数据分析的主要发现、结论和建议。同时，建立定期报告机制，确保数据的持续更新和分析结果的及时反馈。

（三）个性化服务推送：基于数据分析结果

个性化服务推送是智慧社区模式的重要应用之一。基于数据分析结果的精准推送，可以为学生提供个性化的学习资源和服务建议，提高学习效率和满意度。

1. 服务需求识别

基于数据分析结果，识别学生的个性化服务需求。这包括学习资源的推荐、学习计划的制定、学习方法的优化、心理健康辅导等，确保服务需求与学生的学习特点和目标相匹配。

2. 服务内容设计与开发

根据识别出的服务需求，设计并开发个性化的服务内容。这包括学习资源库的建设、在线课程的开发、学习工具的定制、心理辅导服务的提供等。服务内容应丰富多样、易于获取且符合学生的兴趣和需求。

3. 推送策略制定

制定个性化的推送策略，确保服务内容能够精准、及时地送达学生。推送策略可以基于时间、地点、学习进度、兴趣偏好等多维度的触发条件。同时，考虑学生的隐私保护和接受度，避免过度推送产生打扰。

4. 效果评估与反馈

对个性化服务推送的效果进行评估，根据学生的学习成绩、满意度、参与度等指标来衡量。收集学生的反馈意见，了解服务的实际效果和改进空间。根据评估结果，对服务内容和推送策略进行调整和优化，确保服务的持续改进和提升。

5. 持续迭代与创新

智慧社区模式的实施是一个持续迭代和创新的过程。随着技术的不断进步和需求的不断变化，需要定期对系统进行升级和优化，引入新的技术和功能。同时，鼓励师生和管理者积极参与智慧社区的建设和管理，提出创新性的想法和建议，共同推动智慧教育的深入发展。

四、多层次文化滋养，深化文化引领模式的内涵建设

在文化引领模式的实施中，学校不仅是传授知识的场所，更是塑造灵魂、传承文化的摇篮。深入挖掘学校的历史与文化底蕴，提炼具有特色的文化理念，并围绕这些理念策划一系列文化活动，不仅能够增强学生对学校的认同感和归属感，还能激发学生的创新思维和实践能力。

（一）文化理念提炼

1. 深入挖掘学校历史与文化底蕴

文化理念的提炼首先需要深入挖掘学校的历史与文化底蕴。学校的历史不仅是一段过往的记录，更是学校精神与文化的积淀。通过查阅档案、访谈校友、搜集老照片和校史资料，可以全面了解学校的发展历程、重要事件、杰出人物和独特传统。这些素材是提炼文化理念的重要基础。

2. 提炼特色文化理念

在挖掘学校历史与文化底蕴的基础上，需要提炼出具有特色的文化理念。这些理念应该反映学校的核心价值观、教育目标和精神风貌。例如：一所历史悠久的学校可能强调“厚德载物，自强不息”的校训精神；而一所新兴的创新型学校可能倡导“创新、协作、超越”的核心价值观。提炼文化理念时，应广泛征求师

生意见，确保理念既具有代表性，又能得到广泛认同。

3. 确立育人核心价值观

文化理念最终要落实到育人的核心价值观上。育人核心价值观不仅指导学校的日常管理和教育教学活动，还成为师生共同遵循的行为准则。例如，可以确立“诚信、勤奋、创新、包容”作为育人的核心价值观，并在全校范围内进行宣传和推广，使之深入人心。

（二）文化活动策划

1. 策划丰富多彩的文化活动

围绕提炼出的文化理念，策划一系列丰富多彩的文化活动，这是增强学生对学校认同感和归属感的重要途径。这些活动可以包括学术讲座、文化节、文艺晚会、体育赛事、志愿服务等，展示学校的文化底蕴和特色，增强学生的参与感和归属感。

2. 突出主题与特色

在策划文化活动时，应突出主题与特色。例如，以“传承与创新”为主题的文化节，可以包括传统手工艺展示、传统文化讲座、创新作品展览等环节，让学生感受中华优秀传统文化的魅力，同时激发创新思维。此外，还可以根据学校的特色文化理念，设计具有独特标识和风格的活动，增强活动的辨识度和吸引力。

3. 强化活动效果与反馈

为了确保文化活动的效果，需要强化活动后的效果评估与反馈机制。通过问卷调查、访谈师生、收集活动照片和视频等方式，了解活动的参与度、满意度和改进建议。根据反馈结果，不断调整和优化活动策划，确保活动能够持续满足师生的需求，达到预期的育人效果。

（三）文化传承与创新

1. 鼓励学生参与文化传承活动

文化传承是文化引领模式的重要组成部分。学校应鼓励学生积极参与文化传承活动，如传统文化讲座、书法班、民乐团、戏剧社等。通过这些活动，学生能够学习中华优秀传统文化的相关知识和技能，深入了解中华优秀传统文化的内涵和价值，增强文化自信。

2. 搭建文化传承平台

为了更有效地进行文化传承，学校应搭建多样化的文化传承平台。例如：

可以建立传统文化教育基地，邀请非物质文化遗产代表性传承人进校园授课；可以设立中华优秀传统文化社团，为学生提供展示和交流的平台；还可以利用校园广播、校报、微信公众号等媒体，广泛宣传中华优秀传统文化知识，营造浓厚的文化氛围。

3. 培养学生的创新思维与实践能力

在文化传承的基础上，学校还应鼓励学生进行文化创新。通过举办创新大赛、创意工作坊、科研项目等形式，激发学生的创新思维和实践能力。例如：可以组织学生进行传统文化元素的现代设计比赛，将传统文化与现代审美相结合，创作出具有独特魅力的作品；还可以鼓励学生将传统文化融入日常生活，如设计具有传统文化元素的校服、校园景观等，让传统文化在现代生活中焕发新的活力。

4. 打造文化创新实践基地

为了支持学生的文化创新实践，学校可以打造文化创新实践基地，如创意工作室、实验室、创新工坊等，为学生提供必要的设备和资源。此外，还可以与企业、社会机构等合作，建立校外实践基地，让学生在真实的社会环境中进行文化创新实践，提升实践能力和综合素质。

5. 建立激励机制与评价体系

为了激发学生的文化创新热情，学校应建立相应的激励机制与评价体系。例如：可以通过设立奖学金、颁发荣誉证书、推荐优秀作品参展参赛等方式，表彰在文化创新方面表现突出的学生；还可以建立文化创新成果的评价体系，对学生的创新作品进行客观、公正的评价，为学生提供明确的努力方向和成长路径。

五、自主化机制建设，实现自我管理服务模式的可持续发展

自我管理服务模式是现代教育体系中一种重要的实践模式，旨在通过提升学生的自我管理和服务能力，培养其独立性和责任感，从而促进学生全面发展。自我管理服务模式包括组织培育学生、引导志愿服务和参与社区治理三个方面。

（一）培育学生组织

1. 明确组织定位与职责

学生自治组织是自我管理服务模式的重要载体。在培育学生组织时，首先需要明确组织的定位与职责。应定位为自我管理、自我服务、自我教育的组织平台，负责策划、组织、实施各类学生活动，以及参与学校管理和服务。要明确各组

织的具体职责，如学生会负责学生权益维护、学术科技部负责科技创新活动、志愿服务团队负责社会服务等，确保组织间分工明确，协同合作。

2. 加强组织建设与指导

学生组织的建设离不开学校的指导和支持。学校应设立专门的学生组织指导机构，负责学生组织的注册、审核、培训、考核等工作。通过定期开展组织建设培训、领导力提升课程、项目管理培训等，提高学生干部的组织协调能力、决策能力和执行力。同时，要建立健全组织规章制度，确保组织运作规范、有序。

3. 强化组织自主性与创新性

在培育学生组织的过程中，要注重激发学生的自主性和创新性。鼓励学生自主策划、组织活动，充分发挥其主观能动性。要鼓励组织进行创新尝试，如开展跨校际、跨专业的合作项目，引入社会资源进行联合活动，以拓宽学生视野，增强其社会实践能力。

4. 建立评价与激励机制

为了激励学生组织的发展，学校应建立科学、合理的评价与激励机制。设立优秀学生组织、优秀学生干部等奖项，表彰在自我管理、服务、教育等方面表现突出的组织和个人。同时，要将学生组织的表现纳入学生综合素质评价体系，后续可作为学生评优、保研、就业推荐等方面的参考依据。

（二）引导志愿服务

1. 普及志愿服务理念

志愿服务是培养学生社会责任感和奉献精神的重要途径。学校应通过课堂教学、专题讲座、主题班会等形式，普及志愿服务理念，引导学生认识志愿服务的社会价值和对个人成长的意义。同时，要挖掘身边的志愿服务典型，通过榜样示范，激发学生的志愿服务热情。

2. 建立志愿服务体系

学校应建立完善的志愿服务体系，包括志愿服务项目管理、志愿者招募与培训、志愿服务时长记录与认证、志愿服务成果展示等环节。通过项目管理，确保志愿服务活动的有序开展；通过志愿者招募与培训，提高志愿者的服务能力和水平；通过志愿服务时长记录与认证，保障志愿者的合法权益；通过志愿服务成果展示，激发学生的服务成就感和社会责任感。

3. 拓展志愿服务领域

志愿服务应涵盖学校、社区、社会等多个主体。学校应鼓励学生参与校园美化、文明创建、帮困助学等校内志愿服务活动;引导学生走出校园,参与社区治理、环境保护、支教扶贫等社会志愿服务活动。通过拓展志愿服务领域,丰富学生的社会实践经历,提升其社会适应能力。

4. 强化志愿服务保障

为了确保志愿服务的顺利开展,学校应提供必要的保障措施。如设立志愿服务专项基金,用于支持志愿服务项目的开展;建立志愿服务保险制度,为志愿者提供安全保障;搭建志愿服务信息平台,方便志愿者获取服务信息和进行服务报名等。

(三)参与社区治理

1. 引导学生参与社区治理

社区治理是学生提升公民素养和领导能力的重要平台。学校应鼓励学生参与社区治理,如参与社区规划、社区文化建设、社区环境保护等决策过程,以及参与社区公约的制定与执行。通过参与社区治理,学生可以了解社区运作机制,培养民主意识、法治观念和社会责任感。

2. 建立学生参与机制

为了确保学生参与社区治理的有效性,学校应建立学生参与机制。如设立学生社区治理委员会,邀请学生代表参与社区治理决策;建立学生意见征集与反馈制度,及时收集并处理学生的意见和建议;搭建学生参与社区治理的信息平台,方便学生获取治理信息和进行意见表达。

3. 开展社区治理实践活动

学校应组织学生开展社区治理实践活动,如社区调研、社区志愿服务、社区公益项目等。通过实践活动,学生可以了解社区现状和问题,培养问题分析和解决能力;感受社区治理的复杂性和挑战性,激发参与社区治理的热情和动力。

4. 加强社区治理教育与培训

为了提升学生的社区治理能力,学校应加强社区治理教育与培训。如开设社区治理课程,介绍社区治理的理论与实践;举办社区治理讲座和研讨会,邀请专家学者和社区工作者分享经验和做法;组织社区治理实地考察,让学生亲身体验社区治理的实际情况和运作过程。

5. 建立评价与反馈机制

为了评估学生参与社区治理的效果,学校应建立评价与反馈机制。如通过设立社区治理优秀项目、优秀志愿者等奖项,表彰在社区治理中表现突出的学生；通过问卷调查、访谈等方式，收集学生对社区治理活动的反馈意见，以便及时调整和优化活动方案，提升学生的参与度和满意度。

第五节 实践模式的效果评估

一、评估标准：严格规范立准则

（一）学生综合素质提升

一是学业成绩。对比实施“一站式”学生社区育人模式前后学生的专业课程成绩、综合绩点等指标，评估学生在知识掌握和学习能力方面的提升情况。

二是实践能力。考查学生在科研项目、创新创业竞赛、实习实践等活动中的表现，包括项目成果、获奖情况、实践单位评价等，衡量学生将理论知识应用于实际的能力。

三是创新能力。关注学生在学术研究、科技创新活动中的创新思维和成果，如发表的学术论文、创新设计作品等，以评估学生的创新能力发展。

四是社交与团队协作能力。观察学生在社区活动、社团组织、团队项目中的参与度和表现，通过学生互评、教师评价等方式，了解学生的人际交往能力、沟通能力和团队协作精神。

五是品德修养与社会责任感。对学生的日常行为表现、道德观念、志愿服务参与情况等方面进行评估，考量学生的品德素养和对社会的责任感。

（二）学生满意度

一是设计针对“一站式”学生社区育人实践模式各方面的满意度调查问卷，涵盖社区设施、服务质量、活动内容、教育效果等维度，了解学生对整体育人模式的满意度评价。

二是定期组织学生座谈会、访谈等，深入了解学生对不同实践模式的具体感受、意见和建议，以便更全面地掌握学生的满意度情况。

（三）对学校整体发展的贡献

一是人才培养质量。根据毕业生的就业质量（就业率、就业对口率、薪资水平等)、深造率(考研、出国等),以及用人单位对毕业生的评价反馈,评估“一站式”学生社区育人模式对学校人才培养质量的提升作用。

二是校园文化建设。观察校园文化氛围是否更加浓厚,学生对校园文化的认同感和参与度是否提高,以及校园文化活动的丰富程度和影响力等,衡量“一站式”学生社区育人模式对校园文化建设的贡献。

三是学校管理效率。分析“一站式”学生社区在学生管理、教学管理、后勤服务等方面是否提高了工作效率、减少了管理成本和降低了问题发生率,如学生违纪事件减少、教学秩序改善、后勤服务投诉降低等。

二、评估方法:科学多元寻路径

(一)量化评估

1. 数据收集

建立学生信息数据库,收集学生的学业成绩、获奖情况、参与活动记录等各类数据。同时,收集学校相关管理部门的统计数据,如社区设施使用频率、服务人次、活动举办次数等。

2. 数据分析

运用统计学方法对收集的数据进行分析,计算均值、标准差、相关系数等指标,进行前后对比分析、差异显著性检验等,以客观评估实践模式的效果。例如,通过对比实施“一站式”学生社区育人模式前后学生在线学习时长和学习成绩等相关数据,分析该模式对学生学习的影响。

(二)质化评估

1. 案例研究

选取不同专业、不同年级的学生作为案例样本,深入跟踪他们在“一站式”学生社区的学习和生活经历,并撰写案例报告,详细描述学生在各实践模式下的成长过程和变化,从中总结实践模式的成效和问题。

2. 观察法

安排评估人员深入学生社区,观察学生在社区中的日常行为表现、参与活动的积极性、与他人的互动情况等,记录观察结果并进行分析。如观察学生在社区书院的学习表现、协同育人项目中的合作情况等。

3. 访谈法

对学生、教师、辅导员、社区工作人员等进行访谈,了解他们对“一站式”学生社区育人实践模式的看法、体验和建议。访谈可以采用个别访谈和小组访谈的形式，确保获取全面、深入的信息。对访谈内容进行整理和分析，提炼出有价值的观点和意见。

三、实践效果：显著成果显价值

（一）社区书院模式

1. 促进学生综合素质提升

（1）知识拓展与深化

社区书院通过开展各类学术讲座、研讨会等活动，邀请校内外专家学者进行授课和交流，为学生提供了广阔的知识视野。学生可以接触到不同学科领域的前沿知识和研究成果，打破专业界限，拓宽自身的知识面。在跨学科的讲座中，学生能够了解到不同专业的交叉点和融合趋势，激发他们的创新思维和跨学科研究兴趣。

（2）实践能力培养

社区书院组织丰富多样的实践项目和社团活动，如创新创业实践、社会实践、文化艺术实践等。学生在参与这些活动的过程中，能够将所学理论知识应用于实际操作中，提高实践动手能力和解决实际问题的能力。以创新创业实践为例，学生在书院的指导下组建团队、开展项目调研、制定商业计划并进行实践运营，在这个过程中，他们不仅学会了如何创业，还锻炼了团队协作、沟通协调、市场分析等多方面的能力，为未来的职业发展积累了宝贵经验。

（3）综合素质发展

社区书院注重学生的全面发展，通过开展各种素质拓展活动，如领导力培养、沟通技巧训练、心理健康教育等，提升学生的综合素质。这些活动有助于学生培养良好的人际关系处理能力、自我管理能力和心理调适能力，使他们在面对学习和生活中的各种挑战时更加从容自信。

2. 文化氛围营造与传承

（1）书院文化特色塑造

社区书院致力于打造独特的书院文化，营造特定的文化环境和氛围，让学生在潜移默化中受到感染和熏陶。每个书院可以根据自身的定位和历史背景，形成具有特色的文化品牌。例如：以传统文化为主题的书院可以开展诗词诵读、书法绘画、传统礼仪等活动，弘扬中华优秀传统文化；以科技创新为特色的书院则可以举办科技讲座、创新竞赛、科研项目等活动，营造浓厚的科技创新氛围。独特的文化特色不仅丰富了校园文化的内涵，还为学生提供了一个具有归属感和认同感的文化社区。

（2）文化传承与创新

社区书院作为文化传承的重要载体，承担着将学校的历史文化和精神传统传递给学生的使命。通过文化传承与创新，培养学生的文化自信和创新精神，促进校园文化的繁荣发展。同时，书院也鼓励学生在传承的基础上进行文化创新，结合时代特点和学生需求，创造出具有新时代特色的校园文化。学生可以在书院的支持下，对传统的校园文化活动进行创新和改造，使其更符合当代大学生的兴趣爱好和审美需求，从而增强校园文化的活力和吸引力。

3. 师生互动与个性化指导

（1）实行导师制

社区书院实行导师制，为学生配备专业导师、学业导师和生活导师等不同类型的导师。导师为学生的学习、生活和个人发展等提供全方位的指导和帮助。专业导师可以指导学生的专业学习，帮助他们制订学习计划、解决专业难题、参与科研项目等，提高学生的专业素养和学术能力；学业导师关注学生的学业规划和综合素质提升，为学生提供选课建议、学习方法指导、职业规划咨询等服务；生活导师关心学生的日常生活和心理健康，帮助学生解决生活中遇到的各种问题，引导他们树立正确的世界观、人生观和价值观。导师制的实施加强了师生之间的联系和沟通，使学生能够得到更加个性化的教育和指导。

（2）师生交流平台搭建

社区书院为师生提供了丰富多样的交流平台，如师生座谈会、学术沙龙、导师工作坊等。这些活动促进了师生之间的思想碰撞和情感交流，营造了教学相长的良好氛围。在交流过程中，学生可以向导师请教学习和生活中的问题，分享自己的想法和见解；导师也可以更好地了解学生的需求和困惑，及时调整教学方法和指导策略。

（二）党建育人模式

1. 强化思想引领

（1）传播党的理论

在“一站式”学生社区中开展各类理论学习活动，如主题党日、党课讲座、理论研讨等，将党的最新理论成果及时传递给学生。党组织可以邀请专家学者、优秀党员走进社区，为学生解读党的方针政策，使学生深刻理解党的历史使命和责任担当，增强对党组织的认同感和归属感。

（3）坚定理想信念

党建育人模式注重对学生理想信念的培养。通过组织参观红色教育基地、观看爱国主义影片、举办先进事迹报告会等形式多样的活动，激发学生的爱国情怀和民族自豪感，引导学生树立正确的世界观、人生观和价值观，坚定为实现中华民族伟大复兴的中国梦而努力奋斗的理想信念。

2. 促进学生全面发展

（1）助力学业发展

党建育人模式关注学生的学业成长。党组织可以组织学习经验交流会、学业帮扶小组等活动，帮助学生解决学习中遇到的困难和问题。教师党员可以在社区为学生提供学业指导和咨询服务，引导学生制订合理的学习计划，培养良好的学习习惯，提高学习成绩。

（2）提升综合素质

在学生社区开展党建工作，为学生提供了更多参与社会实践和志愿服务的机会。党组织可以引导学生参与社区管理、文化建设、公益活动等，培养学生的组织协调能力、沟通表达能力和团队合作精神。同时，通过党员示范岗、党员责任区等形式，激励学生党员在学习、生活中发挥先锋模范作用，促进学生自我管理、自我教育、自我服务，全面提升综合素质。

3. 增强党组织凝聚力

（1）密切党群关系

党建育人模式打破了传统党建工作的时空限制，使党组织与学生之间的联系更加紧密。党员干部要深入学生社区，了解学生的思想动态和实际需求，及时为学生排忧解难，增强学生对党组织的信任和依赖。同时，通过开展党员与学生结对帮扶、谈心谈话等活动，增进党员与学生之间的感情交流，拉近党群距离，使党组织真正成为学生的“贴心人”。

（2）发挥党员先锋模范作用

在学生社区中，党员的先锋模范作用应更加直观地展现给学生。党员学生要在学习、生活、工作等方面以身作则，为其他学生树立榜样。党组织可以在社区开展创建党员示范宿舍、党员志愿服务品牌活动，激励党员积极参与社区建设和服务，发挥先锋模范作用，带动更多学生向党组织靠拢，增强党组织的凝聚力和战斗力。

4. 推动校园文化建设

(1) 传承红色文化

党建育人模式注重红色文化的传承与弘扬。在学生社区中建设红色文化长廊、设立红色书屋、开展红色文化活动等,营造浓厚的红色文化氛围,让学生在潜移默化中接受红色文化的熏陶。红色文化作为校园文化的重要组成部分,能够激发学生的爱国热情和奋斗精神,为校园文化建设注入强大的精神动力。

(3) 引领文化风尚

党组织在学生社区中发挥着引领文化风尚的作用。通过倡导文明行为、弘扬社会主义核心价值观、组织丰富多彩的文化活动等,引导学生树立正确的文化观念和价值取向,营造积极向上、健康和谐的校园文化氛围。党建育人模式能够将党的先进文化与校园文化有机结合,推动校园文化建设向更高层次发展。

(三) 智慧社区模式

1. 提升管理效率

(1) 信息化管理手段

智慧社区模式利用信息化管理系统,实现了对学生社区各项事务的数字化管理。例如,可以在学生信息管理系统上快速准确地录入、查询和更新学生的基本信息、住宿信息、学习成绩等,这大大提高了学生信息管理的效率和准确性。同时,社区设施设备管理、维修申报等工作也可以通过信息化平台进行,实现了对社区资源的实时监控和有效管理,减少了人工操作带来的烦琐和误差。

(2) 自动化流程处理

借助智能自动化技术,智慧社区实现了许多管理流程的自动化处理。如学生宿舍门禁系统采用人脸识别或刷卡技术,自动识别学生身份并记录出入时间,不仅保障了宿舍安全,还简化了人员进出管理流程。水电费自动抄表系统、报修工单自动分配系统等的应用,也使得相关管理工作更加高效便捷,节省了大量的人力和时间成本。

2. 优化服务质量

(1) 便捷的在线服务

智慧社区为学生提供了丰富多样的在线服务平台,如在线报修、在线选课、在线预订活动场地等。学生可以通过手机或电脑随时随地提交服务需求,无须亲自到管理部门办理,节省了时间和精力。同时,在线服务平台还可以实时反馈服务进度和结果,让学生及时了解自己的事务处理情况,提高了服务的透明度和满意度。

(3) 个性化服务推送

基于学生的个人信息和行为数据，智慧社区能够为学生提供个性化的服务推送。例如：根据学生的学习成绩和选课情况，为学生推荐相关的学习资料、辅导课程或学术讲座；根据学生的兴趣爱好和参加活动的记录，为学生推送他们可能感兴趣的社团活动、文化活动等。个性化服务推送能够更好地满足学生的个性化需求，提高服务的精准度和有效性。

(4) 智能生活服务

智慧社区配备了一系列智能生活设施，如智能照明系统、智能垃圾分类设备、智能快递柜等，为学生的生活提供了更多的便利。智能照明系统可以根据环境光线和人员活动情况自动调节亮度，既节约能源又提供了舒适的照明环境；智能垃圾分类设备可以自动识别垃圾种类并进行分类投放指导，提高了垃圾分类的准确性和效率；智能快递柜则方便了学生随时取件，解决了快递配送时间与学生上课时间冲突的问题。

3. 促进学生发展

(1) 自主学习与发展支持

智慧社区提供了丰富的在线学习资源和学习工具，如在线课程平台、虚拟实验室、学习管理系统等，为学生的自主学习提供了良好的条件。学生可以根据自己的学习进度和需求，自主选择学习内容和学习时间，进行个性化学习。同时，学习管理系统可以记录学生的学习过程和学习成果，为学生提供学习分析和反馈服务，帮助学生更好地了解自己的学习情况，调整学习策略，提高学习效果。

(2) 创新能力培养

智慧社区的科技创新氛围和智能设施设备为学生的创新能力培养提供了平台和机会。学生可以参与智慧社区的建设和管理，通过开发应用程序、设计智能系统等方式，锻炼自己的创新思维和实践能力。同时，智慧社区举办的各种科技创新活动，如创新创业大赛、科技讲座等，可以激发学生的创新热情和创造力，促进学生之间的创新交流与合作。

(3) 信息素养提升

在智慧社区中，学生需要频繁使用各种信息化设备和在线服务平台，这促使学生不断提升自己的信息素养。学生在使用过程中，学会了如何获取、处理、利用信息，掌握了信息技术的基本技能和应用方法。信息素养的提升不仅有助于学生更好地适应信息化社会的发展，还为他们的学习和未来职业发展奠定了坚实的基础。

（四）文化引领模式

1. 价值观塑造

（1）社会主义核心价值观引领

文化引领模式以社会主义核心价值观为核心，将其融入学生社区的各项文化活动和日常管理中。通过主题讲座、文化展览、社会实践等形式，向学生传播社会主义核心价值观的内涵和要求，使学生在潜移默化中受到感染和熏陶，增强对国家、社会和人民的责任感和使命感。例如，开展以“爱国、敬业、诚信、友善”为主题的演讲比赛，引导学生思考和践行社会主义核心价值观在个人行为和社会交往中的体现，培养学生的爱国情怀和道德品质。

（2）中华优秀传统文化传承

文化引领模式注重挖掘和传承中华优秀传统文化。高校拥有丰富的中华优秀传统文化资源，通过开设传统文化课程、举办传统节日庆祝活动、组织传统文化社团等方式，让学生深入了解和学习中华优秀传统文化的精髓，如儒家的仁爱、礼义、诚信思想，道家的自然、和谐思想等。这对塑造学生的人格、培养学生的道德修养和人文精神具有重要意义，能使学生在现代社会中保持对中华优秀传统文化的认同感和自豪感，传承中华民族的精神命脉。

（3）校园文化精神弘扬

每所高校都有其独特的校园文化精神，它是学校历史、传统、特色和办学理念的集中体现。文化引领模式通过宣传校园文化精神、讲述校园故事、表彰校园先进人物等方式，将校园文化精神传递给每一名学生，激发学生对学校的归属感和荣誉感。学生在校园文化精神的激励下，会更加积极地投入到学习和生活中，努力为学校的发展贡献自己的力量，并将校园文化精神内化为自己的价值追求和行为准则，在毕业后成为学校文化的传播者和践行者。

2. 文化素养提升

（1）知识视野拓展

文化引领模式通过开展丰富多彩的文化活动，为学生提供了知识视野拓展平台。高校可以举办学术讲座、文化论坛、艺术展览等活动，邀请国内外知名专家学者、艺术家来校讲学和交流，使学生能够接触到不同领域的前沿知识和文化成果，了解多元文化的魅力和价值。这些活动不仅丰富了学生的课余生活，还激发了学生的学习兴趣和求知欲，拓宽了学生的知识视野，培养了学生的跨文化交流能力和综合素质。

（2）审美情趣培养

审美教育是文化素养提升的重要方面。文化引领模式注重通过艺术活动和文化环境营造来培养学生的审美情趣。在学生社区中建设艺术长廊、文化广场等文化景观，展示绘画、雕塑、书法等艺术作品，让学生在日常生活中感受到美的存在。同时，组织开展各类艺术比赛、文艺演出、电影欣赏等活动，引导学生欣赏和创作艺术作品，提高学生的艺术鉴赏能力和审美水平。

（3）人文精神滋养

人文精神强调对人的尊重、关怀和人的全面发展。文化引领模式通过倡导人文关怀、开展人文教育活动，滋养学生的人文精神。例如：组织志愿者服务活动、关爱弱势群体活动等，培养学生的社会责任感和爱心；开展人文经典阅读活动、人文素养讲座等，引导学生思考人生的意义和价值，提高学生的人文素养和思想境界。在一个充满人文精神的社区环境中，学生能够学会尊重他人、关爱他人，培养良好的人际关系和团队合作精神，促进自身的全面发展。

3. 社区凝聚力增强

（1）共同文化认同

文化引领模式通过培育和弘扬社区文化，营造良好的文化氛围和价值取向，使学生对社区产生强烈的认同感和归属感。社区文化活动成为学生之间交流和互动的重要平台，学生在参与活动的过程中，不仅能够增进彼此之间的了解和友谊，还能够形成共同的文化记忆和情感纽带。社区举办的年度文化节，涵盖了各种形式的文化活动，如文艺表演、体育比赛、美食节等，吸引了全体学生的积极参与。在这个过程中，学生可以共同感受社区文化的魅力，增强了对社区的认同感和凝聚力，形成了“我是社区一员”的强烈意识。

（2）团队合作精神培养

许多文化活动需要学生以团队的形式参与，这为培养学生的团队合作精神提供了良好的机会。在团队合作中，学生需要相互协作、相互支持，共同完成任务。例如，在社区组织的戏剧表演活动中，学生需要分别承担编剧、导演、演员、道具制作等不同角色，并密切配合才能呈现出一场精彩的演出。通过这样的活动，学生学会了如何与他人合作，如何发挥自己的优势，如何在团队中协调各方利益，从而提高了团队合作能力和沟通能力。这种团队合作精神不仅在文化活动中发挥重要作用，而且会对学生今后的学习、工作和生活产生积极影响。

（3）社区归属感营造

一个富有文化特色和活力的学生社区能够让学生感受到家的温暖，增强学生的社区归属感。文化引领模式通过开展关爱学生的文化活动，如生日祝福、节日慰问、心理健康辅导等，打造温馨和谐的社区文化环境，让学生在社区中感受到关怀和支持。同时，鼓励学生参与社区管理和建设，发挥学生的主体作用，使学生对社区产生责任感和主人翁意识。当学生将社区视为自己的精神家园时，他们会更加积极地维护社区的和谐稳定，参与社区的各项活动，为社区的发展贡献力量，从而进一步增强社区的凝聚力和向心力。

（五）自我管理服务模式

1. 培养学生综合能力

（1）自我管理能力

在自我管理服务模式下，学生需要对自己的学习、生活行为进行自主规划、组织和控制。通过参与社区的日常管理事务，如制定宿舍规章制度、安排个人学习时间、管理个人财物等，学生逐渐学会如何合理安排时间、有效利用资源，提高了自我约束和自我管理的能力。这种能力的培养不仅有助于学生在校园内更好地适应学习和生活，而且为他们未来走向社会，独立面对各种挑战奠定了坚实的基础。

（2）组织协调能力

学生在参与社区管理和服务工作时，往往需要组织各种活动、协调各方关系，如组织社区文化活动、开展志愿服务项目、协调宿舍成员之间的矛盾等。在这些过程中，学生需要制订详细的计划、合理分配任务、协调人员分工，同时还要与学校相关部门、社区居民和其他学生组织进行沟通和合作。通过不断地实践和锻炼，学生的组织协调能力得到了显著提升，他们能够更好地应对复杂的工作场景和人际关系，这为今后的职业发展积累了宝贵的经验。

（3）沟通表达能力

自我管理服务模式为学生提供了与他人交流和沟通的机会。学生在与同学、老师、社区工作人员和其他相关人员的互动中，需要清晰地表达自己的想法、观点和需求，同时也要认真倾听他人的意见和建议。在组织活动、协商问题、反馈信息等过程中，学生的沟通表达能力得到了磨炼和提高。良好的沟通表达能力不仅有助于学生更好地完成社区管理服务工作，还能够增强他们的人际交往能力，促进个人的全面发展。

（4）问题解决能力

在社区管理和服务过程中，学生难免会遇到各种问题和困难，如设施设备损坏、同学之间的纠纷、社区活动的突发情况等。面对这些问题，学生需要积极主动地分析问题的原因，寻找解决办法，制定解决方案，并付诸实践。通过不断地解决实际问题，学生锻炼和提高了解决问题的能力，学会了如何在复杂的情况下保持冷静、理性思考，运用所学知识和技能解决实际问题，培养了创新思维和应变能力。

2. 促进学生全面发展

（1）增强责任感和团队合作精神

自我管理服务模式让学生在社区中承担一定的管理和服务职责，使他们深刻认识到自己作为社区一员的责任和义务。学生在参与社区各项工作的过程中，会更加关注社区的发展和同学的需求，积极主动地为社区建设贡献力量。同时，在团队合作中，学生需要相互协作、相互支持，共同完成任务。通过与团队成员的密切配合，学生学会了如何发挥自己的优势，尊重他人的意见，共同解决问题，从而增强了团队合作精神和集体荣誉感。这种责任感和团队合作精神的培养，对学生的个人成长和未来的职业发展具有重要的意义。

（2）提升综合素质和社会适应能力

通过参与自我管理服务，学生各个方面的能力都得到了锻炼和提升，综合素质得到了全面提高。他们不仅在学术知识方面有所收获，还在实践能力、人际交往能力、组织协调能力等方面取得了进步。综合素质的提升增强了学生在社会中的竞争力，使他们能够更好地适应社会的多样化需求。在社区管理服务过程中，学生还能够接触到社会的不同层面和各种实际问题，提前了解社会的运行机制和规则，从而更好地适应社会生活，缩短从校园到社会的过渡时间。

（3）促进个人成长和自我实现

自我管理服务模式为学生提供了一个展示自我、发挥才能的平台。学生可以根据自己的兴趣和特长，参与社区的各项管理和服务工作，在实践中发现自己的潜力和优势，实现个人价值。通过服务社区，学生能够获得成就感和满足感，进一步激发学习和工作热情，促进个人的成长和发展。同时，学生还能够不断地挑战自我、超越自我，克服困难和挫折，培养坚韧不拔的意志品质和积极向上的人生态度，实现自我完善和自我提升。

3. 提升社区管理效率

（1）减轻学校管理负担

自我管理服务模式充分发挥了学生的主体作用，让学生参与到社区管理的各个环节中。学生能够及时发现社区中存在的问题,并采取相应的措施,有效地减轻了学校管理部门的工作负担。学生可以自行组织开展宿舍卫生检查、安全隐患排查等工作,及时发现并整改问题,维护社区的良好秩序和环境。同时,学生在与同学的沟通和协调方面具有天然的优势,能够更好地了解同学的需求和想法,及时反馈给学校管理部门,为学校制定相关政策和措施提供参考依据,提高学校管理决策的科学性和针对性。

(2) 提高管理决策的民主性和科学性

在自我管理服务模式下,学生作为社区的主体,能够直接参与社区管理决策的过程。学校管理部门在制定相关政策和措施时,可以充分听取学生的意见和建议,使管理决策更加民主、科学。学生来自不同的专业和背景,他们的想法和观点具有多样性和创新性,能够为管理决策提供新的思路和视角。通过广泛征求学生的意见,学校管理部门可以更好地了解学生的需求和实际情况,制定出更加符合学生利益和社区发展需要的管理政策,提高管理决策的有效性和执行力。

(3) 增强社区凝聚力和向心力

学生通过自我管理服务,共同参与社区的建设和发展,增强了对社区的认同感和归属感。在这个过程中,学生之间容易形成共同的目标和价值观,彼此之间的联系更加紧密,社区凝聚力和向心力得到了显著提升。一个具有强大凝聚力的社区,能够更好地营造和谐、积极向上的氛围,促进学生之间相互学习和交流,提高社区的整体管理水平和服务质量。同时,社区凝聚力的增强也有利于学校各项工作的顺利开展,为学生的成长成才提供更好的环境和条件。

第六节 / 实践模式的优化机制

一、社区书院:书香四溢育人才

(一) 加强书院文化建设

1. 深入挖掘书院文化内涵

结合学校的历史文化传统和办学特色,深入挖掘社区书院的文化内涵。组织专家学者、师生代表等进行研讨和论证,明确书院的文化定位和核心价值观。

例如，可以以学校的校训、校史为基础，提炼出具有代表性的文化元素，并将其融入书院的文化建设中，形成独特的书院文化精神。

2. 创新文化活动形式与内容

一是举办具有特色的品牌文化活动。根据书院的文化定位，策划一系列具有影响力和吸引力的品牌文化活动，如文化节、学术论坛、主题展览等。活动要注重形式创新和内容质量，能够充分体现书院的文化特色和育人理念，吸引学生积极参与。

二是开展多样化的文化体验活动。除了传统的讲座、报告等形式外，还可以组织学生参与文化体验活动，如传统文化技艺学习、实地文化考察、文化创意实践等。让学生通过亲身体验，更加深入地了解和感受书院文化的魅力，增强文化认同感和归属感。

三是利用新媒体平台传播书院文化。借助互联网和新媒体技术，拓展书院文化的传播渠道。建立书院官方网站、微信公众号、微博等新媒体平台，及时发布书院的文化活动信息、文化成果展示等内容，吸引更多学生关注和参与书院文化建设。同时，可以利用新媒体平台开展线上文化互动活动，如文化知识竞赛、线上讨论等，增强书院文化的传播效果和影响力。

3. 加强书院文化品牌宣传推广

一是制定系统的宣传推广策略。结合书院的文化特色和发展目标，制定一套全面、系统的宣传推广策略。明确宣传推广的目标受众、宣传渠道、宣传内容和宣传方式等，确保宣传工作的针对性和有效性。

二是制作高质量的宣传资料。设计制作精美的书院宣传手册、海报、视频等宣传资料，展示书院的文化特色、活动内容、师资力量等方面的优势。这些宣传资料可以在校园内广泛发放，也可以用于对外交流和宣传，提升书院的知名度和美誉度。

三是加强与校内外媒体的合作。积极与校内外媒体建立合作关系，及时报道书院的重要文化活动和育人成果。借助媒体的宣传报道，扩大书院文化的影响力，吸引更多的社会资源和支持参与书院建设。

（二）完善导师制度

1. 优化导师队伍建设

一是拓宽导师选拔渠道。除了从校内教师中选拔导师外，还可以邀请校外专家、企业高管、优秀校友等担任书院导师，为学生提供多元化的指导。同时，要注重选拔具有丰富实践经验和良好沟通能力的教师担任导师,确保导师队伍的质量和水平。

二是加强导师培训。定期组织导师培训活动,提高导师的指导能力和业务水平。培训内容可以包括教育教学方法、学生心理辅导、职业规划指导等方面的知识和技能。此外,还可以建立导师交流平台,促进导师之间的经验分享和交流合作,提高导师工作质量。

三是建立导师激励机制。制定合理的导师激励政策,对工作表现优秀的导师给予表彰和奖励,如评选优秀导师、给予一定的物质奖励、在职称评定和岗位晋升等方面给予优先考虑等。以激励机制激发导师的工作积极性和主动性,提高导师参与书院育人工作的热情和责任感。

2. 明确导师工作职责与要求

一是制定详细的导师工作手册。明确导师在学生学业指导、生活指导、思想引导等方面的具体工作职责和要求,使导师工作有章可循。工作手册中应包括导师的工作目标、工作内容、工作方式、工作时间安排等方面的规定,确保导师能够全面、有效地履行职责。

二是加强导师与学生的沟通交流。要求导师定期与学生进行面对面交流,了解学生的学习、生活和思想状况,及时给予指导和帮助。鼓励导师通过电话、邮件、微信等方式与学生保持密切联系,随时随地为学生提供指导服务。

三是建立导师工作记录与考核制度。导师应做好工作记录,详细记录与学生交流的情况、指导学生的内容和效果等。学校或书院可以定期对导师的工作进行考核,考核结果与导师的绩效评价、奖励激励等挂钩,确保导师工作的质量和效果。

3. 完善导师考核评价机制

一是建立科学合理的评价指标体系。评价指标应涵盖导师的工作态度、工作能力、工作效果等多个方面,如导师与学生的交流频次,学生对导师的满意度评价,学生在学业成绩、实践能力、综合素质等方面的提升情况等。要根据不同类型导师的特点,设置相应的个性化评价指标,确保评价结果的客观公正。

二是采用多样化的评价方式。评价方式可以包括学生评价、同行评价、书院评价、自我评价等多种形式。通过多维度的评价,全面、准确地了解导师的工作表现和育人效果。其中,学生评价应作为重要的参考依据,可通过问卷调查、座谈会等方式,广泛收集学生对导师的意见和建议。

三是强化评价结果的应用。将导师考核评价结果及时反馈给导师本人，帮助导师了解自己工作中的优点和不足，以便及时改进和提高。要将评价结果与导师的奖励激励、职称评定、岗位聘任等挂钩，形成有效的激励约束机制，促进导师不断提高工作质量和水平。

（三）优化书院与专业学院的协同机制

1. 建立资源共享平台

一是整合社区书院和专业学院的教学资源。建立统一的教学资源管理平台，将书院的学术讲座、实践课程、图书资料等资源与专业学院的专业课程、实验室、实习基地等资源进行整合，实现资源共享和优化配置。学生可以通过平台自主选择所需的课程和学习资源，拓宽学习渠道，提高学习效果。

二是促进师资队伍共享。打破社区书院和专业学院之间的师资壁垒，建立师资共享机制。鼓励专业学院的教师参与书院的教学和指导学生活动，并且邀请书院的导师为专业学院的学生开设选修课程或举办讲座。通过共享师资队伍，加强双方的教学交流与合作，提高教师的教学水平和综合素质，为学生提供更加丰富多样的教学资源。

三是加强实践平台共建共享。社区书院和专业学院可以共同建设一批实践教学平台，如创新创业实践基地、社会实践基地、学科竞赛训练基地等。这些实践平台可以为学生提供更多的实践机会和实践项目，培养学生的实践能力和创新精神。并且建立实践平台的开放共享机制，确保不同专业、不同年级的学生都能够充分利用这些平台开展实践活动。

2. 加强信息沟通与交流

一是建立定期的沟通协调机制。社区书院和专业学院应建立定期的沟通协调会议制度，双方领导和相关工作人员定期就学生培养工作进行沟通交流，共同商讨解决存在的问题和困难。同时，要明确双方的联系人，负责日常信息的传递和沟通工作，确保信息沟通及时、准确和顺畅。

二是搭建信息共享平台。利用信息化技术，搭建社区书院和专业学院之间的信息共享平台。平台应包括学生信息管理系统、教学管理系统、课程资源管理系统等模块，实现学生学习情况、教学计划、课程安排等信息的实时共享。通过信息共享平台，双方可以及时了解学生的学习动态和需求，为协同育人工作提供有力的支持。

三是加强师生之间的信息交流。鼓励来自不同专业的学生之间开展交流活动，如学术交流、社团活动、文化比赛等。通过这些活动，促进学生之间的相互了解和学习，拓宽学生的视野和思维方式。同时，加强社区书院导师和专业学院教师之间的信息交流，促进双方探讨教学方法和育人经验，提高教学质量和育人效果。

3. 明确协同育人目标与任务

一是制定统一的协同育人目标。社区书院和专业学院应在学校人才培养总体目标的指导下，结合各自的特点和优势，共同制定统一的协同育人目标。协同育人目标应既注重学生的专业知识和技能培养，又关注学生的综合素质和个性化发展，确保学生在知识、能力、素质等方面得到全面提升。

二是明确双方的育人任务和职责。根据协同育人目标，明确社区书院和专业学院在学生培养过程中的具体任务和职责。社区书院主要负责学生的综合素质培养和个性化发展，通过开展文化活动、实践项目、导师指导等工作，培养学生的创新精神、实践能力、社会责任感等；专业学院则主要承担学生的专业知识传授和专业技能培养，确保学生掌握扎实的专业基础和专业技能。同时，双方要加强协作配合，共同完成学生的思想政治教育、心理健康教育、职业规划指导等工作。

二、党建育人：红色引领铸灵魂

（一）加强队伍建设

1. 提高党务工作者素质

选拔政治素质高、业务能力强、热爱学生工作的党务工作者充实到“一站式”学生社区党建工作队伍中。加强对党务工作者的培训，定期组织专题培训、学习交流、实践锻炼等活动，提高他们的思想政治素质、业务工作能力和组织协调能力。鼓励党务工作者开展党建研究，探索创新党建育人工作方法和途径，不断提升党建工作水平。

2. 培养学生党员骨干

注重在学生中培养党员骨干，发挥学生党员在党建育人工作中的自我教育和自我管理作用。加强对学生党员的教育培养，采用理论学习、实践锻炼、志愿服务等方式，提高学生党员的党性修养和综合素质。建立学生党员骨干培养机制，选拔优秀学生党员担任社区党支部委员、党小组组长、党员示范岗负责人等，让他们在实际工作中锻炼成长，成为党建育人工作的得力助手。

（二）创新工作方法

1. 运用新媒体技术

充分利用新媒体技术开展党建育人工作，拓展党建工作渠道和载体。建立“一站式”学生社区党建工作网站、微信公众号、微博等新媒体平台，及时发布党建工作信息、学习资料、活动通知等，方便学生随时随地获取党建知识和参与党建活动。运用新媒体技术开展线上互动交流，如在线答疑、主题讨论、网络投票等，增强党建工作的吸引力和感染力。同时，制作党建微视频、微电影等新媒体作品，以生动形象的方式传播党的理论和先进党员事迹，提高学生的学习兴趣和参与度。

2. 开展个性化服务

针对学生的不同需求和特点，开展个性化的党建育人服务。在“一站式”学生社区设立党员服务站，为学生提供学习指导、心理咨询、就业帮扶、生活服务等多样化服务。建立学生需求调研机制，定期了解学生的实际需求和困难，制定个性化的服务方案，切实解决学生的问题。例如：对学习困难的学生，组织教师党员和优秀学生进行一对一帮扶；对有心理问题的学生，安排专业心理咨询师进行辅导；对就业困难的学生，提供就业信息、职业规划指导和面试技巧培训等服务。

（三）完善保障机制

1. 建立健全制度体系

建立健全“一站式”学生社区党建育人工作制度体系，确保党建工作有章可循、规范有序。制定社区党组织工作制度、党员教育管理制度、党建活动开展制度、党员考核评价制度等，明确各项工作的标准和要求。加强制度的执行和监督，确保制度落实到位，形成用制度管人、管事的良好局面。

2. 加强资源保障

加大对“一站式”学生社区党建育人工作的资源投入，保障党建工作的顺利开展。学校要为学生社区党建工作提供必要的场地、设备和经费支持。建设党员活动室、红色文化展厅、学习阅览室等党建活动场所，配备多媒体设备、图书资料等。设立党建工作专项经费，用于开展党建活动、培训党员、表彰先进等，确保党建育人工作有充足的资金保障。同时，整合学校各部门资源，形成协同育人的工作合力，共同推进“一站式”学生社区党建育人工作。

三、智慧社区：科技赋能惠民生

（一）提升信息技术应用水平

完善功能模块。加强对智慧社区平台和智能设备的功能研发和升级，不断完善各项功能模块。针对在线学习平台，增加课程种类和数量，提高课程质量和互动性，引入虚拟现实（VR）、增强现实（AR）等先进技术，提升学习体验；针对智能报修系统，优化故障识别算法，提高维修人员调度的准确性和及时性，增加维修进度跟踪和评价功能，确保维修服务质量。

（二）培养学生使用习惯

1. 加强平台推广与宣传

一是学校可以通过多种渠道加强对智慧社区平台的推广和宣传，提高学生对平台的认知度和使用率。例如：举办智慧社区平台使用培训讲座，向学生详细介绍平台的功能和使用方法；制作宣传海报、视频等资料，在校园内广泛张贴、播放，展示平台的优势和便捷性；利用学校官网、微信公众号、微博等新媒体平台，定期发布平台的更新信息和使用攻略，吸引学生关注和使用。

二是开展线上线下相结合的推广活动，如举办智慧社区应用大赛、评选优秀用户等，激发学生的使用兴趣和积极性。同时，鼓励学生参与智慧社区的建设和管理，提出意见和建议，增强学生对平台的认同感和归属感。

2. 优化用户体验

一是注重智慧社区平台的用户界面设计和操作流程优化，使其更加简洁、直观、易用。采用人性化的设计理念，减少操作步骤，提高操作的便捷性和流畅性。同时，提供详细的操作指南和帮助文档，方便学生在使用过程中随时查阅。

二是加强对学生的使用指导和技术支持，设立专门的客服热线或在线咨询平台，及时解答学生在使用过程中遇到的问题。对一些常见问题，可以制作成视频教程或知识库，供学生自主学习和查询。定期收集学生的反馈意见，根据学生的需求和建议不断提升平台的用户体验。

（三）加强统一规划与标准制定

一是教育主管部门应牵头制定高校智慧社区建设的统一标准和规范，包括硬件设备选型标准、软件系统开发标准、数据接口规范、安全防护标准等。各高校在智慧社区建设过程中应严格按照统一标准进行规划和实施，确保系统的兼容性、可扩展性和可操作性。

二是建立智慧社区建设评估机制，对高校智慧社区建设的进展和成效进行定期评估和考核。通过评估发现问题，及时调整建设策略和标准规范，推动智慧社区建设的健康发展。

四、文化引领：魅力文化润心灵

（一）创新文化活动形式

1. 结合时代特点和学生兴趣

关注当代文化发展的趋势和学生的兴趣爱好，引入新颖、时尚的文化元素和活动形式。例如：利用新媒体技术开展线上文化活动，如网络文化节、线上艺术展览、短视频创作大赛等，吸引学生积极参与；举办文化创意集市，为学生提供展示和交流创意作品的平台，激发学生的创新思维和创造力；开展户外拓展、文化体验营等活动，提升学生的体验感和参与度。

2. 打造品牌文化活动

根据学校和社区的特色，精心策划和打造一批具有影响力和吸引力的品牌文化活动。品牌文化活动要具有独特的主题、丰富的内容和形式，能够长期坚持举办，并形成一定的文化传统和口碑效应。例如，某高校以传承地方文化为特色，打造了“地方文化节”品牌活动，每年举办地方戏曲表演、民间工艺展览、地方美食节等系列活动，吸引了全校师生和社会各界的广泛关注，不仅弘扬了地方文化，而且提升了学校的文化影响力。

（二）建立文化建设长效机制

1. 制定长期规划和年度计划

学校应结合自身的发展战略和育人目标，制定学生社区文化建设的长期规划，明确文化建设的总体目标、发展方向和重点任务。根据长期规划制定文化建设年度计划，将文化建设任务分解到具体的部门和责任人，确保文化建设工作有计划、有步骤地推进。年度计划要具有可操作性和可衡量性，明确各项文化活动的时间安排、内容形式、预期效果等，以便对文化建设工作进行监督和评估。

2. 完善文化建设保障机制

一是加大资金投入。设立学生社区文化建设专项经费，确保文化活动的开展、文化设施的建设和维护、文化人才的培养等有足够的资金支持。积极拓展资金来源渠道，争取社会企业、校友等的捐赠和支持，为文化建设提供更多的资金保障。

二是加强人员配备。组建一支专业的文化建设工作队伍，包括文化活动策划师、艺术指导教师、辅导员等，负责学生社区文化建设的组织实施和指导管理工作。加强对文化建设工作人员的培训和考核，提高他们的业务能力和综合素质，为文化建设工作提供有力的人才支撑。

三是完善制度保障。建立健全学生社区文化建设的各项规章制度，如文化活动管理制度、文化设施使用管理制度、学生文化社团管理制度等，确保文化建设工作规范有序进行。同时，建立文化建设工作激励机制，对在文化建设工作中表现突出的部门、个人和学生进行表彰和奖励，激发各方参与文化建设的积极性和主动性。

（三）深入了解学生文化需求

1. 建立多样化的调研渠道

采用问卷调查、访谈、座谈会、网络调研等多种方式，广泛深入地了解学生的文化需求和兴趣爱好。问卷调查可以设计涵盖学生文化活动参与意愿、文化偏好、活动时间和形式等方面的问题，定期向学生发放并进行统计分析；访谈和座谈会可以邀请不同专业、不同年级的学生代表参加，面对面地听取他们的意见和建议；网络调研可以利用学校官网、微信公众号、微博等平台，开展在线调查和互动交流，及时了解学生的动态需求。通过多样化的调研渠道，全面收集学生的文化需求信息，为文化活动的策划和组织提供依据。

2. 建立学生反馈机制

建立及时有效的学生反馈机制，让学生能够对文化活动的内容、形式、组织实施等方面提出意见和建议。可以设置意见箱、开通热线电话、建立网络反馈平台等，方便学生随时反馈问题。对学生提出的反馈意见，要及时进行整理和分析，并将处理结果反馈给学生。根据学生的反馈意见，及时调整和改进文化活动的方案和措施，不断提高文化活动的质量和效果，满足学生的文化需求。

3. 开展个性化文化服务

根据学生的不同需求和特点，开展个性化的文化服务。例如：针对不同专业的学生，可以设计与专业相关的文化活动，如理工科学生可以开展科技文化节、工程创新大赛等，文科学生可以开展文学创作比赛、历史文化讲座等；针对有特殊兴趣爱好的学生，可以开设相应的兴趣小组或社团，如摄影爱好者协会、音乐爱好者俱乐部等，为他们提供专业的指导和交流平台；针对少数民族学生，可以开展具有民族特色的文化活动，如民族文化节、传统歌舞表演等，尊重和弘扬少数民族文化，促进各民族学生之间的交流。

五、自我管理：完善机制促发展

（一）完善学生自治组织的管理体制

1. 优化权力分配

建立科学合理的权力分配机制，明确学生自治组织各部门和各级学生干部的职责和权限。在决策过程中，要充分发扬民主，广泛征求学生干部和普通学生的意见和建议，确保决策的科学性和民主性。可以设立学生代表大会、理事会等机构，让学生参与到组织的重大决策和管理中来，实现权力的制衡和监督。在学生会的决策过程中，对重要活动的策划和组织、经费的使用等事项，应通过学生代表大会进行讨论和表决，确保决策符合广大学生的利益和需求。

2. 健全规章制度

完善学生自治组织的各项规章制度，确保制度的科学性、合理性和可操作性。制度应涵盖组织架构、职责分工、选举换届、考核评价、奖惩激励等方面，明确各项工作的流程和标准。同时，要加强对规章制度的宣传和培训，使学生干部和普通学生都能够熟悉和遵守制度。定期对规章制度进行修订和完善，根据实际情况和工作需要，及时调整和补充相关内容，确保制度的有效性和适应性。例如：制定详细的学生干部选拔制度，明确选拔标准、程序和方法，确保选拔过程公正透明；建立科学的考核评价制度，对学生干部的工作表现进行定期考核，考核结果与奖惩挂钩，激励学生干部积极工作。

3. 合理调整组织架构

根据学生社区的实际需求和工作特点，合理调整学生自治组织的架构设置，明确各部门之间的职责分工，避免职能重叠和空白。可以借鉴企业或其他社会组织的管理经验，结合学生社区的特点，进行组织架构的优化设计。例如，在社区志愿者服务组织中，可以设立活动策划部、组织部、宣传部、外联部、后勤部等部门，明确各部门的职责和工作内容，确保在开展志愿服务活动时，各部门能够协同工作，高效完成任务。根据工作需要，适时对组织架构进行调整和优化，以适应不断变化的工作环境和学生需求。

（二）提高学生干部的素质和能力

1. 完善选拔机制

建立科学全面的学生干部选拔机制，明确选拔标准，注重考察学生的综合素质和能力。选拔标准应包括学习成绩、组织协调能力、沟通能力、责任心、团队合作精神等方面。选拔方式可以多样化，采用面试、笔试、实践操作、民主测评等多种方式相结合，全面考察学生的实际能力和综合素质。在选拔过程中，要确保选拔程序公正透明，严格按照选拔标准和程序进行选拔，选拔出真正有能力、有责任心、愿意为同学服务的学生干部。例如，在选拔学生会干部时，可以先通过笔试考查学生的基础知识和综合素质，再通过面试了解学生的沟通表达能力和应变能力，最后通过实践操作考核学生的组织协调能力和实际工作能力，综合评价后确定最终人选。

2. 加强培训体系建设

建立健全学生干部培训体系，制定系统的培训计划，丰富培训内容和形式。培训内容应涵盖思想政治教育、业务知识技能、领导力培养、团队建设等方面，全面提升学生干部的综合素质和能力。培训方式可以采用讲座、报告、研讨会、案例分析、实践锻炼、团队拓展等多种形式，提高培训的针对性和实效性。同时，要加强对培训效果的考核和评估，及时了解学生干部在培训中的收获和不足，以便调整和改进培训方案。定期举办学生干部培训班，邀请专业教师、优秀学生干部等进行授课和经验分享，针对不同岗位的学生干部设置相应的培训课程和实践项目。在培训结束后，通过考试、撰写心得体会、实际工作表现评估等方式对培训效果进行考核。

3. 加强思想教育和引导

加强对学生干部的思想教育和引导，培养学生干部的责任意识、服务意识和奉献精神。通过开展主题教育活动、座谈会、个别谈话等方式，引导学生干部正确认识自己的职责和使命，树立为同学服务的宗旨意识。加强对学生干部的道德教育，培养学生干部的良好品德和行为习惯，坚决杜绝以权谋私等不良行为的发生。例如：定期组织学生干部开展"不忘初心、牢记使命"主题教育活动，让学生干部深刻理解自己作为学生代表的责任和使命，增强为同学服务的自觉性和主动性；建立学生干部监督机制，对学生干部的工作作风和行为进行监督，对发现的问题及时进行批评教育和整改。

第四章

桂林理工大学“一站式”学生社区育人实践探索及典型案例

第一节 桂林理工大学“一站式”学生社区育人的实践背景与理念

一、桂林理工大学“一站式”学生社区育人空间的建设与发展

（一）桂林理工大学基本情况介绍

桂林理工大学始建于1956年，由中央与地方共建、以广西壮族自治区管理为主，是一所以工学为主，涵盖工、理、管、文、经、法、艺、农八大学科门类的多科性高等院校。经过60余年的建设发展，形成了研究生教育、本科生教育、高等职业教育、国际教育和成人教育协调发展的多层次教育体系。目前，拥有21个二级教学单位、68个本科专业和40个高职高专专业，涵盖博士后科研流动站、博士学位授权点和硕士学位授权点，形成了全面的人才培养体系。

在人才培养上，桂林理工大学注重学生的实践能力和创新精神，毕业生就业率连续多年保持在90%以上。学校积极推进卓越工程师教育培养计划，强化产学研融合，学生在各类学科竞赛中屡获佳绩，受到社会广泛认可，被教育部认定为“全国深化创新创业教育改革示范高校”，其创新创业教育与实践基地成为学生成长成才的重要平台。近年来，学校科研经费保持在2亿元以上，成果广泛应用于国家重大工程和重点领域，为生态环境保护、绿色产业发展等提供了有力支撑。此外，学校积极参与国际合作，与30余个国家和地区的100余所高校建立

了紧密合作关系，为人才培养和学术研究注入国际化视野。

在学生教育方面，共获得国家本科教学工程项目 28 项，包括国家级教学团队 2 个、课程思政示范教学团队 1 个、实验教学示范中心 2 个、精品课程 4 门、双语教学示范课程 1 门、精品视频公开课程 3 门、课程思政示范课 1 门、人才培养模式创新实验区 1 个、特色专业 5 个、专业综合改革试点项目 1 个、精品资源共享课 4 门、虚拟仿真实验教学中心 2 个、大学生校外实践教育基地 1 个；获得省级本科教学质量工程项目 130 项。另有“全国高校黄大年式教师团队”1 个。获高等教育国家级教学成果二等奖 2 项（主持 1 项、参与 1 项）、基础教育国家级教学成果二等奖 1 项；自治区教学成果奖近三届获奖 57 项，其中特等奖 2 项、一等奖 27 项（参与 4 项）；获得国家级“四新”项目 5 项。近年来，承担省级教育科研、教学改革项目 300 多项。教师主编、出版教材 250 多本，其中国家级规划教材 14 本，自治区级获奖教材 6 本，21 世纪系列教材 22 本，其他优秀、规划教材 51 本。获全国多媒体教学课件比赛特等奖 1 项、一等奖 17 项，全国高等院校英语教师教学基本功大赛一等奖 1 项，全国高校思想政治理论课教学展示二等奖 1 项，全国高校数学微课程教学设计比赛二等奖 1 项，全国教育教学信息化大赛一等奖 1 项、二等奖 2 项、三等奖 16 项。

（二）桂林理工大学“一站式”学生社区建设背景

党的二十大报告明确提出，要推进教育数字化，建设全民终身学习的学习型社会、学习型大国。习近平总书记在全国高校思想政治工作会议上指出，“做好高校思想政治工作，要因事而化、因时而进、因势而新”。高校“一站式”学生社区锚定学生成长新场域、管理服务新载体、“三全育人”新平台的功能定位，着力打造学生党建前沿阵地、“三全育人”实践园地、智慧服务创新基地、平安校园样板高地，积极响应新时代高校思政工作总要求。

2019 年第二十六次全国高校党的建设工作会议上，中央领导同志讲话强调，要针对大类招生、书院制等新情况给高校党建和思想政治工作带来的挑战开展研究。同年，教育部启动了“一站式”学生社区建设试点工作。教育部《关于深化本科教育教学改革全面提高人才培养质量的意见》指出，“开展‘一站式’学生社区综合管理模式建设试点工作，配齐配强学业导师、心理辅导教师、校医等，建设师生交流活动专门场所”。教育部《关于开展“一站式”学生社区综合管理模式建设试点工作的通知》明确首批 10 所入选试点高校，要求“通过‘一站式’综合管理模式建设试点，推动学生社区教育培养模式、管理服务体制、协同育人体系、支撑保障体系改革”。2020 年，教育部等八部门《关于加快构建高校思想政治工作体系的意见》要求，“将园区打造成为集学生思想教育、师生交流、文化活动、生活服务于一体的教育生活园地”。中共教育部党组、中共中央纪委机关、中共中央组织部、中共中央宣传部《关于加强高校党的政治建设的若干措施》提出，“着眼党建和思想政治工作对青年学生全员全息覆盖，实施‘一站式’学生社区综合管理模式改革”。2021 年，《关于深化“一站式”学生社区综合管理模式建设试点工作的通知》明确新增 21 所试点高校，要求创造新时代高校版“枫桥经验”，“在全部或部分试点领域形成面向全国高校可推广可复制的经验模式”。同年 12 月，高校思政网平台设立“一站式学生社区”专栏，定期推送高校“一站式”学生社区建设风采和优秀案例。2022 年，教育部再次强调要推进“一站式”学生社区综合管理模式建设，实现对 1 447 所自主试点高校的有效覆盖；2023 年，中央教育工作领导小组、教育部谋划实施“时代新人铸魂工程”，将“一站式”学生社区建设作为重要内容进行系统部署推进，完成全国 2 720 所应建高校全覆盖，实现了从试点到深化再到全面开花的跨越性迈进；2024 年，教育部发布《高校“一站式”学生社区综合管理模式建设提质增效指南(第一版)》，重点推进“一站式”学生社区建设内涵式发展。

(三) 桂林理工大学“一站式”学生社区育人空间建设基本情况

桂林理工大学深入贯彻习近平总书记关于教育的重要论述，充分认识“一站式”学生社区建设的时代价值，紧紧围绕立德树人根本任务，以“共建、共治、共享”的建设理念，打造具有桂工特色、体现“三全育人”“五育并举”要求、贴近学生实际的新时代“一站式”学生社区。

2020 年 5 月，桂林理工大学全面开展学生宿舍楼栋示范点建设，着力统筹谋划推进打造“浸润型”社区育人新范式。2022 年，桂林理工大学提出将“一站式”学生社区建设与构建高校思想政治工作体系、“三全育人”综合改革、党建示范创建和质量创优等重点工作深度结合，以“党委领导”强责任、聚合力，以“学工牵头”强体系、显特色，以“教师协同”强支撑、促长效，以“学生参与”强覆盖、育自觉，以“支部引领”强阵地、树导向，以“社团助力”强载体、建氛围，以“辅导员入驻”强机制、抓落实。学校投入专项资金 80 万元建设明园“一站式”学生社区(一期工程)，充分改造学生宿舍楼栋的架空层，因地制宜建成服务大厅、职业生涯工作坊、心理咨询工作坊、学业发展中心、党团活动室、思政大讲堂等育人场所。2023 年，桂林理工大学再次投入专项资金 150 万元，顺利完成嘉园“一站式”学生社区(二期工程)建设,并强调坚持系统性强化,用好党建引领新引擎,做到党组织全覆盖,着力构建"纵到底、横到边、全覆盖"的社区党建工作格局;坚持体系化提升,筑牢立德树人新阵地,做到育人力量全覆盖,明确各育人队伍在学生社区的角色定位,完善选聘、培训、管理、考核、激励机制,实现各展所长、功能互补、合力凝聚;坚持整体性推进,建好学生成长新场域,做到数字化全覆盖,在学生社区部署建设数字化基础设施,用大数据、人工智能、物联网等技术全方位优化学生管理工作体系,实现学生事务的业务协同、流程优化、精准管理。2024 年,桂林理工大学以《"一站式"学生社区综合管理模式提质增效指南》为指导标准,统筹学校建设经费 200 余万元,建成具有桂工特色、贴近学生实际的明园"一站式"学生社区(三期工程),着力打造职业选择能力体验中心、考研规划指导中心、资助育人实践基地、思政大讲堂、阅享空间、24 小时自习室、文体活动室、共享厨房 8 个育人场所,共计占地面积 2 000 多平方米。

经过四年三期工程建设,桂林理工大学现已建成"一站式"学生社区育人空间占地面积约 7 000 平方米,实现全校 54 栋学生宿舍楼、5 583 间宿舍全覆盖,服务全校近 30 000 名学生,将学生社区建设成了学生成长成才的另一个家,进一步疏通了思想政治教育工作"神经末梢",畅通育人工作的"最后一公里"。2021 年,桂林理工大学入选首批广西壮族自治区高校"一站式"学生社区综合管理模式建设试点单位;2022 年入选第一批广西壮族自治区高校"一站式"学生社区建设 A 类单位;2023 年获批广西壮族自治区高校"一站式"学生社区综合管理创新基地。建设"一站式"学生社区以来,桂林理工大学共接待教育部、教育厅及各高校领导专家调研参观 50 余次,工作成效得到上级领导部门的高度肯定,并被列入 2024 年广西壮族自治区教育厅厅长调研考察点、全区大中小学依法治校达标建设核验考察点、广西高校学(研)工部负责人培训班现场教学点等。

二、桂林理工大学"一站式"学生社区育人理念的引入与深化

"一站式"学生社区建设的发展逻辑是高等教育领域创新管理模式的重要体现。随着教育理念的更新和技术的进步,学生社区不再仅仅是一个居住空间,而是成为集学习、生活、娱乐、文化等多功能于一体的综合性平台,因此,"一站式"学生社区育人理念的诞生有着深刻且多元的背景。桂林理工大学通过整合校内资源,结合学校实际因地制宜分期建设"一站式"学生社区,将思想引领、学业咨询、就业指导、心理咨询、生活服务等在内的全方位服务下沉社区一线,不仅提高

了学生管理服务的效率和质量，而且提升了学生的归属感和满意度。

从时代发展的宏观视角来看，当代社会正以前所未有的速度发生着变革。信息爆炸使得学生接触新知识、新观念的途径更加多样，他们成长于全球化、信息化深度交融的环境，个体的需求也日益复杂、个性化。传统的以院系、班级为核心架构的育人体系，在时空维度上存在一定局限，难以紧密贴合学生日常学习与生活的每一个细微环节，无法精准满足学生在学业精进、心理健康、社交拓展、职业规划等方面的发展渴望。而“一站式”学生社区如同一个汇聚各方资源的“能量池”，将教育的触角延伸至学生课外生活的每一寸空间，全方位、立体式地为学生成长“保驾护航”。同时，高等教育自身也处于深刻的变革转型期。现代教育理念摒弃了单纯的知识灌输，转而追求知识、能力与素质的协同培养，倡导全员育人、全程育人、全方位育人的“三全育人”模式。学生社区作为学生课后闲暇时光最主要的汇聚场所，自然而然地成为“三全育人”模式要求落地生根的关键“试验田”。

为推进“一站式”学生社区育人理念深入人心，推动社区育人取得更大成效，助力学校育人工作高质量发展，桂林理工大学紧紧围绕立德树人根本任务，立足校情生情，在统筹推进“一站式”学生社区物理空间“硬支撑”建设的同时，精心谋划“一站式”学生社区的日常运行和使用，细化管理服务，推动各方力量全面入驻，为学生社区健康发展注入“软实力”。

1. 空间建构

“一站式”学生社区的物理空间由若干栋楼宇宿舍群、分众化社区空间和全校性公共事务区域共同组成，包括生活空间、学习空间、服务空间和文化空间等。其一是以宿舍为主体的生活空间。学生宿舍是“一站式”学生社区建设的基石，安排不同专业、不同年级的学生混合居住，促进学生之间的思想碰撞、学科交叉、专业融合。其二是以功能室为主体的学习空间。建设学业发展中心、思政大讲堂、心理驿站、职业规划室、24 小时自习室等公共空间，确保满足学生多样化的成长需求。其三是以入驻辅导员办公室为主体的服务空间。在学生社区为常驻辅导员、学业导师、学生组织设置专门的办公空间，以便他们开展思政教育和日常事务。其四是以庭院为主体的文化空间。在庭院、转角、连廊等公共区域布置党史教育、校训校风、朋辈榜样等文化标识，营造浓厚的社区文化氛围，打造涵盖多维育人功能的温馨环境。

2. 队伍入驻

“一站式”学生社区聚合辅导员、班主任、学业导师、校院领导、机关干部、离退休教师、校外导师和后勤保障人员等组成复合型育人队伍。专职辅导员全员入驻学生社区，整合人资源、管理育人空间、落实育人举措，开展思政教育和日常事务管理工作，与学生同吃同住同生活；班主任通过主题班会、知心谈话等，经常性开展学风建设、班级管理等工作，同时在社区配合开展思政教育工作；学业导师依托学业辅导室，定期在社区指导学生学业发展、项目实践等；校院领导在开学季、毕业季等重要时间节点深入社区一线，面对面接触学生，及时掌握、回应学生真实诉求；机关干部常态化入驻，精准对接社区发展实际需求，推动解决学生实际问题；聘请时代楷模、道德模范、国企骨干、退役军人等担任校外导师，促进学生的品行养成，指导学生的职业生涯规划；后勤服务人员入驻学生社区，保障社区日常运行。各支队伍入驻，在社区形成解决学生思想、心理、学业、生活等实际问题的育人合力。

3. 资源下沉

科学划分部门、院系、社区职责，把思政育人、科研育人、实践育人等资源汇聚到学生身边，为学生提供精细化、差异化、专业化成长服务，形成立体化育人格局。其一，引入思政育人资源。组织思政课教师深入学生社区开展教学，与辅导员同向同行、融合发展，在"社区课堂"切实讲好新时代故事；配备社区心理咨询师，建设社区班级心理委员、心理互动小组、宿舍长等学生团队，开展心理危机预防工作，促进学生心理素质提升。其二，凝聚科研育人资源。引进教学名师、学术大家，开展专业认知、科研训练等工作；组织基础课教师进社区，构建专业教师、辅导员、朋辈共同帮扶的学业辅导体系；规范第二课堂课程体系，在社区开设大学生综合能力提升课程。其三，整合实践育人资源。在社区设立志愿服务、勤工助学等劳动教育平台；开设美育实践课程，让学生在参与社区文化活动的过程中，汲取文化艺术精髓，实现美育内化于心、外化于行；拓展社区体育锻炼项目，培育学生的体育精神，增强学生的身体素质。

4. 数据支撑

记录与挖掘学生的学习生活、成长发展数据，打造集价值引领、成长助力、资源整合、纷繁化解于一体的"智慧桂工""数字桂工"育人工作矩阵，实时开展学情分析，提升社区育人精准性，向科学化、精细化、协同化治理迈进。以学生和辅导员信息两个数据库为基础，涵盖思政队伍、学生事务、第二课堂等业务模块，实现学生信息全面、学生工作高效、学生事务覆盖。教学质量实时监测平台通过建立信息采集、评价、督导、反馈机制，对影响课堂教育教学质量的要素进行结构化分析，实现量化精准、常态持续、全面覆盖的课堂教学综合评价，为社区学生学业整体研判、个性辅导提供数据支撑。大数据分析与服务平台通过定量化教育管理、个性化定制服务和前置性预警引导，在学生社区开展精准资助、精准帮扶和异常行为预警等，有效提升突发事件响应速度与干预效率，助力构筑平安校园。通过信息技术赋能，实现全程追踪、详细记录、科学评价，全方位展现社区学生综合能力提升及发展轨迹，既为学校精准开展学生思政教育提供靶向决策支持，又为用人单位对学生综合素质的评价提供参考依据。

5. 制度保障

"一站式"学生社区不断创新组织领导机制、社区党建机制、管理服务机制、队伍协同机制，保障社区育人新模式实施。其一，构建党委统一领导、党政齐抓共管、职能部门联动、学院积极参与的工作机制，统筹推进社区建设。打造全员参与的学生社区育人工作队伍，进一步梳理现有的领导班子联系党支部、联系班级、联系宿舍、联系社团、领导接待日等工作机制，出台管理办法，明确各育人队伍在学生社区的角色定位，完善选聘、培训、管理、考核、激励机制，实现各展所长、功能互补、合力凝聚。其二，持续深化推动党政领导干部、辅导员、班主任、专任教师等队伍，心理服务、生涯规划、就业创业等育人力量下沉、入驻学生社区。在社区成立功能型党支部推动社区党员网格化管理，强化党团组织和党员、团员的作用发挥，运用多种媒介和特色主题，将"大思政课"融入"一站式"学生社区的每一个角落，让思政教育实起来、动起来、活起来，以党建引领学生全面发展。其三，夯实管理服务机制，明确管理责任，定期研究学生管理服务、安全稳定等事项。其四，搭建队伍协同机制，推进学校、院系领导深入社区一线，规范专兼职辅导员、班主任、学业导师、校外导师等聘任制度，明确工作职责，健全激励机制，保障多支队伍形成合力，不断完善学生社区制度保障，推进"一站式"学生社区规范性、科学性建设，为学生的全面发展和健康成长保驾护航。

三、桂林理工大学"一站式"学生社区育人力量的构建与发挥

"一站式"学生社区建设的基本原则是学生社区在建设发展改革过程中，处理各层关系、解决各项矛盾、推进各项工作必须遵循的基本准则，体现着学生社区建设的价值性、时代性与规律性。学生社区育人力量总体上分为领导干部、思政骨干、专任教师、管理服务人员四大类。桂林理工大学牢牢把握"一站式"学生社区建设的基本原则，始终坚持"以生为本"，通过机制化汇聚多元社区力量、系

统化分类布局社区功能、多样化常态开展社区活动、特色化打造院系社区空间、一体化推进信息化建设等举措，充分调动和发挥社区育人力量。

（一）机制化汇聚多元社区力量

健全全员育人工作机制，打造一流育人队伍。一是践行"一线规则"，强化顶层设计，出台《桂林理工大学领导干部深入基层联系学生工作方案》等，严格落实各级领导干部深入社区一线联系学生制度。校领导主动带头入社区、进课堂，校党委书记讲授"第一堂党课"、校长讲授"开学第一课"，定期参加"校长有约""书记午餐会"等品牌活动了解学生思想动态，真正做"学生身边的书记、校长"。二是高标准锻造社区讲师团，建设一支政治素质高、结构合理的专家导师队伍，分模块组建"学习贯彻党的二十大精神宣讲团""青年讲师团"等，定期在学生社区"浸入式"开展思想引领特色品牌活动。三是高要求筑造党建育人新基地，以年级和专业为基础建立党支部、设置党小组，挂牌党员宿舍，组织学生社区党支部与各部门单位党支部结对共建，成立学生社区管理服务中心临时党支部、学生社区管理服务中心团支部和各学生社区社团团支部。

（二）系统化分类布局社区功能

充分挖掘利用空间资源，打造多样化主题资源功能区。一是打造思想价值引领"体验区"，聚焦坚定理想信念、培育践行社会主义核心价值观，依托社区"思政大讲堂"等育人空间开展"新生启航"思想引领教育、民族团结教育体验等课堂。二是建设特色文化"示范区"，聚焦以文化人、以文育人，建设"八桂书苑"一站式"悦读"空间，邀请北京师范大学冯刚教授等"阅读导师"现场开展国学经典诵读、读书分享会等活动 40 余次，形成浓厚的校园文化氛围，提升师生文化自信。三是建设能力提升"训练区"，聚焦增强综合素质、提升发展能力，依托心理素质拓展基地、大学生安全教育基地、教育部急救试点学校等硬件资源，开展沉浸式心理知识、安全知识学习和急救防护技能专业训练，培育学生树牢总体国家安全观；将辅导员工作室阵地转入社区，做到全员覆盖、全时保障，全面提升学生综合能力。

（三）多样化常态开展社区活动

充分发挥学生主体作用，鼓励学生积极参与社区、宿舍文化建设和社区公共事务管理工作。一是打造价值培育项目，学生社区管理服务中心依托一站式综合服务大厅主导社区平台管理和开展社区活动，打造特色社区文化节、"活力社区，出彩青春”社区文化节暨草坪音乐会、“三月三”民俗运动会、社区“礼仪之邦”培训课堂。二是定期开展学生社区防诈骗宣传教育活动，增强学生的反诈骗意识，持续筑牢反诈防骗守护网。三是挖掘社区劳动教育资源，实施社区绿植包干制，开展富有新工科风格特点的劳动教育，增强学生劳动意识。四是将心理育人工作融入学生社区整体建设中，举办全校大学生“3·25”心理健康教育活动季、世界精神卫生日系列活动等，提升学生心理素质，培育学生阳光心态，进一步强化学生的主人翁意识和责任感。

（四）特色化打造院系社区空间

充分发挥学院学科专业优势，将教学实践资源延伸到学科楼栋，创建各具特色的育人空间。一是建设学院教学实践资源，各学院结合实际打造“一院一平台”，如地球科学学院依托“大地之子”社区红色驿站成立“睛彩石榴籽”工作室和“生涯工作坊”、化学与生物工程学院实施“1246”工程等，形成特色鲜明的育人矩阵。二是开设学院师生互动课堂，依托学生社区功能性场地平台，设置心理咨询工作坊、罗盘领航职业生涯工作坊、学业发展中心、思政讲堂等阵地，常态化引入心理咨询、职业规划、科研指导、思政教育等专业力量，以社区学业导师为主要抓手，开展“巾帼红党支部党员名师一对一指导”“为理答疑”“党员生涯咨询师公益咨询”等特色活动，推进学业辅导进社区，为学生及时答疑解惑，将师生交流情况纳入教师考核晋升评价体系，推动学院“三全育人”常态化。三是夯实学院心理成长辅导阵地，建设“桂工心视界”综合性亲善平台，各二级学院全部建设“心理驿站”，构建心理健康教育平台保障、教学科研、咨询服务、预防干预、实践活动、科普宣传“六位一体”的工作格局，动态掌握学生成长数据画像，一对一开展个性化辅导，让学生普遍享有专业化、系统化、精准化、温情化的心理健康指导，推动学生全面成长成才。

（五）一体化推进信息化建设

坚持以学生需求为导向，强化信息化建设、引领智慧治理。充分利用智慧门禁人脸识别系统、“钉钉”平台等实现从手机端口到宿舍门口、家门口到校门口“一键”信息化管理。将门禁系统嵌入“钉钉”平台，打破校门和社区壁垒，动态掌握学生数据，实现对学生在校情况和社区通行情况精细化、智能化掌控，牢牢守住校园安全稳定。桂林理工大学根据实际需求在智能平台专门开发一键直报“接诉即办”应用程序，该程序囊括学生在校日常“衣食住行学”的方方面面，受理范围包括宿舍管理、食堂就餐、就医服务、校园安全等 14 个管理服务模块。通过 24 小时全天候开放诉求反映渠道，不间断收集整理学生的意见反映和诉求表达，随时了解意见反馈处理进度和相关部门的具体回复。同时，还在回复流程中设置督办机制，将事件处理结果同步抄送至相关部门负责人，并及时公布学生普遍关心的诉求处理进展，实现由"学生跑腿"到"数据跑腿"，由"学生四处跑"到"部门协同办"工作模式的彻底转变，做到"问题不积累、诉求不上交、矛盾不转移"，打造高校版"枫桥经验"。

第二节 桂林理工大学"一站式"学生社区育人的实践探索

一、桂林理工大学"一站式"学生社区育人实践的目标定位

"一站式"学生社区的建设和发展必须紧紧围绕"为谁培养人、培养什么人、怎样培养人"这些教育的根本问题，必须遵循思政工作规律、教书育人规律、学生成长规律。桂林理工大学"一站式"学生社区育人工作始终坚持"以学生为中心"，积极践行"一线规则"，始终锚定构筑学生党建前沿阵地、建设"三全育人"实践园地、争创平安校园样板高地、打造智慧服务创新基地，建设富有自身特色、贴近学生实际的"一站式"学生社区育人模式。

（一）构筑学生党建前沿阵地

办好我国高等教育，必须坚持党的领导。高校要把抓好党建工作作为办学治校的基本功，牢牢掌握党对高校意识形态工作的领导权，扩大党在青年学生中的覆盖面与影响力。桂林理工大学以"一站式"学生社区建设作为加强学校学生党建工作的重要体制机制创新抓手，在支部设置、党团活动、"四史"教育、理论宣讲上下功夫，实现社区党建引领横到边、纵到底、全覆盖，将学生社区打造成为学生党建前沿阵地。

一是实现党团支部全覆盖。高校基层党组织是党在高校战斗力的基础保障，将学生党团支部建在学生社区、覆盖楼宇宿舍，强化高校学生基层党组织的创造力、凝聚力与战斗力，是"一站式"学生社区发挥党建引领作用的重要前提。

成立社区功能型党支部，在不改变现有党组织关系的基础上，让社区党建工作成为传统党建工作模式的重要补充。

二是依托党团活动强阵地。社区党团组织联系学生最密切、服务学生最直接，是了解学生思想动态、回应学生日常关切、解决学生实际问题的重要窗口。“一站式”学生社区充分发挥“党团组织全覆盖”育人优势与组织优势，联系重大事件因时而进、结合学生需求因事而化、依托网络平台因势而新，着力打造理论有高度、思想有深度、内容有广度、情感有温度的社区党团活动。要以坚实的价值引导、科学的育人目的、切实的内容设计、系统的流程安排力克活动开展娱乐化、盲目化、形式化、碎片化等传统痼疾，以受众面广、影响力大、穿透性强的活动创新将党建引领贯穿社区，化日常生活园地为坚实教育阵地。

三是强化理论学习增信仰。理论创新每前进一步，理论武装就要跟进一步。用党的科学理论武装师生。一方面，依托学生社区推动“四史”（中国共产党党史、新中国史、改革开放史、社会主义发展史）教育常态化，用日常化、生活化的教育方式使“四史”入脑入心。历史是最好的教科书，卓有成效的“四史”学习可以帮助青年大学生把握发展规律、坚定科学信仰、勇担时代使命。“一站式”学生社区发挥平台优势，鼓励思政课教师、文史哲专任教师下沉社区为学生授课，同时组织学生社团、社区宣讲团采用线上线下相结合的方式讲好讲活“四史”故事。另一方面，依托学生社区讲好党的创新理论，让习近平新时代中国特色社会主义思想成为青年大学生认识世界、改变世界的强大思想武器，让大学生感受到其中的真理魅力与实践伟力。同时要做好党的二十大精神的理论宣讲工作，坚定学生理想信念。

（二）建设“三全育人”实践园地

做好学生社区思想政治教育工作，不能单纯地将社区作为思想解惑与政治引导的教育载体，而是要形成全员参与、全程跟进、全方位覆盖的育人体系，优化大学生日常生活学习的环境，改良其成长成才的精神土壤。高校“一站式”学生社区建设不仅是一种育人形式上的创新，更是一种育人生态的创新。

一是全员参与，让学生社区育人队伍壮起来。对于学生来说，学生宿舍不仅是生活场所，而且是专业学习、素质拓展、实践成长等必不可少的场域；对于辅导员来说，社区成为其开展日常管理与思想政治工作的新抓手，可以提升管理的实效性与日常思想政治教育的亲和力；对于专任教师来说，教书育人不只是课堂教学、班级管理等，还可以借助学生社区，使教育教学活动更加具有情景性；对于思政课教师来说，"一站式"学生社区是上好"大思政课"的重要平台，思想引领可以从课堂"出圈"走向学生生活这个更大的舞台；对于党政干部来说，与学生沟通不再拘泥于"午餐会""座谈会"等传统形式，可以下沉到社区倾听更广大群体的真实声音，方便及时了解一线情况；对于高校来说，建强"一站式"学生社区，不仅使思想政治工作体系的末端更加畅通、稳固，而且为推动党建创新、落实"三全育人"、建设平安校园等提供实践样板。因此，高校"一站式"学生社区建设既要覆盖全体学生，又要吸引全体教师职工参与，从而不断创造高校文化育人新生态。

二是全程跟进，让学生社区育人过程连起来。所谓"一站式"育人，就是要从头到尾，善始善终，将社区育人与学生成长节点相结合，把握学生发展的每一步，开展与其成长阶段相适配的育人活动。面对入校新生，要为学生上好"开学第一课"，引导学生了解校史校情、遵守校规校纪、发扬校风校训、适应校园生活、积极向党靠拢；面对大一学生，上好"发展第一课"，帮助学生走出"唯分数论"的单一评价体系，鼓励其参与校园活动、挖掘个人潜力、探索个人规划、力争全面发展；面对大二学生，上好"科创第一课"，帮助学生尽快找到专业学习的方法与节奏，培养学生的实践能力与创新精神；面对大三学生，上好"未来第一课"，帮扶学生做好考研考公、保研留学、就业创业规划，引导学生根据个人及家庭实际情况为未来选择合适道路；面对大四学生，上好"社会第一课"，帮助学生树立自信、勇敢、独立的心态，到更大的平台上施展才干，以四年所学去服务人民，奉献社会。

三是全方位覆盖，让学生社区育人环境好起来。人创造环境，同样，环境也创造人。"一站式"学生社区育人功能的发挥离不开良好的氛围环境。一方面，要推动"文化浸润"与"学生发展"相辅相成，进一步加强社区物质文化、精神文化与制度文化建设。学生社区要建设党员之家、多功能室、研讨空间等教育服务设施，完善育人空间、提升育人质量；培育优良的学风寝风，开展丰富的文体、教育、宣传活动，发挥精神文化的教化作用；以社区制度文化建设规范学生行为，鼓励学生积极进行自我教育、自我服务、自我管理与自我监督，在实践中养成良好的行为习惯与道德准则。另一方面，要推动"品牌活动"与"文化建设"同向同行，进一步激发社区文化活力。要加强社区人文环境的建设，着力打造学生公寓文化节、劳动周教育实践、中华优秀传统文化体验、红色文化宣讲、文艺展演等学生社区品牌活动，保障文化活动、文化产品的日常供给，不断丰富学生的精神世界。

（三）争创平安校园样板高地

2014 年 4 月，习近平总书记在中央国家安全委员会第一次会议上强调，"发展是安全的基础，安全是发展的条件”。对于高校而言，打造平安校园、保障安全稳定是开展人才培养的首要前提。随着高校办学规模的扩大，校内外治安情况日趋复杂。除了传统的校园安全，政治安全、国家安全、学生心理健康和网络舆情等问题也随着高校的开放与互联网的普及日益凸显。构建学生社区安全管理群防群治网络，将学生社区教育管理服务模式的“高效率”转化为校园安全稳定的“强保障”，着力打造平安校园样板高地，成为高校“一站式”学生社区建设发展的重要目标。

一是育人为要，做好社区安全教育。安全教育是社区“以生为本”建设理念的价值体现，也是提升学生安全意识与应对能力的重要方略。其一，完善社区安全教育组织。由学校安全稳定工作领导小组统筹全校的安全稳定工作，结合新生入学、冬夏用电高峰、国家安全教育日等重要节点下沉社区、宿舍开展安全教育。其二，完善社区安全教育内容，将人身安全、财产安全、政治安全、国家安全、意识形态安全、文明上网与心理健康教育共同纳入社区安全教育内容体系。其三，完善社区安全教育的制度体系，实现日常教育、网络教育、社区宣传、主题活动、应急演练、志愿服务的多维度推进。

二是师生协同，共筑社区安全防线。要充分培养社区学生爱校护校的主人翁意识，引导其积极参与自我管理与自我服务，与社区工作人员共同努力，建设平安、稳定、和谐的学生社区。其一，深入学生群体，做校园安全的“侦察兵”。社区学生党员在日常生活与学习中及时发现、记录、上报社区内的不良现象与不稳定信息；多关注互联网平台中的校内舆情，在关键时刻做到自觉引导、主动汇报。其二，组织师生力量，做校园安全的“守护人”。可以由保卫部门、后勤部门牵头组建社区学生服务队，协助管理人员加强校内巡防、维护社区秩序。其三，加强社团助力，做校园安全的“宣传员”。加强对学生社区的指导，鼓励其以青年人的话语和视角，通过线上线下相结合的方式，围绕国家安全、网络安全、反诈骗、反间谍等主题开展社区宣传教育活动。

三是完善机制，妥善处置社区突发事件。提升高校对突发事件的应急能力，是高校管理过程中重要且持续性的工作。“一站式”学生社区要建设更为完善的机制，为破解高校突发事件提供可行方案。其一，加强预案制定与社区演练。针对校园常见问题制定预警方案，发挥“一站式”学生社区在人员配备与思政工作方面的优势，防范化解可能出现的各种问题，尽量扼杀突发事件苗头。其二，做好善后处理工作。一旦发生突发事件，社区工作人员要迅速处理并及时恢复社区的运行秩序，社区心理咨询师要实时到位缓解学生的心理压力。其三，防止网络舆论的进一步发酵。社区工作人员、学生干部、党员要及时引导舆论、澄清真相、回击谣言，必要时，辅导员及其他党政干部要下沉到学生中去，做好安抚、教育工作，防止负面情绪的进一步蔓延。

（四）打造智慧服务创新基地

作为高校智慧化、数字化转型的试点前沿，"一站式"学生社区建设要积极运用先进技术，完善现代设施、整合数字信息、打造智能平台，用更为科学的方式精准研判社区学生的成长规律和学习发展需求，打造高校智慧服务的示范营地，为高校教育教学改革、人才培养创新、服务能力提升探索崭新路径。

一是"以生为本"，实现社区服务的"一站式"。一方面，推动分散式服务向集中式服务的转型，并在此基础上进一步探索"学校＋社会"综合服务的模式改革，鼓励更多校内外机构、部门入驻学生服务中心，缩短学生校内办事流程和办理时限，着力提高各类学生事项的一次办结率。另一方面，要引进自助服务设备，在学生社区设立 24 小时自助服务区，与线上服务紧密配合，让学生在寝室、在宿舍楼就能完成水电网络缴费、校园卡充值补办、成绩课表各类资料打印等日常服务。

二是革新理念，打造社区服务的新场景。学生社区服务不仅要聚焦于日常事务办理与基础生活服务两方面，更要着眼于结合时代发展与青年特点。一方面，建立健全学生社区管理体系和个性化服务机制，积极引导学生树立正确的世界观、人生观和价值观，推动他们在学习、生活和社交中健康成长。另一方面，通过开展丰富多彩的文体活动、志愿服务等，营造积极向上的学习氛围，丰富学生的课余生活，促进学生的全面发展。

三是科技助力，探索社区服务的精准化。"一站式"学生社区不仅汇聚着优质的教育服务管理资源，而且沉淀着学生日常生活学习的海量数据。社区要科学利用、充分挖掘这一宝藏，进一步探索大学生教育教学与成长成才规律。要以更为精准的社区教育服务实现科学教育与人文素养相结合、工程教育与实践能力提升相促进；以更为精准的生活服务满足每个学生的日常需要，扫清服务"盲区"，让社区建设更有温度。

二、桂林理工大学"一站式"学生社区育人实践的具体举措

"一站式"学生社区建设是一项集"一站式集成、网格化管理、精细化服务、信

息化支撑”于一体的复杂工程，其落脚点在于育人。近年来，桂林理工大学采取了一系列有力举措，紧紧围绕党建引领、队伍入驻、学生参与、服务下沉、文化建设、数字赋能等方面持续发力，全方位助力学生成长成才，推进“一站式”学生社区育人工作取得新成效，切实打通“育人最后一公里”。

（一）党建引领：切实加强学生社区思想引领

1. 健全多维度理论学习机制

依托“新时代讲习所”“青年马克思主义者培养工程”“习近平新时代中国特色社会主义思想青年学习社”，引领广大青年学生提高理论素养，增强政治坚定性和自觉性。积极探索党支部书记轮训机制、先锋学子（学生党员）培训机制、入党积极分子培养体系，从线上理论知识交流到线下实践体验教育，多渠道、多阵地、多形式推动新思想进社区、进寝室、进头脑。

2. 构筑网格化党建管理模式

建立健全“一站式”学生社区项目建设领导小组工作机制，推动校院协同的社区党员管理机制，构建分片区、分楼栋、分楼层组织分工体系和责任落实体系，在疫情防控常态化工作中充分发挥党支部战斗堡垒作用和党员先锋模范作用。推进主题教育常态化、制度化，切实加强“三会一课”等党内组织生活制度的贯彻落实。落实学校、职能部门、院（系）领导干部深入社区一线联系学生制度，建立社区党支部工作联系点，每季度至少与所联系党支部共同参加 1 次组织生活或主题党日活动。

3. 锤炼精品化党建品牌和基地

发挥好现有“样板党支部、党支部书记工作室、组织员工作室”等党建品牌的作用，增强品牌的认同度、感召力、示范性。大力推动主题化精品党员之家建设工程，建设“桂工精神”“到祖国最需要的地方去”等底色鲜亮、特色鲜明、风格多样的主题党员之家。充分发挥“五老”（老干部、老战士、老专家、老教师、老模范等退休人员）优势开展“一站式”思政教育活动。组建“党史学习教育宣讲团”“青年讲师团”“优秀大学生报告团”，在学生社区浸入式开展党史学习教育、朋辈榜样宣讲等思想引领特色品牌活动，充分发挥社区党组织的思想引领和党员个人的示范引领作用。

4. 打造引领性党建育人生态

建立“支部 1+1”计划，由各学院选派高年级本科生党支部或研究生党支部与社区学生团支部结对共建，针对新生适应大学的实际需求，开展点对点帮扶工作，全面提升结对联系实效性。建立思想政治理论课教学名师工作室进社区机制，积极推动思政工作队伍与思想政治理论课教师在社区深度融合，构建思想政治理论课、专业教育课、综合素养课与系列讲座“四位一体”的教学体系，引导教师推进慕课、微课堂、专题讲座等进社区，以案例式、情境式和启发式等教学方法强化思想政治教育效果。

（二）队伍入驻：全力建设专业化全员育人队伍

“一站式”学生社区的各类进驻队伍坚持“一线规则”，全面落实“人在一线”“心在一线”“思在一线”“干在一线”，切实做到和社区学生常态化联系交流，解决学生思想、心理、生活、就业等方面的实际问题，切实把思想政治工作做到学生的心坎上。

1. 配齐建强全员育人队伍

不断深化8支导师队伍[党政干部导师、专业导师、常任导师（专兼职学生辅导员）、朋辈导师（优秀学生干部或党员骨干）、离退休导师（关工委老同志和老教授、老科技工作者协会会员）、校外导师（校企、校政合作单位知名人士）、校友导师（知名校友）、生活导师（宿管和后勤主要职工）]进驻社区机制，明确各育人队伍在学生社区的角色定位，完善选聘、培训、管理、考核、激励机制，实现各展所长、功能互补、形成合力。

2. 深化培养驻社区专兼职人员

建立青年学术骨干进驻“一站式”学生社区挂职机制，校院两级领导和职能部门负责人带头担任学生社区“片区长”“楼长”，校领导每月至少面对面与学生交流2次，及时了解学生思想、学习、生活、发展等方面的实际问题。选派专职辅导员入住学生社区，设置专职辅导员学生社区办公场所，做到与学生同吃同住同生活，做到全员覆盖、全时保障，同时选聘党团干部、思想政治理论课教师和优秀青年担任学生社区兼职辅导员。

3. 加强引进卓越教育资源

依托学生社区功能性场地平台，在学生社区常态化引入心理咨询、职业规划、科研指导等专业力量，每个学生社区选拔10名优秀专任教师担任学生社区学业导师，指导学生学业发展、科研训练、项目实践、生涯规划等，每月一对一交流不少于2次，满足学生个性化需求。依托学生社区党支部工作联系点，校院两级领导干部每季度至少到所联系的党支部参加1次组织生活或主题党日活动。结合重大事件节点或节日，邀请党政领导干部以及“五老”等先进群体进入社区开展教育活动。

(三)学生参与:切实发挥社区学生主体作用

1. 强化党对学生组织的领导

加强党组织对学生组织的领导,以党学一体化建设深入推进社区各类学生组织改革,遴选党员、入党积极分子担任学生社区管理服务中心主要学生干部。建立学生组织临时党支部机制,建立功能型党支部,加强政治学习,加强学生干部培养考核,明确以服务和贡献为导向的激励约束机制,弘扬集体主义精神和奉献精神。

2. 打造学生社区品牌活动

培育学生社区特色文化,鼓励学生积极参与社区、宿舍文化建设和社区公共事务管理工作。大学生宿舍自我管理委员会依托“一站式”学生社区平台主导社区管理和开展学生社区活动(社团活动、志愿服务、勤工助学、实践锻炼等),打造社区文化节、社区读书日等社区品牌活动,丰富学生的课余生活,充分发挥学生在朋辈教育帮扶、校园文化营造等方面的作用,每季度至少组织1次社区层面的专题活动。挖掘社区劳动教育资源,开展富有新工科风格特点的劳动教育,增强学生劳动意识。努力将学生社区建设成为学生自我教育、自我管理、自我服务、自我监督的育人平台。

(四)服务下沉:不断夯实“以生为本”的服务供给

1. 建设“一站式”学生服务大厅

“一站式”学生服务大厅分成四个区域:VR(虚拟现实)体验区,为学生提供党建和思想政治引领的沉浸式体验;事务办理区,为学生提供教育管理、业务预约办理等多项服务;成长创意区,为学生提供思政文化育人项目孵化研发的专门空间;学生活动区,为学生提供举行党日团日、主题班会、素质拓展、讨论交流、表达能力提升训练等活动的空间。通过“一站式”学生服务大厅的建设,更好地将党建和思想政治教育引领压实到学生一线,满足学生成长发展需求,提高文化育人效能和学生满意度。

2. 搭建个性化发展平台

实施学生活动空间改善工程,分批建设社区功能室。在学生社区整合建设党团活动室、心理咨询站、学业辅导室、自习室、社区服务中心、自助洗衣房、健身房、自助式公共厨房等场所,完善学生社区硬件设备及物理配套,优化学生社区物理空间，打造功能齐全、设备先进的公共物理空间，充分满足学生阅读、研讨、咨询、展示、健身、休闲等需求，满足社区学生多样化、个性化的思想学习生活需求。

3. 邀请学术大师、知名人士进驻

邀请国内外学术大师、专家、知名企业家，在学术研究、生产实践、教育教学、文艺体育等领域具有突出成就和贡献的学者专家等入驻社区，使学生有机会与学术大师、知名人士面对面交流，建立实体的导师工作室，进一步提升学生社区思政工作吸引力和影响力。

（五）文化建设：全面营造育人导向的社区文化

1. 强化“桂工精神”内涵辐射建设

大力推动社区传承“桂工精神”，大力鼓励、倡导校内各单位将具有桂工特色的文化向社区辐射。推动社区内生文化成长，促进社区微文化生态形成。每个楼栋根据专业不同、方向不同，打造专属的楼栋文化建设，形成文化沉浸和情感体验。在开展“一站式”教育管理服务的过程中，根据学科背景和兴趣爱好，营造符合自身特点的学生社区文化，并在党建引领下，通过良好的社区文化环境培育和践行社会主义核心价值观。

2. 不断优化贴近学生的文化表达

加强典型引领，以先进事迹报告会、新媒体推送等方式，宣传一批信念坚定、勇攀高峰、爱岗敬业、担当有为的身边典型和时代楷模。在社区建设若干文化基地，发挥声像资料、人物介绍、书画作品、留存物品等有形、可感、可视、可触摸、可传播的作品的文化感染、浸润作用，推动作品创作，拓展传播渠道。运用好社区电子显示屏、宣传橱窗、官方新媒体平台等传播阵地，讲好中国故事、桂工故事。

3. 组织社区学生参与基层社会实践

实施大学生实践育人“百千万”（百名学子看世界、千名学子看中国、万名学子看广西）工程，“一站式”学生社区创设条件让社区学生深入基层探民情、走出国门看世界，引导广大学生拓宽国际视野，提高实践能力。分层分类建设科技实践、社情民情、国际交流等学生社会实践基地，促进思政小课堂与社会大课堂的深度融合，形成立体化育人格局。

（六）数字赋能：构建高效灵敏的应急反应机制

1. 优化数据共享：助推精准思政下沉社区

桂林理工大学深入推进“智慧校园数据治理与服务”项目建设，以“钉钉”智能平台和校园“一网通办”平台数据为基础，搭建大数据中心分析和服务平台，汇聚共享学生在校期间各方面的数据资源，包括生活数据、成绩数据、图书借阅数据、第二课堂数据等，以夯实数字基建、建设数据底座、拓展数字应用、构建数智生态为手段，应用人工智能、大数据等技术，在教学、科研、管理、服务等领域创建可信、安全、健康的数据服务生态体系，搭建学生动态可视化关爱大屏和成长大屏。

2. 深化同题共答：联动职能部门协同发力

依托数字化、信息化平台建设，在“钉钉”智能平台专门开发一键直报“接诉即办”应用程序，使学生诉求问题反馈从线下逐个跑职能部门“发卷求答案”，向相关职能部门线上主动“领卷作答”转变，联动职能部门同向发力解难题，着力解决学生意见诉求反映与常规回复渠道之间不畅通的结构性矛盾。24 小时全天候开放诉求反映渠道，将学生诉求工单式派发、督办式跟进、客服式回访，保证学生的“急、愁、难、盼”琐事苦事烦心事，件件有落实、事事有回应。

3. 强化同频共振：推动学生事务高效办理

学校发挥数智平台工作优势，按照“从简从快”的工作原则为学生办理相关事务。利用“钉钉”智能平台搭建“一站式”集成线上办理模块，将日常需要线下办理的学生事务尽可能移植到线上小程序办理，打破学生跨社区、跨楼栋的物理时空限制，着力推动学生事务办理模式从“面对面”向“键对键”转变，提高事务办理效率。

三、桂林理工大学“一站式”学生社区育人实践的创新发展

桂林理工大学紧紧围绕立德树人根本任务，将打造“一站式”学生社区建设作为推进“时代新人铸魂工程”的重要行动，以“五化”(标准化、正常化、精细化、体系化、规范化)建设推动“五力”(胜任力、执行力、贡献力、凝聚力、影响力)赋能，逐步形成一站式集成、精细化服务、信息化支撑、网格化管理的学生社区综合管理模式。

(一) 强化机构协同一体化，增强社区公共服务的供给力

一是部门合力共建。学校党委坚持把“一站式”学生社区建设作为“一把手”工程来抓，由校党委书记和校长担任学校“一站式”学生社区建设工作领导小组组长，通过整合学生管理、党团文化、教学科研、后勤服务等各个环节、各个部门资源，形成党委统筹部署、各部门协同推进、学院积极参与的“一站式”学生社区

建设格局。

二是领导带头指导。制定《桂林理工大学"一站式"学生社区建设实施方案》《领导干部深入基层联系学生工作实施方案》等10余份文件，校领导每学期深入学生社区，为学生讲授"开学第一堂党课""开学第一课"，定期开展"校长有约""书记下午茶"等活动，给予学生陪伴式的成长指导。

三是团队深入引领。建设一支政治素质高、结构合理的专家导师队伍，其中学校中层党政领导57人、专业教师92人、辅导员班主任等231人。分模块组建"学习贯彻党的二十大精神宣讲团""青年讲师团"等，定期在学生社区浸入式开展思想引领特色品牌活动，建立"你选，我讲，送课进宿舍"的社区教育新模式，累计开展思想引领特色品牌活动600余场，受益学生2.7万余人次，全面提升社区服务学生思想、学习、生活、成长等方面的供给力。

（二）探索党团培养全程化，增强社区党建工作的引领力

一是制定党建团建引领计划。加强学生社区党团组织建设，切实发挥党团组织在学生社区建设中的把关定向作用。在学生社区设置学生功能型临时党支部3个和功能型团支部3个，推动实现学生社区党团组织全覆盖，把学生社区打造成坚强有力的基层战斗堡垒。

二是师生党支部结对共建。打造"双百"结对工程，推进教工党支部和百个学生党支部结对、党员领导干部与百名学生结对，以结对共建为纽带，推动思政育人力量下沉社区，实现组织互建、党员互动、活动互联。

三是设立党员先锋岗。在一站式服务大厅设置党员示范岗，开展党员先锋宿舍评选、党员示范宿舍挂牌等活动，引导学生党员主动亮明身份、积极担当作为，切实发挥党员先锋模范作用。

四是建立社区党员考察机制。探索推行学生社区表现积分制度，将学生在社区的表现情况纳入团员入党推优、入党积极分子考察、预备党员预备期考察、党员民主评议等考察体系，定期向党团组织推荐优秀学生入党入团，为党团组织输送优质后备力量。

（三）实施阵地功能项目化，增强社区参与主体的内生力

一是建设思想价值引领"体验区"。聚焦坚定理想信念、培育践行社会主义核心价值观，依托社区"思政大讲堂"等育人空间开展"新生启航"思想引领教育、民族团结教育体验等课堂，年均覆盖党团班400余个、学生2万余名。

二是打造特色育人文化“示范区”。聚焦以文化人、以文育人，建设“八桂书苑”一站式“悦读”空间，邀请知名专家学者到学生社区开展国学经典诵读、读书分享会等活动40余次，形成浓厚的社区文化氛围，增强师生文化自信。

三是培育素质能力提升“训练区”。聚焦增强综合素质、提升发展能力，创建心理素质拓展基地、大学生安全教育基地、教育部急救试点学校，沉浸式开展心理健康、安全体验和急救防护技能专业训练，助力学生树牢总体国家安全观。将10余个辅导员工作室阵地转入社区，做到全员覆盖、全时保障，激发学生参与社区活动的内生动力。

（四）推动社区服务智慧化，增强社区学生成长的自主力

一是信息化管理护航。利用人脸识别门禁系统、“钉钉”平台，实现从手机端口到宿舍门口、家门口到校门口“一键”信息化管理，打破校门和社区壁垒，实现对学生在校情况和社区通行情况精细化、智能化掌握，牢牢守住校园安全稳定底线。

二是模块化管理服务。按照“能简尽简、能快尽快”的工作原则，精准对接学生需求，利用“钉钉”智能平台建立一站式集成线上办理模块，将一些需要线下办理的学生日常事务移植到线上小程序办理，打破学生跨社区、跨楼栋的时空限制，着力强化学校各职能部门协同管理向心力，推动学生事务办理模式从“面对面”向“键对键”转变，提高事务办理效率。先后开发心理咨询预约、宿舍调换申请、学生证（团员证）补办、宿舍安全检查、晚归登记、在线查寝等44个程序，提供一揽子便携式生活服务，让学生少跑腿、让数据多跑路，助力提升学校治理体系和治理能力现代化水平。

三是精细化管理回应。在“钉钉”平台专门开发“接诉即办”热线，精细设置10余项问题上报分类，不间断收集整理学生反映意见，将学生诉求工单式派发、督办式跟进、客服式回访，及时公布学生普遍关心的诉求处理进展，做到问题不积累、诉求不上交、矛盾不转移。

（五）推进社区管理网格化，增强社区平安建设的掌控力

一是织密管理体系。实施“校—院—辅导员—班长—宿舍长”五级社区网格化管理体系，建立健全“学校领导—职能部门管理干部—辅导员”三级值班制度，实现“人在网中走、事在格中办”的效果。

二是下沉一线驻点。落实辅导员在社区轮岗值班值守制度，指导学生开展

社区文化活动，设置专职辅导员学生社区办公场所，推动辅导员与学生同吃同住同生活，同时选聘党政干部、思政课教师担任兼职辅导员，实现社区网格化人员配备，全方位保障学生社区的和谐稳定。

三是鼓励自我管理。组建大学生自我管理委员会等学生组织，进一步发挥学生主体作用，支持和鼓励学生积极参与社区管理服务和活动组织等，引导学生在自我管理、自我服务、自我教育、自我监督中成长成才。

展望未来，"一站式"学生社区建设要站在高处，以明确的目标做好顶层设计；要谋在细处，以坚定的原则把牢育人方向；要干在实处，以踏实的工作强化重点内容。

第三节 桂林理工大学"一站式"学生社区育人的典型案例

案例一 一体五维，赋能驱动构筑"一站式"学生社区育人"新高地"

桂林理工大学自成功入选广西壮族自治区首批"一站式"学生社区综合管理模式建设试点高校以来，紧紧围绕落实立德树人根本任务，以社区为重要阵地，以党建为引领，探索开展思想引领、民族团结、就业指导、志愿服务、朋辈帮扶育人活动，构建起"一体五维、赋能驱动"育人新模式，将学生社区打造成为"三全育人"实践园地。

（一）发挥文化阵地作用，"党建＋思想引领"守初心

学校将社区打造成文化育人重要阵地，加强学生思想政治教育，引领社区新风尚。一是将思想政治教育融入日常，组织学生观看新闻联播、诵读红色经典，激励学生坚定理想信念。二是积极推进廉洁文化阵地建设，在学生社区打造廉洁书画走廊，让学生处处见廉，时时思廉。三是开展星火露天影院观影活动，抓住关键时间节点，播放《我和我的祖国》《雷锋》《长津湖》等爱国主义电影，营造红色文化氛围，在丰富学生理论知识的同时，激发学生爱党爱国（图 4-1）。

（二）加强团结进步教育，"党建＋民族团结"勇探索

学校在社区设立"晴彩石榴籽"工作室，探索民族团结进步教育新模式，铸牢

图 4-1　嘉园“一站式”学生社区开展红色观影活动、打造廉洁书画走廊

中华民族共同体意识。一是开设“民族团结进步教育微课堂”专栏，开展“民族团结一家亲，同心共圆中国梦”主题教育活动，夯实思想根基。二是紧扣“壮族三月三”主题，在社区开展主题团日活动，让学生充分领略不同民族文化特色。三是推动社区活动走向校外，与桂林市少数民族服务中心结对共建，开展民族团结社会实践，让学生在实践中体悟民族团结。学校毕业生踊跃报名大学生志愿服务西部计划志愿者，在新疆、西藏、广西等地发光发热(图 4-2)。

(三) 发挥敬业奉献精神，“党建＋就业指导”善作为

学校在社区设立罗盘领航生涯规划工作坊、就业指导活动室、网络面试室，实现精准指导，陪伴学生全面发展。一是开发“我的启航计划”“我的掘金计划”“我的远航计划”“就业加油站”“电影与生涯”等团辅项目，累计举办 20 余期，参与学生累计 1 000 余人，解决学生“急、难、愁、盼”需求。二是引导党员导师团队下沉学生社区，定期开展求职公益个体咨询，服务学生 1 000 余人。学校就业指导举措获中国新闻网等媒体报道，撰写的工作案例获广西壮族自治区区高校思想政治工作优秀工作案例三等奖(图 4-3)。

图 4-2　嘉园“一站式”学生社区“睛彩石榴籽”工作室开展民族团结微课

图 4-3　明园“一站式”学生社区罗盘领航生涯规划工作坊

(四) 发挥党员先锋作用,“党建＋志愿服务”担使命

学校以服务引领为主题,充分发挥师生党员力量,使其下沉学生社区,助力学生成长。一是每年聘请优秀教师作为社区学业导师,定期在社区开展课程答疑、考研辅导等学习辅导活动,有针对性地帮助学生提高学习成效。二是创新建立“ONE 个锤子——体验式教育中心”,在社区开展“重走长征路”“构建同心圆”“大步向前冲”“共筑中国梦”等优质的趣味性体验式教育活动,并打造“社区智力运动会”“社区趣味运动会”“社区草坪音乐节”等特色活动,让学生在感受红色文化的同时愉悦身心,培育积极心态,累计开展公益体验活动 20 余场,受益学生

1 000 余人。三是在社区设立辅导员和主要学生干部的工作值班点，累计服务时长 1 000 余小时(图 4-4)。

图 4-4 师生党员下沉学生社区开展活动

(五) 发挥学生骨干作用，“党建＋朋辈帮扶”争先锋

学校充分发挥朋辈导师协同互助作用，促进学生成才。一是聘请优秀学子在社区开设“学霸补习班”，围绕英语四级、考研复习、专业课备考等专题连续开展线上、线下经验交流等活动 20 余次，受益学生 1 000 余人，形成朋辈互助帮扶的学习模式。2023 年，学校本科毕业生考研录取率达 15.73%，提前完成学校第三次党代会设定的考研目标，录取人数和录取率再创历史新高。二是学校成立学生自我管理委员会，主要由学生党员、学生干部、退役士兵等朋辈力量组建而成，在社区教师的指导下全方位参与社区工作，用心用情服务同学，帮助学生培养自我管理能力，“零距离”反映和解决好学生的实际问题(图 4-5)。

图 4-5 朋辈导师在学生社区开展学业帮扶活动

案例二 “三个突出”打造精品讲堂，推动党的二十大精神“声”入人心

习近平总书记在中国人民大学考察时指出：“思政课的本质是讲道理，要注重方式方法，把道理讲深、讲透、讲活。”桂林理工大学始终围绕立德树人根本任务，积极打造“三全育人”体系，依托明园、嘉园“一站式”学生社区打造浸润式精品讲堂，把思想政治教育工作做到学生心坎上，持续推动党的二十大精神深入人心、落地生根。

(一) 突出体制机制强协同，打造协同育人共同体

一是强化顶层设计，坚持高位推动。学校紧紧围绕立德树人根本任务，不断夯实基础，突出重点突破，重视建章立制，推动责任到位。学校成立了以校党委书记、校长为组长的“一站式”学生社区综合管理模式建设工作领导小组，形成了“学校党委学工(部)处牵头建设＋学院学工负责日常运行＋党团组织全面引导＋学生积极参与”的四方协同联动育人机制。

二是强化制度落实，推动教育下沉。学校党委坚持以高标准打造社区讲堂，制定了《桂林理工大学“一站式”学生社区综合管理模式建设总体方案》《桂林理工大学领导干部深入基层联系学生工作方案》等制度，高规格完成社区管理模式软硬件建设，高标准严格落实各级领导干部深入社区一线联系学生制度，高水平积极推进学生社区理论学习教育常态化(图 4-6)。

三是强化党团协同，推动联动互促。推动落实校、院协同的社区党员管理机制，开展“支部 1＋1”帮扶工程，由各学院教工党支部与学生党支部、社区党支部与社区学生党支部结对共建，针对新生适应学习生活和高年级学生生涯规划的实际需求，党支部倾心服务，以最新理论成果要求开展点对点帮扶工作，全面加强结对联系实效性；探索入党积极分子、预备党员培训机制进社区，组织学生参与讨论会、座谈会、报告会等形式的党的二十大精神学习活动，采用多渠道传播、多阵地覆盖、多形式展现的方式，促进理论思想深入社区、进头脑。

(二) 突出分层分类强引领，锻造思想引领主阵地

一是坚持党政干部“领学”。校、院两级党政领导干部带头践行“一线规则”，深入学生社区讲党课。自 2021 年 11 月以来，先后开展校党委书记“开学第一堂党课”、校长“开学第一课”和学院“党政干部讲党课”，累计举办专题党课 110 余场，切实发动党政干部带头宣讲党的二十大精神，打通党的最新理论成果宣讲覆

桂林理工大学
党委学生工作部学生工作处

桂林理工大学“一站式”学生社区
综合管理模式建设总体方案

为全面贯彻落实教育部等八部门《关于加快构建高校思想政治工作体系的意见》（教思政〔2020〕1号）、教育部思想政治工作司《关于深化“一站式”学生社区综合管理模式建设试点工作的通知》（教思政函〔2021〕7号）、自治区教育厅《关于公布首批全区高校“一站式”学生社区综合管理模式建设试点高校名单的通知》（桂教思政〔2021〕33号）、自治区教育厅《关于加大力度推进高校“一站式”学生社区综合管理模式建设工作的通知》（桂教思政〔2022〕6号）等文件精神，全面实现学校“一站式”学生社区综合管

桂林理工大学
学生工作部（处）文件

桂林理工大学“一站式”学生社区综合管理
模式建设工作领导小组

一、“一站式”学生社区综合管理模式建设工作领导小组

组　长：邓　军　党委书记
王敦球　党委副书记、校长
副组长：吴志强　党委副书记
成　员：唐壮东　党委常委、组织部部长
叶　昊：党委常委、宣传部部长
邱　杰：党委常委、统战部部长
张成龙：校长助理、党委办公室主任、校长办公室主任
华桂林：纪委副书记、纪委办主任、监察室主任
冯广辉：学工部部长、学工处处长

桂林理工大学文件

桂理工〔2021〕5号

关于印发《桂林理工大学领导干部深入基层
联系学生工作方案》的通知

四、重点任务

学校领导和中层干部要主动进课堂、进班级、进宿舍、进食堂、进社团、进讲座、进网络，深入一线联系学生，体察学生之情，了解学生之意，全面掌握学生的思想、学习和生活实际，增强思想政治教育工作的针对性、实效性。

（一）学校领导干部层面。

学校领导班子成员每学期至少给学生讲1堂思想政治理论课或形势政策课；每周至少“面对面”接触学生1次；倡导校领导担任学生班级班主任，或联系1个学生班级或1个学生宿舍或1个学生社团。

图4-6　《桂林理工大学“一站式”学生社区综合管理模式建设总体方案》《桂林理工大学领导干部深入基层联系学生工作方案》等制度

盖“最后一公里”(图4-7)。

二是善用思政队伍“促学”。建立思政理论课教学名师工作室入驻社区机制，积极推动思政工作队伍与思政理论课教师在“一站式”学生社区形成合力，构建思想政治理论课、专业课课程思政、综合素养课与成长成才系列讲座四位一体的党的二十大精神宣讲教学体系。同时，定期组织全体专兼职辅导员进行集体备课，不断提升辅导员阐释与宣讲党的创新理论的能力，并通过“热点面对面师生互动宣讲”、原创“辅导员说”系列微课等方式下沉学生社区，营造学习宣传党的二十大精神的浓厚氛围。

三是推动朋辈力量“研学”。引导学生践行自我教育、自我管理和自我服务的理念，组织学生组织、社团开展社区文化建设，鼓励学生积极参与社区、宿舍文化建设和社区公共事务管理工作，理论和实践案例相结合宣讲党的二十大

图 4-7　校党委书记、校长践行“一线规则”，深入学生社区讲党课、“开学第一课”

精神；指导学生共同搭建“微课堂”“微分享”等朋辈交流平台，打造“优秀学生报告团”“青年马克思主义者”培育工程品牌，定期组织学生宣讲团成员在本院、社区开展联学联讲活动。累计有 3 600 余名学生参与研学，充分发挥社区学生主体作用。

（三）突出线上线下强融合，构建思政工作新格局

一是线下盘活资源，擦亮育人品牌“新名片”。学校聚焦基层党组织需求和广大青年学生的不同特点，整合校内优质思政教育资源，建设了一支由校领导、党务干部、宣讲团、校内外知名专家学者、优秀学生党员组成的政治素质高、经验丰富、结构合理的讲师团，分模块组建了“学习贯彻党的二十大精神宣讲团”“党史学习教育宣讲团”“青年讲师团”“优秀大学生报告团”，定期在社区讲堂浸入式开展党的二十大精神宣讲、党史学习教育、朋辈榜样宣讲、党员生涯咨询师公益咨询等思想引领特色品牌活动。自 2021 年 11 月以来，累计开展思想引领特色活动 600 余场次。

二是线上拓宽新路，打造数字赋能“云空间”。聚焦“智慧校园”建设，积极营

造贴近学生的特色文化氛围，发挥“网、微、端、屏”等平台优势，充分利用社区内的电子显示屏、宣传橱窗以及官方的新媒体平台等渠道，通过“微宣讲”“云宣讲”“微故事”等形式讲好中国故事、桂工故事；“让墙面说话”，以可视化、可互动的模式发挥文化感染、浸润作用，传递育人理念、榜样事迹、先进精神等，达到“润物细无声”的育人效果，更好地满足学生需求，激发学生学习党的创新理论的积极性、主动性，形成线上线下交叉相融互促的思想政治教育生动局面（图 4-8）。

图 4-8 “一站式”学生社区内“让墙面说话”

案例三 “桂飘书香，‘工’读经典”——“四位一体”全民“悦”读书香社区

“希望全社会都参与到阅读中来，形成爱读书、读好书、善读书的浓厚氛围。”习近平总书记对深入推进全民阅读、建设“书香中国”寄予厚望。桂林理工大学结合自身办学特点，充分发挥“一站式”学生社区贴近学生、服务学生的优势，为师生营造舒适阅读环境、选配优质阅读团队、遴选经典阅读内容、创新多元阅读形式，构建具有桂工特色的“四位一体”全民“悦”读书香社区，扎实推进全民阅读活动，打造学生社区阅读文化新品牌。

（一）空间打造强基础，构建“悦”读社区新阵地

一是精心打造社区阅读“旗舰空间”。学校“一站式”学生社区以“八桂书苑”为旗舰，在社区内建成占地约 300 平方米的“悦”读空间，集阅读学习、展示交流、聚会休闲、创意生活多功能于一体，存放文化类、专业类、红色经典等各类书籍 2 000 余册，强化了学校文化育人的氛围。在“悦”读社区的带动下，各二级学院依托专业特色建成各类读书角、红色书屋等 30 余处，在全校范围内兴起了爱读书、读好书、善读书的热潮。

二是创新阅读服务“专享空间”。社区“悦”读空间为满足大学生的个性化阅读需求，实现从阅读到“悦”读的转变，设立党建活动区、自助阅读区、学习成果展示区、阅读分享区、教师服务区、特色文化区、休闲服务区等，并依托社区阅读阵地，建设朗读亭、英语角等数字化设备，提升数字阅读服务能力，为师生读者带来私人定制般的专享阅读新体验。

三是积极开拓区域特色“民族文化空间”。充分挖掘区域与学校文化底蕴，精心挑选出关于中华优秀传统文化的书籍、资料、报刊等资料上百册，设置民族文化主题阅读区。社区内建有“大地之子”社区红色驿站、“睛彩石榴籽”工作室等，致力于民族团结进步知识的宣传，以增强师生文化认同，积极培育全体师生中华民族共同体意识，营造“民族团结，共同进步”的良好文化氛围（图 4-9）。

（二）选优配强重引领，组建“悦”读社区新团队

一是名师引导，打造专业读书分享团队。学校成立了以教授、院长为代表的“阅读导师”团队，在教书、修业的同时，“阅读导师”为学生定制化推荐专业学习、文化学习书单，在社区内举办读书分享会，发挥典型示范作用，成为社区内阅读推广活动的重要力量。教育部思政司原司长、北京师范大学冯刚教授、厦门大学

图 4-9 “一站式”学生社区八桂书苑、阅读空间、阅享空间等阵地

朱建平教授、暨南大学王斌会教授，以及学校各专业教授累计在“悦”读空间开展读书分享会、名师下午茶等活动 40 余次(图 4-10)。

图 4-10 “阅读导师”为学生定制推荐专业学习、文化学习书单，进行读书分享会

二是朋辈促进，组建学生读书分享团队。学校以“共学、共读、共思、共享”为核心思路，积极探索“阅读＋分享”模式，组建“云上雅游”分享小队、“我是国奖生”读书分享队、“邻＋阅读吧”服务队、“圆桌夜谈”议事苑等各类学生分享队伍，充分调动学生学习与阅读的积极性和主动性，在世界读书日、寒暑假、节假日等重要时段，开展线上线下系列主题阅读活动 100 余场，参与学生 20 000 余人。

三是“校友共读”，组建知名校友读书分享团队。秉持“读书好、好读书、读好书”的理念，学校邀请校友一起阅读经典书籍，持续推进“共读计划”深入开展，线上、线下开展共读经典座谈会，线上采用手机 App“直播＋回放”的方式，为在校学生推荐 200 多本图书，目前已开展线上线下共读活动 30 余场，参与“共读计划”人数 78 000 余人。

四是互动结对，组建多元化参与的读书分享团队。邀请革命前辈、烈士家属、退休老党员与社区学生结对，并积极将专业课教师、思政课教师、辅导员纳入读书分享团队，在社区内开展读红色书籍、思想交流等活动，在“书香气”中传承红色文化，传递理想信念。

（三）经典阅读促团结，丰富“悦”读社区新内涵

一是坚定理想信念，推广阅读经典书籍。依托各学院“红色书屋”场地优势，学习贯彻习近平新时代中国特色社会主义思想，以学习贯彻党的二十大精神为主题积极开展线下读书会，线上“红色阅读达人”挑战赛、“七一书单”、“共读红色经典”等各类红色经典阅读活动，同时启动“红色小课堂”，社区内累计开展系列红色阅读活动 150 余次，参与师生 10 000 余人次。引导学生传承与弘扬中华优秀传统文化，中华优秀传统文化类书籍藏书 3 000 余册，开展好书推荐会 30 余次，举行古诗词朗诵比赛 10 余次，举办文学名著学习交流会 20 余次，增强学生民族自豪感与民族凝聚力(图 4-11)。

图 4-11 “一站式”学生社区红色经典阅读活动

二是促进民族团结，开展各类主题阅读活动。学校作为“桂林市民族团结进步示范单位”，积极引导学生牢固树立民族团结意识。学校以民族类读物读书角为平台，组织学生阅读《中国民族志》《中华民族伟大复兴的六十年》等经典读物，开展少数民族学生读书分享会30余次，举办“民族团结进步教育微课堂”40余次，开展大墟古城、龙胜梯田民族特色名胜古迹走访活动20余次。学校将民族团结进步创建与艺术创作有机结合，传播民族优秀文化，依托学校“睛彩石榴籽”工作室，举办各类民族团结书画作品展40余次，创作展出民族团结作品660余件，覆盖师生6 500余人次，自创民族团结主题歌曲《石榴籽之歌》。

三是合力打造社区阅读文化品牌，共推社区阅读高质量发展。学校立足学校特色和学生需求，累计打造了“红色知识学习会”“读书月”“名师下午茶”“每周一书”“文学名著品读会”“壮乡故事会”“古诗词朗诵会”等延续多年的阅读活动，其中“读书月”已连续开展12年，“名师下午茶”已经开展8年。通过打造社区阅读文化品牌，充分发挥社区阅读阵地作用，激发学生阅读热情，推进师生全员参与阅读活动的热潮。

（四）百花齐放展风采，探索“悦”读社区新形式

一是推广云阅读，实现线上线下双联动。学校充分运用社会各界优质资源，创新阅读形式，依托文化“云阅读”平台，探索线上线下新旧媒体融合，大力建设“掌上书屋”，持续推出一批优秀文化慕课资源和精品数字资源，开设“阅读胶囊”“壮美壮观壮乡”等专题系列课堂，打造桂林理工大学阅读服务品牌。在党的二十大等重要会议召开，建党节、建军节和国庆节等重要纪念日前后，开展“云端共读，致敬经典”等经典云共读活动、《红岩》《鸡毛信》等红色经典评论和读书分享活动、“强国有我”等国防教育主题征文活动，线上线下齐发力，宣传引导共“悦”读。

二是共享读书香，开展毕业季捐书与红色书籍赠书活动。以读书月、毕业季等时间节点为依托，社区共开展相关捐书、赠书活动40余次，共收到各类捐赠图书24 000余册，并由图书馆统一进行加工入库，安排上架后供学生借阅，实现书籍的共享、知识的传承。“悦”读社区已经成为学校社区文化精神地标，提升了“一站式”学生社区的文化内涵和书香社区氛围。“悦”读社区营造了更浓厚的学习氛围，学生图书借阅率提升超10%，“悦”读相关活动参与率提升近20%，图书馆、各类书屋课余时间上座率90%以上。下一步，学校将根据学生需求，创新思路，做好社区阅读活动推广，打造更多社区阅读活动精品，让阅读成为“悦”读，“悦”读沁润社区，社区充满书香，书香飘满桂工。

案例四 “一键”信息化管理，打造“相伴 · 成长”的智能化“一站式”学生社区

学生社区是学生住宿、生活、学习的重要场所，是学校思想政治教育工作的末梢，是打通育人“最后一公里”的窗口。桂林理工大学多措并举，推进学生社区智能化、信息化建设，充分利用人脸识别门禁系统、“钉钉”平台、“一站式服务平台”系统，实现从手机端口到宿舍门口、家门口到校门口“一键”信息化管理，打造“相伴 · 成长”的智能化“一站式”学生社区。

（一）精细化管理安全有效，常态化防控筑牢底线

采用先进的 AI 技术，人脸识别门禁系统运用人脸识别算法，准确捕捉学生在校情况和社区通行情况，通过与“钉钉”平台的整合，充分发挥其集成优势，实现对学生动态管理的精细化和智能化。将门禁系统嵌入“钉钉”平台，动态掌握学生数据。门禁系统与“钉钉”平台实现数据融合，能够实时追踪并记录学生日常出校、请假和返校信息，设置个性化归校归寝提醒模式，并与学生刷脸进出校门和社区的数据进行匹配，在每晚 22:30、次日清晨 6:00 自动向辅导员推送尚未返校的学生名单，辅导员只需在“钉钉”平台上操作，即可一键获取当前未归校归寝学生的具体数据，极大地方便了对学生的动态管理。常态化疫情防控下，校门门禁系统加装升级测温功能，实现“身份识别＋温度检测”双重检测，可以通过大数据库，对任意时间段的人员进出校记录进行检索，及时发现学生体温异常情况并进行有效干预，牢牢守住校园安全稳定和疫情防控底线（图 4-12）。

（二）信息化社区协同联动，个性化服务贴切周全

利用“钉钉”平台集成线上学生事务办理模块，开发一键直报、心理咨询预约、宿舍调换申请、学生证（团员证）补办、火车票优惠卡办理、宿舍安全检查、晚归登记、在线查寝等 35 个程序，突破学生社区、楼栋的时空限制，形成管理协同“向心力”，依托“一站式”服务大厅各项业务办理功能，充分发挥大学生自我管理委员会的自我管理与服务作用，实现“线上预约、线下领取，足不出社区、办理日常事务”的愿景。根据学生实际需求，专门开发一键直报程序，设置 11 项问题上报分类，囊括学生在校日常“衣食住行学”。自 2022 年 10 月 29 日推出以来，累计处理学生反馈问题 1 000 余个，切实为学生提供个性化的周全服务。同时，全面梳理学生社区在教学、科研、管理、服务等方面的业务模式和现状，实现办公移

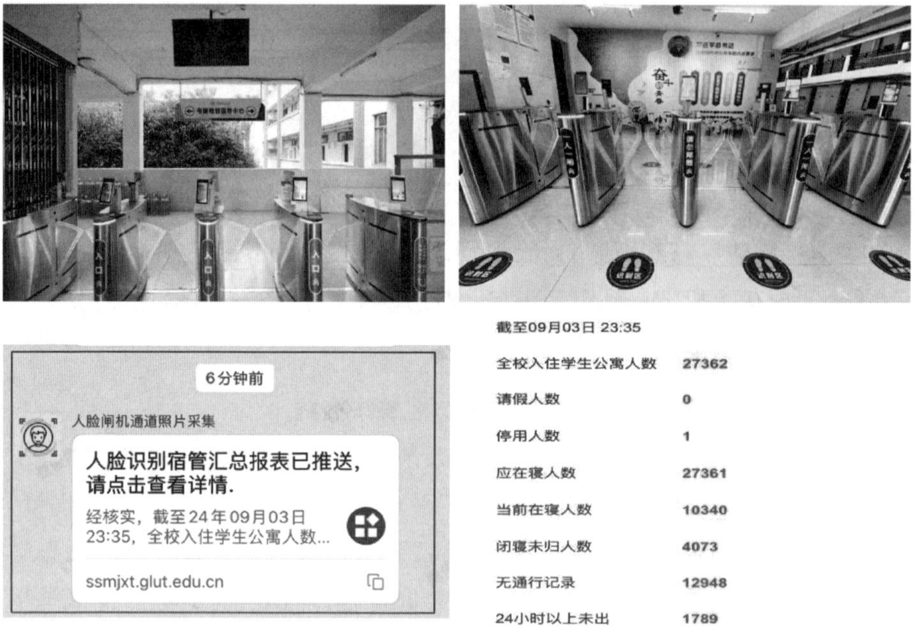

图 4-12　人脸识别门禁系统及宿舍晚归、未归预警功能

动化、学习随时化、活动多样化的校园社区新生态，切实提高学生获得感和幸福感，促进学生德智体美劳全面发展(图 4-13)。

(三) 数字化分析提质增效，智能化跟踪相伴成长

依托学校“智慧校园数据治理与服务”项目的建设，以“钉钉”平台和“一站式服务平台”系统为载体，创建数据中心基础平台，汇聚学生在校的各方面数据资源，包括生活数据、成绩数据、图书借阅数据、第二课堂数据等信息资源，并在教学、科研、管理、服务等领域推出可信、安全、健康的数据服务生态体系。根据学生实际需求，从多角度分析，为学生进行一键智能画像，帮助学生对自己有一个全面且客观的了解，也便于学生管理部门精确管理和精准帮扶学生，满足学生成长发展需求，切实提高学生管理服务水平(图 4-14)。

未来，桂林理工大学将紧紧围绕立德树人根本任务，强化基础、突出重点，坚持“相伴 · 成长”战略发展导向，扎实开展学生社区智慧服务管理，持续推进“一站式”学生社区智能化、数字化建设，提升学生管理服务精细化、信息化、科学化水平，为桂工学子提供更加优质、便捷的服务，力求全方位满足学生的学习与生活需求，为学校治理体系和治理能力现代化建设提供强力支撑。

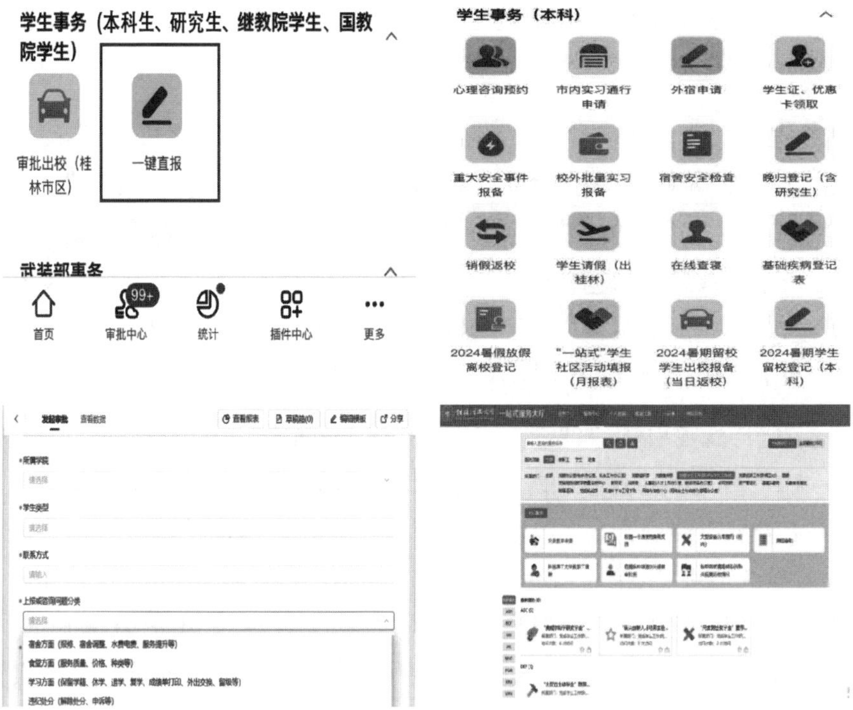

图 4-13　“一站式”服务大厅各项业务办理功能

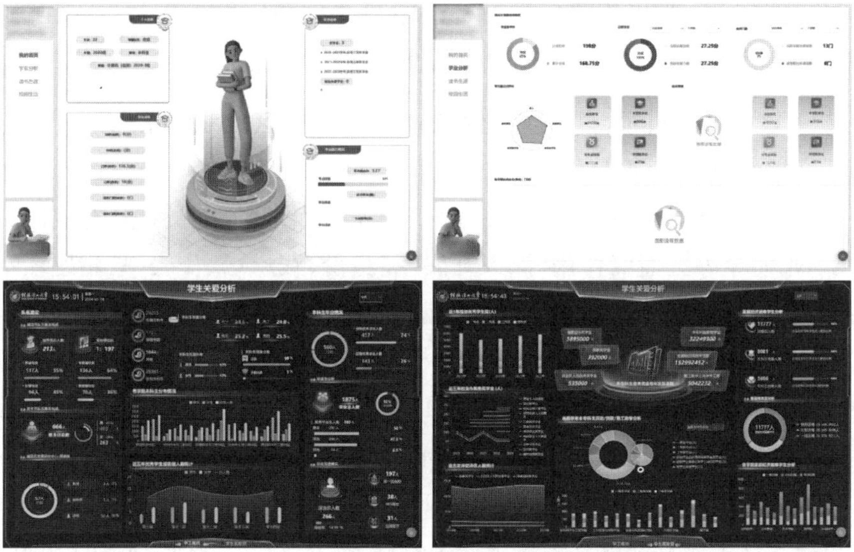

图 4-14　学生智能画像及关爱分析大屏

案例五 党建赋能,“一站到底”——协力构建学生社区,助力学生成长需求

桂林理工大学坚持以习近平新时代中国特色社会主义思想为指导,坚持和加强党的全面领导,坚持为党育人、为国育才的总体要求,以“一站式”学生社区综合管理模式建设为载体和抓手,着力打造学生社区党建品牌,全面提升党组织引领力、服务力,旗帜鲜明地教育引导新时代青年胸怀“国之大者”,在爱党爱国爱民中立大志、在苦干实干巧干中担重任,在中国式现代化建设征程中勇当开路先锋、争当事业闯将,勇挑中华民族伟大复兴重任。

(一)坚持党建引领,凝聚育人合力,搭建“一站式”学生社区

一是“一站式”学生社区在学校党委的领导下,植根于日常的思想政治教育活动,大力开展本硕博联动“‘红色宣讲团’讲党课”、“读原著、学经典、作表率”、党史学习教育培训、政治学习等活动,打造浸润式思政教育,进一步强化学生党建引领,夯实理想信念之基,铸牢立德树人之魂。二是大力开展“学雷锋”劳动志愿服务、“我为群众办实事”、疫情防控志愿服务等活动,力求把党建工作与社会实践、专业特色深度融合,探索形成“党建+服务”和“党建+社区”学生社区育人新模式。三是依托“新时代讲习所”“青年马克思主义者培养工程”“习近平新时代中国特色社会主义思想青年学习社”,指导并激励广大青年学生深化理论学习,提升理论修养,强化政治信念的稳固性和行动的自觉性。

(二)坚持党建引领,打造育人生态,强化学生社区组织体系

一是学校通过组建社区临时党支部,设立党员示范岗、党员责任区,成立党员先锋队,引导党员干在实处、走在前列、创先争优,发挥党员在社会实践、志愿服务、学业辅导等方面的作用,深入开展“亮身份、践承诺、作表率”主题活动,充分展示学生党员昂扬向上、勇于担当、无私奉献的精神风貌。二是建立健全“一站式”学生社区项目建设领导小组工作机制,推动校院协同的社区党员管理机制,构建分片区、分楼栋、分楼层组织分工和责任落实体系,充分发挥党支部战斗堡垒作用和党员先锋模范作用,通过多样化的渠道、阵地和形式积极推动新思想深入社区和学生心中。三是建立“支部1+1”计划,精选优秀本科生或研究生党支部与社区学生团支部建立结对帮扶关系,精准对接学生需求,实施个性化帮扶(图4-15)。

图 4-15　马克思主义学院教师在思政大讲堂为学生讲授党课及各学院开展主题党日活动

（三）坚持党建引领，创新育人机制，完善学生成长支持体系

一是发挥好现有样板党支部、党支部书记工作室、组织员工作室等党建品牌的作用，增强品牌的认同度、感召力、示范性。大力推动主题化精品党员之家建设工程，建设“桂工精神”“到祖国最需要的地方去”等底色鲜亮、特色鲜明、风格多样的主题党员之家。二是组建“党史学习教育宣讲团”“青年讲师团”“优秀大学生报告团”，在学生社区浸入式举办党史学习教育和朋辈榜样宣讲等思想引领特色活动，强化社区党组织的导向作用和党员个人的榜样引领作用。组织社区学生党员开展“支书达理”交流会、“青春告白祖国”红色实践教育等系列活动，带动全校学生把理论知识学起来、服务实践干起来。三是完善校—院两级学业发展支持体系，分类构建引导型、发展型、促进型学业支持体系，累计提供学业规划、生涯规划、就业指导等个人咨询教育服务 1 000 余次，举办“我的启航计划”“我的掘金计划”“我的远航计划”“就业加油站”“考研二战，你确定吗”“电影与生涯”等团辅项目 20 余期，参与学生 2 000 余人，“零距离”陪伴学生成长，解决学生“急难愁盼”需求（图 4-16）。

图 4-16　党员之家以及组织学生党员开展的各类活动

案例六　“123”协同治理工作格局筑牢平安社区“防护网”

桂林理工大学在推进和完善“一站式”学生社区建设的过程中，秉承“群策群防，协同治理”的理念，以“123”（一联动两体系三防线）协同治理工作格局筑牢平安社区“防护网”，努力建设更安全、更幸福的“平安校园”。

（一）强化警校联动和平台协同，打好“预防针”

一是搭建警校联动机制，共建共治筑平安。学校通过与桂林市公安局警、校共建，成立临时党支部，明确双方责任，强化措施，以一项重点工作、一名分管领导、一个工作团队、一套推进方案、一本落实台账“五个一”确保警、校联动反诈联络群师生覆盖 100%、师生“国家反诈中心”App 安装使用率 100%。坚持每个学期开展防诈骗、防火、防疾病、防溺水等主题班会，学生覆盖率 100%；坚持每个学期开展安全教育讲座，邀请警方专业人士为学生讲授安全教育相关知识，2022 级新生以及高年级安全委员覆盖率 100%，全面推动防诈骗安全教育、校园安全整治等工作进社区，以增强学生防诈骗法治观念。

二是提高师生防诈意识，提升师生反诈能力。发挥当地派出所、学校保卫处、学生工作处、研究生工作部、后勤处、工会、离退休办等部门协同引领作用，委派学校各类辅导员工作室入驻学生社区，在网络平台向师生做好防诈宣传教育。在社区内适当区域设置长期反诈宣传板，在学生公寓、餐厅等学生密集区域电子屏长期滚动播放反诈标语，各类辅导员工作室利用各种媒体手段经常推送反诈教育微电影、短视频，反诈联络群广泛转发典型警示案例。2022 年，学校发布防诈骗系列宣传片 16 个，同步转发至抖音、微信公众号、哔哩哔哩官方网站等各大平台，每个视频作品的浏览量均超过 5 000 次，网络总浏览量 40 000 余次，最高单次浏览量 15 000 余次（图 4-17）。

图 4-17　校外专业安全教育队伍走进学生社区开展安全类课程活动及各学院组织学生观看安全教育类视频

（二）建构责任体系和课程体系，筑牢“防火墙”

一是健全制度，明确职责。学校始终坚持“党委领导、学工牵头、社区联动、师生参与”的工作机制，加强组织部署，统筹协调和督促检查。推动校院协同的社区管理机制，构建分园区、分楼栋的组织分工体系和责任落实体系，搭建“校—院—班—舍”四级管理模式，切实推动学生社区防诈骗工作走实走深，同时将防诈骗工作纳入文明宿舍、文明社区评比，将平安社区工作成效纳入学生工作考核体系。

二是强化线上线下宣传，打造防诈课程体系。在“学工在线”微信公众号上开设校园网络安全教育、拍摄防诈骗短视频、防诈骗网络征文活动等专栏，积极发挥第二课堂促进作用。线下组织学生学习并签订《防范电信诈骗安全承诺书》，依托大学生成长成才教育课程，积极将防诈骗教育融进课堂，将实际案例融进教学，通过课程教学帮助学生切实提高安全自护和安全救助能力。

(三)巩固网络管理服务三防线，打赢“保卫战”

一是织密网络卫士防线。学校高度重视数字化平安社区建设，持续加大校园网络技防投入力度及安防系统信息化综合平台建设力度，建成视频监控、消防报警、智能交通、安全教育、隐患治理、风险预警等多个数字化一键式直报管理系统，多部门协同推进社区安全稳定管理一体化、规范化、信息化、智能化发展。

二是配强干部管理队伍。明确校领导、部门领导、学院领导、辅导员、后勤保卫等多种力量在社区安全中的责任。在设立学校总值班室的同时，学工部门、保卫部门、医疗部门等安排专门人员每天值班；门卫、监控中心、消控中心、应急指挥中心等重点部门按规定落实值班值守要求。开通 24 小时心理援助热线。

三是激发志愿服务活力。按照“宿舍有舍长、每层有层长、楼栋有楼长”的原则，结合“第二课堂”学分制度，组建楼栋自管会、楼长、层长、舍长、安全委员队伍，把服务对象转变为工作力量。使勤工助学和志愿服务相结合，多形式进行舍长训练营、消防安全演练、安全经验交流、安全宣传教育，提升师生在住宿、用电、用水、防火、防盗等方面的安全知识和技能。每月进行安全卫生检查，分类化解各类安全隐患、矛盾纠纷，实现社区自我教育、自我管理与自我服务(图 4-18)。

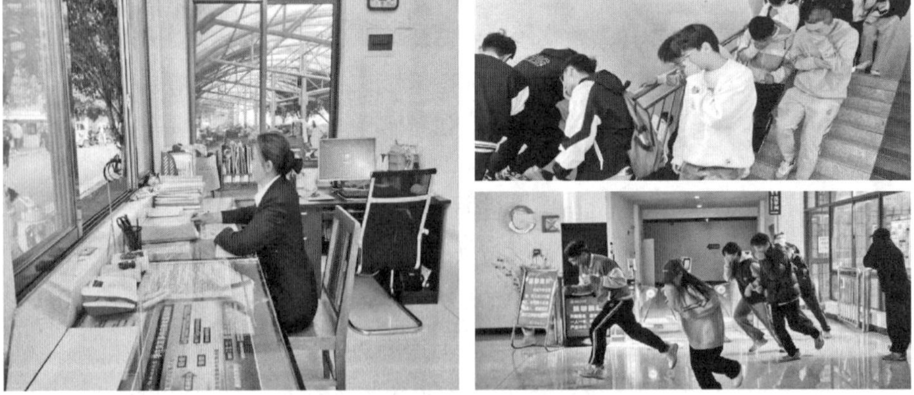

图 4-18　校园各方联合坚决打赢校园“保卫战”

第四节 桂林理工大学“一站式”学生社区育人的反思与展望

2020年发布的《教育部等八部门关于加快构建高校思想政治工作体系的意见》明确指出，推动“一站式”学生社区建设，将园区打造成为集学生思想教育、师生交流、文化活动、生活服务于一体的教育生活园地。2022年，桂林理工大学出台的《桂林理工大学“一站式”学生社区综合管理模式建设总体方案》明确要求，强化基础、突出重点、建立规范、落实责任，探索开展学生社区“网格化”管理，通过“一站式”综合管理模式建设试点，推动学生社区教育培养模式、管理服务体制、协同育人体系、支撑保障机制改革，践行“一线规则”，把校院领导力量、管理力量、思政力量、服务力量压到学生中间，将学生社区打造为学生党建前沿阵地、“三全育人”实践园地、平安校园样板高地，创造高校版“枫桥经验”。桂林理工大学作为一所特色鲜明的多科性本科高等院校，其在“一站式”学生社区建设中遭遇的挑战揭示了多科性高校在学生社区建设上面临的普遍问题；所探索出的学生社区建设优化路径具有突出的先进性和全面性，为同类高校提供了相关的经验与启示。

一、桂林理工大学“一站式”学生社区综合育人的现实困境

基于新时代大学生的特性与需求，桂林理工大学利用既有学生宿舍区架空层进行“腾、挪、改、造”，积极推进“一站式”学生社区建设，不断丰富和完善其综合培养体系。然而，从教育的最新趋势和要求看，高校“一站式”学生社区的育人功能仍有待深入探索和挖掘，而在此过程中遇到的现实困境，集中体现在以下五个方面。

（一）从党的建设来看，“一站式”学生社区要强化党建引领作用

当前学校“一站式”学生社区党建工作尽管已初步形成具有学校鲜明特色的模式，但仍面临若干挑战，包括党组织影响力边缘化、管理体系碎片化、活动形式表面化等问题。一是党组织影响力边缘化，功能型和临时型党组织在“一站式”学生社区中占据主导地位，这可能给学生留下社区党组织被边缘化或功能弱化的印象，导致无法充分展现党的组织优势。二是管理体系碎片化，党建工作队伍在融入

"一站式"学生社区的育人功能和党建工作时,对相关政策要求及自身角色定位理解不够清晰,导致对党建工作的管理不够系统、认识不够深刻,呈现出碎片化的管理状态。三是活动形式表面化,"一站式"学生社区党组织的活动形式虽然丰富多样,但往往缺乏深刻的教育内涵,活动多停留在表面,未能做到形式与内容的有机统一,缺乏对党建深层次教育意义的深入探索,使活动显得形式化。

(二)从执行逻辑来看,"一站式"学生社区要汇聚育人主体合力

随着我国高等教育规模的不断扩张,高校内部治理体系复杂多样,科层制作为一种经典有效的公共行政模式,仍是我国高校普遍采用的组织架构。在此背景下,学校的行政与教学部门在推动"一站式"学生社区综合管理以及构建协同育人体系方面的意识有所减弱。这背后的主要原因有:一是学校部门间的联动机制还不够健全,过于依赖学校党委层面的决策,各职能部门在学生社区建设中的参与度不足,导致相关领域的投入不够充分,甚至被相关部门视为非"优先级"的育人工作;二是规章制度体系还不完善,在"一站式"学生社区的综合管理中,缺乏针对各职能部门的细致规章制度,各部门难以从大框架中准确找到符合自身职能的切入点,从而制定出更为详细的制度,这也导致了工作范畴的交叉和重复,影响了工作效率;三是整体建设规划缺乏全面性,当职能部门利益最大化成为执行逻辑的核心时,优质的育人资源和理想往往难以被有效地引入"一站式"学生社区,这也限制了"一站式"学生社区育人的潜力和作用发挥。

(三)从现实需求来看,"一站式"学生社区要提升综合育人功能

随着经济社会的发展和高校管理改革的持续推进,当代大学生的校园学习生活正经历着前所未有的深刻变化,其中学生宿舍区的重要性更加凸显。作为高校转型发展的重要一环,"一站式"学生社区本应成为满足学生综合性服务需求的重要平台,然而,从现状来看,学生社区在有效服务学生成长成才方面仍存在明显不足。一是社区空间资源的有限性。在筹建"一站式"学生社区时,建筑空间面积成为一大制约因素。在满足学生基本学习生活需求的前提下,有限的空间往往导致功能配置和硬件设施供给相对不足,这限制了社区在满足学生多样化需求方面的能力。二是功能设计上的考虑不够全面。学校在建设"一站式"学生社区时,倾向于模仿其他成功案例,而缺乏对学生实际需求和学校育人特色的深入思考。这种以最低成本达到最低建设标准的方式,使得社区在育人功能设计上显得单调且缺乏本校特色。三是育人元素的融入也显得不足。"一站式"

学生社区作为育人的重要场所，应注重显性与隐性育人功能相结合。当前社区空间中常见的育人要素注入方式，如文化标语、文化墙等，过于倾向于显性教育，而忽视了隐性教育的力量。这种单一的教育方式难以充分激发学生的内在学习动力，也限制了学生综合素质的提升。

（四）从发展趋势来看，“一站式”学生社区要完善综合育人体系

“一站式”学生社区通过构建优质的育人环境，促进了职能部门与学生之间的沟通，助推育人资源和育人力量的整合联动。但是，随着学生需求的变化，“一站式”学生社区综合育人很难满足学生的需求，育人体系有待完善。一是目前学生社区大部分局限于党团活动、文体活动建设，忽略了专业教育的参与、思政力量的支持、榜样力量的引导，尚未针对学生全面发展进行全局性规划。二是学生社区以线下教育为主，偏重社区的物理空间建设，处于“盆景式”展示阶段，没有充分利用好“一站式”学生社区加网络的作用，形成线上线下相转化的格局。三是“一站式”学生社区开展的活动普及面不广，活动内容不集中，针对性不强，没有建立有效的评价反馈机制，学生社区师生交流浅显，没有思想深度，尚未营造出学生与教师“亦师亦长”的成长氛围，削弱了“一站式”学生社区的育人成效。

（五）从实践探索来看，“一站式”学生社区的综合要深化育人理念

学校开展“一站式”学生社区综合管理模式的实践与探索，不同学院的认知存在共通之处。但在具体的建设过程中，“一站式”学生社区综合育人理念有待提升。一是大学生深受社会发展的影响，思想活跃，自主意识强。但是，部分学院的学生培养观念仍为重“才”轻“人”，培养方案也一时跟不上时代发展的脚步，存在育人理念认识不到位的问题。二是“一站式”学生社区普遍存在重管理、轻服务的现象，忽视“一站式”学生社区综合育人的重要性，现阶段更重视学生社区的物理空间建设，相关工作人员认知程度和认同程度不同，在思想理念上尚未充分达成共识。三是大多数专职辅导员要在做好内容复杂繁琐的本职工作的同时兼顾科研压力，对学生社区的育人工作质量难以保证，导致思政队伍力量难以下沉到“一站式”学生社区，育人合力尚未完全形成。

二、桂林理工大学“一站式”学生社区综合育人的优化路径

（一）明确党建在育人工作中的核心要素

“一站式”学生社区可以由高校党委统筹开展，推进党组织阵地的建设，有效

汇聚党建育人的力量，进而提升学生社区的育人效能，逐步强化以党建引领为主导的"核心环节"。一是积极构建"党建融合"育人模式，确保党的领导与党建工作深深植根于"一站式"学生社区的一线，激励学生树立崇高理想、心怀"国之大者"，探索并实践以学生全面发展为核心的"党建融合"社区育人新路径，如设立"党建引领站""党员模范岗"等。二是要积极构建"党建融合"育人模式，探索形成以学生成长为中心的"党建＋"社区育人氛围，例如在社区设立"党建领航站""党员先锋岗"等。三是要深入实施"网格化"管理模式，创新"一站式"学生社区党建运行机制，对学生公寓楼进行网格化管理，将公寓楼划分网格，形成"一栋楼一网格"的管理架构，将学生党员分配至对应网格进行管理，明确校院两级领导干部定点联系楼宇中的学生党支部，实现"人在网中走，事在格中办"的党建工作运行机制。四是要开拓基层党建工作的新局面，高校党委要围绕"一站式"学生社区建立自上而下、贯通学生社区的党建工作链条，指导学生社区党支部打破壁垒，构建"学校党委—学院党委—党支部—党小组—党员"五级工作体系，以此巩固并拓展全方位、深层次的基层党建工作布局，形成强大的党建引领育人合力。

（二）强化育人主体机制建设的关键环节

学校须精准完善育人主体机制建设的"关键点"，汇聚多方育人力量入驻"一站式"学生社区。由校党委高位谋划，学工部牵头负责，研工部、本科生院、后勤服务中心、校团委、基建处、图书馆等各职能部门协同推进落实"一站式"学生社区具体工作开展，并科学制定相关制度，充分展现综合育人功能。一是要建立健全规章制度，通过明确机制建设指南，深化管理制度落实落细，明确"一站式"学生社区建设的相关部门职责业务范围，定期召开相关部门的工作情况联席会，协同解决"一站式"学生社区建设中遇到的协调联动、效力衔接等问题，着力构建上下联动、相互融合的育人主体合力。二是要整合广泛的师资力量，学校应根据学生的个性化需求，积极组建多元化的育人队伍入驻"一站式"学生社区，汇聚校院两级领导、专家学者、思政导师、专业教师、心理咨询师等群体组成育人综合队伍，确保育人资源充分投入，及时响应并解决学生在宿舍区内的学习和生活等需求。三是践行"一线规则"，不仅仅是原来学生宿舍的宿管员入驻学生宿舍，还要确保专兼职辅导员入驻"一站式"学生社区开展日常教育管理，与学生同吃同住同劳动，更全面地了解学生近况，对学生的指导化"大水漫灌"为"精准滴灌"，为学生答疑解惑、指点迷津。

(三) 突破综合育人服务功能的瓶颈制约

学校应完善“一站式”学生社区综合育人模式，找准综合育人服务功能的“创新点”，积极响应学生的个性化成长需求，合理打造“一站式”学生社区物理空间功能布局，结合数字化转型的教育发展趋势，以更加全面、精准的育人功能助力学生成长。一是要优化空间布局和改造，紧跟新时代大学生的审美观念，重新规划空间功能区域，注重以美育人、以美化人，既要注重显性教育功能的展现，又要融合隐性教育的力量，大到可以将传统规划的“家庭式”厨房、研讨室升级改造成“智能”厨房、“大数据”研讨室等，小到可以将常挂横幅、标语的地方加装电子屏让“每一面墙都能说话”，等等。二是要运用精准服务的技术手段，通过“精准定位”“精准定法”“精准定制”，聚焦大数据学生画像，从三个维度推进网络思政精准配送，深化教育领域“放管服”改革，着力学生工作的“流程优化”与“流程再造”，牢牢树立精准服务的理念。三是要打造学生日常事务服务平台，着眼于学生日常事务办理类型、情况，打通从新生入学到毕业离校的一站式服务，实现在线支付、一键直报、信息发布、学生入住、调宿、退宿等功能，扎实做好学生“足不出社区”就能办理好日常事务的线上线下功能区域建设，实现让学生“让数据多跑路，让学生少走路”的服务理念。

三、桂林理工大学“一站式”学生社区未来育人的发展方向

(一) 创新育人理念，全面提升思政育人实效

正确把握学生社区的发展方向，深入学习其他试点高校“一站式”学生社区的建设经验，立足学生特色与学校育人实践，推动高校教育的高质量发展。创新育人理念是“一站式”学生社区营造育人环境的重要基础，强化理念共识，也是高校管理者推动学生社区发展的关键。一方面，通过宣传引导与成效展示深化学生社区育人共识，营造良好的育人氛围。利用各种时机与场合做好宣传引导，使“一站式”学生社区发挥其育人功能。通过微博、微信、短视频等网络平台，拉近与学生的距离，认真总结与宣传好“一站式”学生社区建设的阶段性育人成果。另一方面，构建评价反馈机制体制，坚持学生社区育人导向，增强学生社区育人能力。通过一键直报、发放问卷、随机访谈、班级班会等方式收集学生对社区建设的评价与改善意见，以此强化评估考核，提升“一站式”学生社区育人工作的质量。利用调查研究充分挖掘学生的真实需求与个性特点，在党建引领优质资源平台建立的同时，推动建立全方位的学生成长成才价值评价体系，让更多学生可

以根据需要进行评价与反馈，实现“一站式”学生社区精准回应学生期待，有效引领学生成长的育人目标。

（二）完善协同育人，汇聚社区育人强大动力

“一站式”学生社区要有效发挥其育人功能，不断挖掘教育力量，通过多方共同努力，不断激发全员内生动力，建立学生社区育人队伍的工作制度，加快完善协同育人，致力于高校思想政治教育的高质量发展。一是制定践行“一线规则”实施方案，打造一流的育人队伍，发挥育人合力。高校要加强队伍建设，将党建、思政、管理、服务等各方力量下沉到学生社区，激活育人活力与动力，完善协同育人机制，持续推动队伍入驻社区。依托“一站式”学生社区组织建设，注重发挥学生主体作用，让有能力的学生管好学生，营造良好的社区生态氛围。同时，在学校党委的领导和学工队伍的建设下，要规范完善学生参与学生社区公共管理事务机制，引导学生在自我管理、自我教育中成长成才，充分调动学生的主动性和积极性，实现自我治理。二是注重校外资源进驻“一站式”学生社区，推动多方力量参与一线学生工作。邀请校外学业发展、就业指导、生涯规划、心理咨询等领域的团队常态化入驻学生社区，采取包干分片、课表式、订单式、预约式等多种形式，帮助开拓学生视野，有针对性地为学生提供思想引导、学业发展、科研训练、项目实践等辅导，探索形成富有特色的学生社区“课程包”，实现第一、第二课堂同频共振的良好氛围。

（三）拓宽育人格局，满足学生成长发展需求

“一站式”学生社区经由空间优化，可增强其作为学生成长平台的教育作用，以学生为核心，将德智体美劳融入学生日常，确保思想政治教育在学生社区层面的深入实施。一是整合各类资源，充分利用“一站式”学生社区的空间优势，不断完善并丰富其功能布局，以满足学生的多样化需求，解决学生在日常学习和生活中遇到的各种实际难题，开展特色品牌育人活动，促进不同学科之间的沟通交流，举办社区学术沙龙和优秀学子分享会等活动，发挥朋辈引领作用。二是丰富“一站式”学生社区育人内容，打造良好的育人环境。要坚持党建引领学生社区育人，遵循“以学生为中心”的理念，抓住德智体美劳全面发展的要求，不断挖掘社区育人元素，打造属于学生社区的文化标识与专属文创，不断增强学生对校园文化的认同感。三是常态化开展中华优秀传统文化进社区、马克思主义中国化理论成果宣讲、深入贯彻党的二十大精神等系列活动，在“一站式”学生社区开展

绘制专属文化墙、高雅艺术进社区、劳动教育实践等活动，践行文化浸润、以美育人的理念，充分发挥先进文化春风化雨、润物无声的育人功能。

（四）健全组织网络，提高技术赋能精准育人

随着智媒时代的到来，高校“一站式”学生社区要加强信息化管理能力与治理能力，运用信息技术提升“一站式”学生育人的实效性。一是搭建“学生成长数据平台”，记录学生的个人基本信息、思想品德发展、身心成长等数据，依托数据分析平台建立数据库，进行数据分析，为学校思想政治教育工作提供有力支撑，将先进的科学技术转化为“一站式”学生社区管理的优势，创新思想政治教育的供给体系。高校可以通过精准算法，对学生的课内表现、课外发展等数据进行具体分析，动态掌握学生成长的数据画像，开展“一对一”个性化辅导，为学生的成长保驾护航。二是加强线上“一网通办”平台建设，配合线下一站式学生事务大厅，加快推进线上线下深度融合，坚持学校学院相贯通，特色化打造院系社区空间，开设学院师生互动课堂，切实提升学生的幸福感和获得感。同时，高校要积极探索网络思政的有效做法，推进大数据赋能与学生社区协同建设，使新媒体技术与思政教育紧密结合。

第五章

高校“一站式”学生社区育人的创新发展

第一节 高校“一站式”学生社区育人的发展机遇

习近平总书记强调:“做好高校思想政治工作,要因事而化、因时而进、因势而新。”2023 年 3 月 21 日,教育部组织召开高校“一站式”学生社区综合管理模式建设工作推进会,将该项工作作为推进“时代新人铸魂工程”的重要行动和打通“三全育人”“最后一公里”的重要抓手,推动全员全过程全方位育人格局的形成。截至目前,全国各地高校“一站式”学生社区建设取得了很多成绩,学生社区成为学生党建的前沿阵地、“三全育人”的实践园地、平安校园的样板高地。随着新征程“一站式”学生社区育人发展机遇的到来,未来如何进一步加强学生社区育人功能值得深入探讨。

本节深入剖析高校“一站式”学生社区发展的根本保证、力量源泉、文化根脉、重要基础和技术支撑等维度的发展机遇,结合实例深入分析,旨在为高校“一站式”学生社区育人工作的有效开展提供全面、系统且具有深度的理论依据与实践指引,助力提升高校人才培养质量与思想政治教育工作效能。

一、高校“一站式”学生社区发展的根本保证

在当今高等教育深化改革与创新发展的时代浪潮中,高校“一站式”学生社区建设已成为提升人才培养质量、落实立德树人根本任务的重要举措。坚持党委统一领导,是构建“一站式”学生社区建设体系机制的核心与根本保证,犹如大厦之基石,为整个社区建设与发展奠定坚实且不可动摇的基础。

高校作为国家高等教育事业的核心承载平台，承载着为党育人、为国育才的神圣使命，其核心任务是培育德智体美劳全面发展的社会主义建设者与接班人。自始至终，高校都紧密围绕党的教育方针开展教育教学活动以及管理服务工作，这是高校办学的基本准则与价值导向，决定了高校发展的方向与灵魂。党的教育方针犹如灯塔，照亮高校前行的道路，引导着高校在知识传授、品德培养、能力提升等多方面的教育实践，确保培养出的学生不仅具备扎实的专业知识，更拥有坚定的政治信仰、高尚的道德品质和强烈的社会责任感。

在"一站式"学生社区的构建与推进工程中，高校党委站在宏观战略的高度，充分发挥其领导核心作用，进行全面、深入且长远的战略规划与统筹布局。

目前全国各大高校深刻认识到社区育人功能的极端重要性，将对社区育人作用的深度挖掘与充分发挥纳入学校长远发展的整体规划蓝图之中。通过对党的教育目标进行深入解读，结合学校自身的历史文化底蕴、学科专业特色和学生群体特点，确保社区建设规划与党的教育目标在理念、内容、实施路径等方面高度契合。如此，"一站式"学生社区在后续的发展进程中便能始终沿着正确的政治方向稳步迈进，避免出现偏离教育初心与使命的情况。

以桂林理工大学为例，学校党委在"一站式"学生社区建设方面展现出高度的重视与卓越的领导力。专门成立由多部门骨干成员组成的工作专班，成员涵盖学校管理、教育教学、后勤保障等不同领域，他们凭借各自的专业知识与丰富经验，为社区建设提供全方位的支持。在资金投入方面，学校党委全力支持，投入资金 900 余万元，这一雄厚的资金保障为社区建设中的硬件设施完善、软件资源开发和各类活动开展提供了坚实的物质基础。针对机制构建这一关键环节，党委组织专班成员深入研究国内外高校社区建设的成功经验与先进模式，结合本校实际情况，制定出一套科学合理、切实可行的社区运行机制，有效覆盖社区管理、学生参与、资源分配等多方面的制度规范。在资源调配方面，党委充分发挥其协调职能，打破校内各部门之间的资源壁垒，将学生管理、党团文化、教学科研、后勤服务等多部门资源进行有机整合，实现资源的优化配置与共享共用。在研究解决保障措施问题时，共形成了 10 余份具有针对性和可操作性的方案文件，涵盖安全保障、师资配备、文化建设等多个关键领域，从顶层设计层面为社区建设的全面推进提供了明确的指导方针与行动纲领。学校党委书记、校长更是多次亲自主持召开专题会议，就"一站式"学生社区建设提出明确且具体的要求，从宏观战略布局到微观实施细节，都进行了深入细致的部署，确保"一站式"学生社区的全面建设得以统筹强化并系统推进。

高校党委凭借其强大的组织协调能力与领导力，积极整合校内资源，打破部门之间长期存在的壁垒与隔阂。在实际操作层面，通过建立高效的沟通协调机制与协同合作平台，将学生管理、党团文化、教学科研、后勤服务等原本相对独立的部门资源进行深度融合与有机整合，产生强大的协同效应，使各部门在社区建设中不再各自为政，而是形成一个有机整体，共同为实现社区育人目标服务。

在学生管理方面，高校党委充分发挥其领导与指导职能，指导相关部门制定完善的社区学生管理制度。相关制度不仅注重对学生行为的规范与约束，更强调通过引导与激励促进学生的自我管理与自我成长。例如，建立学生社区管理委员会等学生组织，在党委的领导下，学生组织在社区秩序维护、文明行为倡导、学生权益保障等方面充分发挥积极作用，培养了学生的民主意识、责任意识与管理能力。

在党团文化建设领域，高校党委将其作为社区思想政治教育的重要阵地，精心组织开展丰富多样、形式新颖的党团活动。如定期开展主题党日、团日活动，将党的最新理论成果、国家的重大方针政策和学校的发展规划等内容融入活动之中，通过主题演讲、知识竞赛、实践调研等多种形式，将思想政治教育巧妙地融入社区生活的点滴之中，使学生在参与活动的过程中，潜移默化地增强政治素养与思想觉悟，坚定理想信念，树立正确的世界观、人生观与价值观。

教学科研资源的引入为学生提供了广阔的学术拓展与创新实践平台。学校积极推动教师将课堂教学延伸至社区，邀请专业教师开展学术讲座、科研指导等活动。这些活动涵盖不同学科领域的前沿知识、研究方法与创新实践案例，能有效激发学生的学术兴趣与探索精神，培养学生的科研思维与创新能力。例如，组织学生参与教师的科研项目，在实践中锻炼学生的科研实践能力与团队协作精神。

后勤服务部门在高校党委的统一领导下，全力保障学生社区的基础设施建设与日常运行维护。从社区宿舍的修缮、食堂的餐饮供应、社区超市、共享厨房到公共活动空间的环境卫生维护等方面，后勤服务部门都精心安排、高效执行，为学生营造舒适便捷的生活环境，使学生能够全身心地投入到学习与社区活动之中。

高校党委通过高位谋划与精心部署，成功推动服务下沉至社区基层，构建起一套党委领导、学工牵头、教师协同、支部引领、社团助力、导员入驻、学生参与的"一站式"学生社区一体化贯通的体系机制。在这一体系中,各主体各司其职、协同合作,形成了一个充满活力与创造力的育人共同体。

党支部作为党的基层组织,充分发挥战斗堡垒作用。组织党员积极参与社区志愿服务活动,如社区环境美化、关爱特殊学生群体等,在服务中践行党的宗旨,发挥党员的先锋模范作用。同时,深入开展思想政治教育活动,通过党员与学生一对一帮扶、小型思想交流座谈会等形式,传播党的先进思想与正能量,引领社区思想文化建设。

学生社团在社区文化建设中扮演着重要角色。它们依据学生的兴趣爱好与特长,开展丰富多彩的文化、体育、艺术等活动。如书法绘画社团举办校园文化艺术节,展示学生的艺术才华;体育社团组织各类体育赛事,增强学生的体质与团队协作精神;文化社团开展经典诵读、民俗文化体验等活动,传承和弘扬中华优秀传统文化;等等。这些社团活动能够活跃社区氛围,助力学生个性发展与兴趣培养。

辅导员入驻社区是这一体系中的重要环节。辅导员与学生建立起紧密的联系,如同学生在社区中的贴心朋友与引路人。他们通过日常走访、谈心谈话等方式,及时了解学生的思想动态、学习状况与生活需求,为学生提供个性化、精准化的指导与帮助。在学生面临学业压力、人际关系困扰、心理困惑等问题时,辅导员能够第一时间介入并给予有效的支持与解决方案。

广大学生作为社区的主体,积极参与社区管理与活动组织,充分发挥其主观能动性,实现自我教育、自我管理与自我服务。他们在社区管理中提出自己的意见与建议,参与社区规章制度的制定与完善;在活动组织中发挥创意与才能,锻炼组织协调能力与领导能力,在实践中不断成长与进步。

综上所述,党组织在高校"一站式"学生社区建设过程中发挥全方位、多层次、宽领域的引领与保障作用,具有不可替代的重要性,为社区的持续稳定发展筑牢坚如磐石的政治根基,使社区在复杂多变的教育环境中始终保持正确的发展方向,确保将社区建设成为培养德智体美劳全面发展的社会主义建设者和接班人的重要阵地,为高等教育育人目标的实现提供坚实保障与强大动力。在未来的发展中,高校应继续坚定不移地坚持学校党委的领导,不断完善"一站式"学生社区建设体系机制,为培养更多优秀的社会主义建设者和接班人而不懈努力。

二、高校“一站式”学生社区发展的力量源泉

学生与教师无疑是高校“一站式”学生社区发展的核心力量源泉。学生作为社区的主体成员，其地位举足轻重。他们所展现出的多样化需求、高涨的参与热情和源源不断的丰富创造力，共同汇聚成社区充满活力与生机的根本动力。当代大学生身处信息化、数字化飞速发展的时代浪潮之中，他们借助便捷的网络渠道，接触到来自世界各地的多元文化、前沿知识与先进理念，因而具备了极为开阔的视野和极为活跃的思维。与此同时，强烈的自主意识在他们内心深处扎根生长，个体鲜明的个性特征也得以充分彰显。在学习成长方面，他们不再满足于传统的单一授课模式，而是渴望更多样化、个性化的学习资源与指导途径；在社交生活体验方面，他们追求丰富多彩、富有内涵的人际交往活动，期望构建起广泛而有意义的社交网络；对于个人价值实现，他们更是有着高远的志向和独特的规划，盼望着在社区这个舞台上充分施展才华，收获成长与认可。

在“一站式”学生社区的广阔舞台上，学生被赋予了更多自主参与社区事务管理、文化建设、活动组织策划的机会与权利。以桂林理工大学为例，其学生社区建立了完善的学生组织体系，包括社区学生会、各类社团联合会、宿舍管理委员会等。社区学生会积极发挥桥梁纽带作用，定期组织召开学生代表大会，广泛收集学生对社区建设与发展的意见建议，并将其反馈给学校相关部门，推动学校在社区设施改善、服务优化等方面作出积极回应与变革。各类社团联合会在社区内组织开展丰富多彩的文化艺术活动、学术科技活动与体育竞技活动。例如：书法协会举办社区书法展览与书法讲座，吸引众多书法爱好者参与其中，不仅提升了学生的书法艺术修养，还营造了浓厚的社区文化氛围；科技创新社团组织社区科技创意大赛，鼓励学生发挥创新思维，设计制作各类科技作品，激发了学生的科研兴趣与创新能力。宿舍管理委员会则侧重于学生宿舍内部的自我管理与自我服务，组织开展文明宿舍创建活动，制定宿舍卫生、安全、作息等规章制度，引导学生养成良好的生活习惯与行为规范，同时协调解决宿舍内部成员之间的矛盾纠纷，营造和谐融洽的宿舍人际关系。

教师在高校“一站式”学生社区育人工作中同样扮演着不可或缺的关键角色。专业教师凭借其深厚的学术造诣与丰富的教学经验，在社区内为学生提供优质的学业辅导与科研指导服务。在“一站式”学生社区学习中心，每周都有不同专业的教师轮流值班，为学生解答专业课程学习中的疑难问题，指导学生开展

课程设计、毕业设计等实践教学环节；定期举办学术讲座与学术沙龙，邀请校内外知名专家学者与学生分享学术前沿动态与科研成果，拓宽学生的学术视野，激发学生的科研热情。

辅导员与班主任作为学生思想政治教育工作的主力军，深入社区学生生活一线，与学生建立起亲密无间的师生关系。他们通过日常走访学生宿舍、组织开展主题班会、个别谈心谈话等方式，全面了解学生的思想动态、心理状况、学习情况与生活需求，及时发现并解决学生在成长过程中遇到的各种问题与困惑。桂林理工大学提出了“三个一线”的具体要求，即校院领导干部下沉到一线、理论教育开展在一线、辅导工作扎根到一线。学校领导每学期深入学生社区，为学生讲授“开学第一堂党课”“开学第一课”，定期开展“校长有约”“书记午餐会”等活动。同时，学校分模块组建了“专家宣讲团”“青年讲师团”“优秀学生报告团”，定期在学生社区浸入式开展思想引领活动，建立了“你选，我讲，送课进宿舍”的社区教育新形式。

在高校“一站式”学生社区中，师生之间构建起了极为密切的互动桥梁与深度合作模式，由此打造出一个彼此促进、教学相长的良性循环生态系统。学生在教师的悉心指导与有力帮助之下，犹如茁壮成长的幼苗，在学术探讨中汲取智慧，在品德教诲中明辨是非，在实践活动中锻炼能力，不断实现知识技能的积累与跃升、思想道德的塑造与升华，进而实现综合素质的拓展与进步。而教师在与学生的高频交流互动中，拥有了洞察学生内心世界的敏锐视角，得以更为精准且深入地把握学生的多样需求与个性特点。基于这些深刻认知，教师能够适时且灵活地调整教学方法，优化教育策略，让教学内容与形式更贴合学生实际，从而有效提升教育教学的质量层级与育人成效。这种师生携手汇聚而成的强大合力，如同澎湃动力引擎，有力推动着“一站式”学生社区呈现出蓬勃兴盛的发展态势，使其当之无愧地成为高校育人工作领域极具价值的创新平台与实践前沿阵地。

三、高校“一站式”学生社区发展的文化根脉

校园文化是高校“一站式”学生社区发展不可或缺的深厚文化根脉。校园文化承载着学校深厚的历史底蕴、独特的办学理念、深刻的校训精神和优良的校风学风等重要内涵。学校的历史传承是校园文化的基石，它记录着学校一路走来的风雨历程，那些标志性的事件、重要的发展阶段和为学校建设付出努力的先辈

事迹，都成为激励当代学生不断奋进的精神财富。办学理念则明确了学校的教育方向与目标，它引导着社区在开展各类活动、构建教育环境时始终遵循既定的教育宗旨，致力于培养全面发展的高素质人才。校训精神如同灯塔，在学生的学习与生活中持续发挥着指引作用，让学生时刻铭记自身的责任与追求。严谨扎实的校风学风更是直接影响着学生的学习态度与行为习惯，促使他们在求知的道路上勤奋刻苦、严谨认真。

在“一站式”学生社区的规划建设阶段，校园文化元素就应被充分考量并融入其中。从社区的整体布局来看，其环境布置处处彰显校园文化特色。在社区入口处设置校史文化展示区，通过精心设计的图文展板，详细地展示学校的发展脉络，从早期的建校背景到逐步壮大的过程，办学过程中取得的重大成就，以及杰出校友的成功故事等，这些内容让学生一进入社区就能直观地了解学校的光辉历史与独特魅力，进而激发他们内心深处对学校的热爱与自豪之情，同时也增强了他们的责任感与使命感，使他们意识到自己作为学校一员所肩负的传承与发展的重任。在社区内部的公共活动空间，如学生活动室、自习室、走廊等地，学校历代领导的题词、知名学者的名言警句悬挂展示。这些题词和警句蕴含着深刻的教育意义与人生哲理，潜移默化地影响着学生的思想观念，促使他们思考人生目标、学术追求等重要问题。同时，体现学校办学特色与校园文化主题的书画作品也装点着这些空间，营造出浓厚的文化氛围，使学生在不经意间接受文化的熏陶，提升自身的文化素养。

在日常运行方面，高校“一站式”学生社区着重培育独特的社区文化氛围。倡导互助友爱，让学生在社区生活中学会关心他人、帮助他人，通过共同解决生活中的困难与问题，增进彼此之间的友谊与信任，构建和谐的人际关系网络。积极向上的文化氛围激励着学生们勇于挑战自我、突破自我，无论是在学业上追求更高的成绩，还是在个人综合素质提升方面不断努力，都能在这种氛围的推动下保持昂扬的斗志。开放包容的社区精神尊重每一名学生的个性差异、文化背景和兴趣爱好，鼓励学生展现自我、发挥特长，不同的思想与观点相互交流、碰撞，激发出创新的火花，为社区文化注入源源不断的活力。为了强化社区文化建设，一系列特色活动蓬勃开展。“文明社区达人”评选活动，通过对学生在社区文明行为、社区活动参与度、对他人的积极影响等多方面进行综合考量，评选出优秀代表，为其他学生树立起看得见、摸得着的榜样，引导大家积极效仿；“文明宿舍”评比活动则注重宿舍文化建设，促使宿舍成员共同营造整洁、舒适且富有文化内涵的居住环境，从宿舍这个小单元入手，推动整个社区文化环境的优化。

综上所述，校园文化在高校"一站式"学生社区中扮演着不可或缺的角色。它通过多种方式和途径，从环境塑造到活动开展，全方位地影响着学生的思想观念、行为方式和价值取向。在充满文化魅力与人文关怀的社区环境里，学生不仅能在知识技能学习上取得进步，更能在人格塑造、心灵滋养等方面获得发展，为他们未来步入社会，成为有担当、有素养的社会主义建设者和接班人奠定坚实的基础。

四、高校"一站式"学生社区发展的重要基础

在高等教育现代化进程中，高校"一站式"学生社区的建设正逐步成为提升人才培养质量与育人效能的关键环节。而资源整合无疑是这一建设进程的基石与坚实基础。

高校犹如一座蕴含无尽宝藏的资源库，其中教育教学资源、管理服务资源和社会资源等丰富多样却又分散各处。教育教学资源涵盖传统的课堂授课内容、师资力量和各类教学设施设备；管理服务资源涉及学生工作、后勤保障、安全保卫等众多部门的职能范畴；社会资源则包括与高校相关联的企业、社区和各类社会组织等外部力量所蕴含的潜在助力。巧妙地将这些分散的资源进行有效整合与优化配置，使其在学生社区育人这一宏大工程中释放出最大效能，已然成为高校"一站式"学生社区建设所面临的核心关键任务，同时也是推动其迈向更高发展层次的重要机遇。

在教育教学资源整合的重大工程中，高校正以活跃的创新思维与积极的探索精神，努力开辟将传统课堂教学资源与社区学习资源深度融合的崭新模式与切实可行的有效路径。诸多高校在学生社区内精心打造了功能完备、设施先进的学习中心，内部配备了琳琅满目的图书资料，从经典学术著作到前沿研究报告，为学生提供了丰富的知识源泉；先进的网络学习设备则打破了学习的时空限制，让学生能够畅游于知识网络之中；多媒体教学设施更是将抽象的知识以生动形象的方式呈现，助力学生更好地理解与吸收；再加上舒适宜人的学习桌椅等硬件设施的精心布局，为学生打造了便捷高效的自主学习场所。

与此同时，高校在数字化浪潮的推动下，积极将部分优质课程教学资源进行数字化转型处理，并上传至社区学习平台，学生依据自身的学习进度与多样化需求，在任何时间、任何地点都能自如地开展在线课程学习、课程复习和拓展学习等活动，极大地提高了学习的自主性与灵活性。

此外，高校对各类实践教学资源进行全面整合。实验室作为科学研究与实践操作的前沿阵地，与学生社区建立起紧密的联系与协作机制。高校鼓励学生充分利用实验室资源，开展各类实验项目，在实践中验证理论知识，培养动手能力与科学思维。实习实训基地是学生走向社会、接轨职业的重要桥梁，高校与社区周边企业携手合作，建立校外实习实训基地，定期有序地组织社区学生深入其中，体验真实的工作场景与业务流程，使学生在实践中不断锤炼实践操作能力与职业素养，提前适应社会与职场的要求。创新创业孵化中心在学生社区内设立的项目培育站，则宛如一颗创新的种子，为怀揣创业梦想的学生提供了创业项目策划的灵感启发、创业团队人脉搭建、创业资金扶持的物质保障、创业导师指导的智慧引领等一站式全方位服务，充分激发了学生的创新创业热情与无限创造力，为未来的商业领袖与创新人才的孕育提供了肥沃的土壤。

在管理服务资源的整合上，学校以破竹之势着力打破部门之间长期存在的壁垒与界限，将原本分散于学生工作、后勤保障、安全保卫等多个部门的管理服务资源汇聚到学生社区这一核心平台，全力构建一站式管理服务体系。

以学生事务办理这一与学生日常学习生活息息相关的环节为例，以前学生办理诸如学籍注册、奖助学金申请、宿舍维修申报等事务时，往往需要在不同的部门之间来回奔波，耗费大量宝贵的时间与精力，且常常因部门之间的沟通不畅与流程繁琐而导致办理效率低下，学生满意度不高。然而，如今在“一站式”学生社区内设立的综合服务大厅则彻底改变了这一局面。大厅内整齐有序地设置了多个服务窗口，这些窗口如同一个个贴心的服务驿站，涵盖了学生事务管理的各个方面。学生只需要在线上完成流程后，携带相关材料前往综合服务大厅，便能在这一温馨便捷的地点一站式完成多项事务的办理。这种高效便捷的服务模式不仅极大地提高了服务效率，减少了学生的办事时间与精力消耗，更显著提升了学生对学校管理服务的满意度与认可度，使学生能够将更多的时间与精力投入到学习与个人成长之中。

在后勤保障方面，高校通过整合优化餐饮服务、宿舍管理、环境卫生等后勤资源，为学生社区编织了一张全方位、高质量的后勤保障服务网络。加强宿舍管理与维护是这一网络中的重要节点，高校定期组织专业人员开展宿舍安全检查，及时排查并消除各类安全隐患；对宿舍设施进行精心维修与更新换代，确保学生拥有安全舒适的居住环境。优化社区环境卫生管理同样是后勤保障的重点工作之一，高校通过合理设置垃圾分类投放点，加强对学生的环保教育与引导，培养学生的环保意识与良好习惯;大力加强绿化美化建设,在社区内精心打造花园式景观,种植各类花草树木,营造出整洁优美、绿意盎然的社区环境,让学生在学习之余能够尽情享受大自然的美好,舒缓身心压力。

在安全保卫方面,高校整合校内安保力量,在学生社区内建立起 24 小时值班巡逻制度,如同为社区披上了一件安全的铠甲。安保人员日夜坚守岗位,定时在社区内巡逻,密切关注社区内的一举一动,及时发现并处理各类安全问题。安装智能门禁系统、监控摄像系统等先进的安全防范设备,全方位、无死角地监控社区的各个角落,有效遏制了外来不法分子的入侵,加强了社区治安管理与消防安全检查。此外,高校定期组织消防安全演练与知识培训,提高学生的消防安全意识与应急逃生能力,确保学生的人身财产安全与社区的和谐稳定,为学生营造安心学习与生活的良好环境。

除此之外,高校还应充分施展自身的社会影响力与卓越的资源整合能力,积极拓展社会资源,与企业、社区、社会组织等外部机构建立起广泛而深入的合作关系,巧妙地引入社会资金、人才、项目等优质资源,为学生社区建设注入源源不断的活力。

高校与周边社区开展共建共享活动,社区为学生提供了丰富多彩的社会实践基地与志愿服务平台,学生则充分发挥自身的专业知识与技能优势,为社区居民提供文化教育、健康咨询、法律援助等多样化服务。在社区文化教育方面,学生可以组织书法绘画展览、文艺演出等活动,丰富社区居民的精神文化生活;在健康咨询方面,医学专业的学生可以为居民提供健康体检、疾病预防知识普及等服务;在法律援助方面,法学专业的学生能够为社区附近居民提供法律咨询与法律援助,帮助他们解决生活中遇到的法律问题。这种学校与社区的互动模式不仅促进了融合发展,使高校与社区之间形成了互利共赢的良好局面,更让学生在社会实践中增强了社会责任感与使命感,提升了自身的综合素质与实践能力。

高校与各类社会组织合作开展公益活动亦是资源整合的重要体现。与慈善基金会合作开展扶贫济困项目,学生可以深入贫困地区,了解贫困现状,参与扶贫物资发放、贫困家庭帮扶等工作,培养爱心与社会担当;与环保组织合作开展环保宣传与实践活动,学生可以通过组织环保知识讲座、社区垃圾分类宣传、环保志愿者行动等活动,提高公众的环保意识,共同为保护地球家园贡献力量。这些公益活动丰富了学生社区的育人资源与活动内容,拓宽了学生的社会视野,增强了学生的责任担当意识,使学生在参与公益活动的过程中,深刻领悟到个人与社会的紧密联系，从而更加积极地投身于社会公益事业与国家建设之中。

通过全方位、多层次的资源整合，高校“一站式”学生社区成功构建起了一个资源丰富、功能完备、协同高效的育人平台，它如同一个强大的教育生态系统，为学生的成长成才提供了全方位、立体化的有力支持与坚实保障。这一资源整合模式也为高校教育改革与创新发展提供了宝贵的经验与示范，引领高等教育向着更加优质、高效、全面的方向迈进。

五、高校“一站式”学生社区发展的技术支撑

在当今科技飞速发展的时代，现代信息技术已然成为最活跃且极具变革性的生产力要素之一，它如同一股强劲的东风，为高校“一站式”学生社区的蓬勃发展提供了前所未有的强大技术支撑与源源不断的创新动力。随着互联网、大数据、人工智能、物联网等新兴信息技术的迅猛崛起及其在各个领域的广泛渗透应用，高校学生社区正以前所未有的速度和姿态加速迈向数字化、智能化、智慧化的崭新时代，开启全新的发展篇章。

首先，高校充分发挥信息技术的优势，精心构建起功能完备且操作便捷的社区信息化管理平台。这一平台犹如一个精密运转的中枢神经系统，涵盖学生信息管理、社区事务管理、活动组织管理等多项核心管理工作，并成功实现了这些管理工作从传统模式向数字化与智能化的深度转型。以桂林理工大学为例，积极投入大量资源大力研发具有针对性和实用性的小程序，并巧妙地将人脸识别门禁系统无缝嵌入其中。这一举措成功打破了校门与社区之间的物理壁垒，借助先进的信息技术手段，能够实时动态地精准掌握学生数据信息。通过这一系统，无论是学生在校内的日常活动轨迹，还是学生在社区内的通行情况，学校都能实现精细化、智能化的全面掌控。这不仅极大地提高了学校管理工作的效率和准确性，更为重要的是，牢牢守住了校园安全稳定的底线，为学生营造了一个安全、有序的学习与生活环境。

此外，“一键直报”平台在“一站式”学生社区一经推出便迅速赢得了广大学生的青睐与广泛好评。其受理范围广泛，全面覆盖了宿舍管理、食堂就餐、就医服务、校园安全等 14 个管理服务模块。这一平台凭借其高效、快速的信息处理能力，妥善处理了大量学生反馈的问题，真正做到了想学生之所想，急学生之所急，切实解决了学生在学习与生活中遇到的各种“急、难、愁、盼”问题。同时，该平台还搭载了先进的智能预警功能，能够对学生的异常行为数据以及社区安全

隐患数据等进行实时不间断的监测与深度预警分析。例如，一旦系统检测到某学生长时间未归宿舍或者宿舍用电出现异常等情况，会立即自动向相关管理人员发送精准的预警信息，确保相关人员能够第一时间知晓并及时采取相应的措施进行妥善处理，从而有效保障学生的人身安全以及社区的正常运行秩序。

其次，借助在线教育平台的强大力量，高校在“一站式”学生社区内积极探索并大力开展线上线下混合式教学活动。这一创新教学模式成功突破了传统教学模式在时空维度上的重重限制，为学生提供了更加丰富多样、个性化十足的学习资源与灵活多样的学习方式。众多高校纷纷与知名在线教育平台建立深度合作关系，通过资源整合与共享，引进了海量优质的在线课程资源。这些课程资源包括各个学科专业领域的基础课程、专业核心课程和前沿拓展课程等，无论是理工科的复杂理论知识，还是人文社科的深邃思想文化，都能在这些平台上找到对应的优质课程。学生由此获得了前所未有的学习自主权，可以根据自己的学习兴趣、专业需求和个人学习进度，自由自主地选择在线课程进行学习。在学习过程中，他们还能够通过在线学习平台与授课教师以及来自不同地区、不同背景的其他学生进行实时互动交流，分享学习心得、探讨学术问题、开展合作学习等。同时，学生可以在线完成课程作业、参加课程考试等，真正实现了学习过程的全程数字化与智能化管理。

高校教师也积极主动地拥抱这一变革，充分利用在线教育平台，深入开展翻转课堂教学模式改革。他们将部分课程内容提前录制为教学视频，供学生在课前进行自主预习。课堂上则转变为组织学生进行小组讨论、案例分析、项目实践等以学生为主体的互动式学习活动。教师针对学生在预习过程中普遍遇到的问题进行集中讲解与深入指导，从而实现了教学理念从传统的“以教为主”向“以学为主”的根本性转变。这种教学模式不仅激发了学生的学习积极性和主动性，培养了他们的自主学习能力、批判性思维能力和团队协作能力，还使得教学效果得到了显著提升。此外，在线教育平台所具备的智能学习分析功能更是为学生的学习提供了有力的支持和个性化的指导。它能够根据学生在平台上的学习行为数据，如学习时长、学习进度、作业完成情况、考试成绩等多维度信息，运用先进的数据分析算法为学生生成详细且精准的个性化学习报告与具有针对性的学习建议。这些报告和建议可以帮助学生更好地了解自己的学习状况和学习特点，及时发现学习过程中存在的问题和不足之处，并据此科学合理地调整学习策略，优化学习方法，最终实现学习效果的大幅提升。

再次，高校巧妙运用大数据分析技术，对学生在"一站式"学生社区中的行为数据、学习数据、社交数据等进行全面、深入、细致的采集、分析与挖掘工作。通过这一过程，高校能够精准洞察学生在各个方面的信息，包括学生的兴趣爱好、学习习惯、心理状态、社交需求等。这些精准的信息为高校开展个性化、精准化的教育服务提供了坚实的数据依据和决策支持。对学生在社区学习中心的学习行为数据进行深度分析，一旦发现某学生在某个特定学科领域的学习时间较长、对相关学习资源的浏览量较大，并且在该学科的课程作业与考试中表现出色，系统便可以智能地为该学生推荐更具深度和挑战性的进阶课程、相关领域的前沿学术研究资料和参加相关学科竞赛的宝贵机会等。这样的个性化推荐能够充分满足学生在该学科领域深度学习与长足发展的强烈需求，助力他们在学术道路上不断攀登新的高峰。

同样，对学生的社交数据进行全面分析，如学生在社区社交平台上的好友关系网络、互动频率高低、话题讨论内容倾向等信息，若系统检测到某学生近期因人际关系问题出现情绪低落等异常现象，能够及时向辅导员或专业心理咨询教师推送精准的预警信息。辅导员和心理咨询教师在接收到预警信息后，可以迅速介入并开展有针对性的心理疏导与人际关系协调工作，帮助学生及时解决心理困扰，恢复积极健康的心理状态，重新投入到正常的学习与生活中。这种基于大数据分析的个性化教育服务模式充分体现了以学生为中心的教育理念，能够更好地满足每个学生的独特需求，促进学生的全面发展和个性化成长。

最后，智能安防技术在高校"一站式"学生社区中的广泛应用，为保障学生的人身财产安全与维护社区的稳定秩序构筑起了一道坚不可摧的技术屏障。例如，智能门禁系统采用了人脸识别、指纹识别、校园卡识别等多种先进的身份验证方式，对进出社区的人员进行严格的身份识别与权限管理。只有经过授权的人员才能顺利进入社区，有效防止了外来人员的随意闯入，大大降低了社区安全风险。

第二节／高校"一站式"学生社区育人面临的挑战

高校"一站式"学生社区建设体现了学生社区育人阵地建设与一站式管理服务模式建构的结合，既面临着一些过去长期想解决但未能解决的瓶颈问题，又不断出现一些新的发展难题。结合各高校的实践探索，可以发现“一站式”学生社区建设在育人共识、环境熏陶、育人机制、学生主体、数字赋能等方面存在问题，这一系列窘境阻碍了“一站式”学生社区育人功能的发挥，同时也暴露出社区建设过程中的短板弱项。

一、高校“一站式”学生社区育人共识有待深化

我国许多高校都在开展“一站式”学生社区育人工作，并取得了一定的成效。但是，目前部分高校对“一站式”学生社区育人的理解还存在误区，并没有把“一站式”学生社区育人融入学校整体的人才培养系统中。具体表现在以下三个方面。

（一）全员育人共识未有效深化

全员育人，即要求所有教育工作者都参与到育人的过程中来，形成全员参与、共同育人的良好氛围。然而，在高校“一站式”学生社区育人实践中，这一理念并未得到有效落实。从育人主体的角度来看，目前主要依赖学生工作部门和后勤部门来推进“一站式”学生社区育人工作。这种单一主体的育人模式，导致其他潜在的育人资源没有得到充分利用。如专业教师、辅导员、心理咨询师等，他们都具有丰富的育人经验和专业知识，但在“一站式”学生社区育人中的参与度并不高。这种主体认知的缺失，使得“一站式”学生社区育人的效果大打折扣。从功能挖掘的角度来看，部分高校将“一站式”学生社区仅仅视为传统学生宿舍的升级版，没有深入挖掘其潜在的育人功能。实际上，“一站式”学生社区不仅是学生休息和生活的场所，更是学生交流、学习、成长的重要平台。通过合理的规划和设计，可以将其打造成为集教育、管理、服务于一体的综合性育人平台。然而，由于对“一站式”学生社区功能认知的不足，其育人功能未能得到充分发挥。

（二）全过程育人共识未有效深化

全过程育人，即强调育人的时间要素，要求形成一个全程性的育人链条，覆盖学生成长的全过程。然而，在高校“一站式”学生社区育人实践中，全过程育人的理念并未得到有效落实。从时间链条的角度来看，目前高校“一站式”学生社区育人主要关注学生在校期间的学习和生活，而对学生实习就业阶段的培育则重视程度不够。实际上，学生实习就业阶段是其成长成才的关键环节，也是检验学校教育成果的重要时期。然而，由于对学生实习就业阶段培育的缺失，学生无

法很好地实现从课堂到课后、从学业到就业的过渡和衔接。这种时间链条的断裂，使得全过程育人的效果受到影响。从育人环节的角度来看，目前高校“一站式”学生社区育人侧重对学生的日常生活管理，而对学生的思想政治教育、心理健康教育、职业规划指导等方面的关注则相对较少。这些环节都是学生成长成才不可或缺的重要组成部分，也是全过程育人的关键环节。由于对这些环节的忽视，“一站式”学生社区育人的效果不够全面和深入。

（三）全方位育人共识未有效深化

全方位育人，即强调育人的空间因素，要求充分利用各种载体和活动育人。在高校“一站式”学生社区育人实践中，全方位育人的理念也并未得到有效落实。从空间资源的角度来看，目前高校“一站式”学生社区所提供的育人资源相对有限，无法满足学生德智体美劳全面发展的需求。例如，“一站式”学生社区缺乏足够的学习资源、文化活动场所、体育设施等，导致学生的全面发展受到限制。空间资源的不足，使得全方位育人的效果受到制约。从育人活动的角度来看，目前高校“一站式”学生社区所开展的育人活动相对单一和缺乏创新。这些活动往往局限于传统的文体活动和志愿服务等，而缺乏与学生专业特点、兴趣爱好相结合的个性化育人活动。育人活动的不足，导致学生的参与度和积极性不高，也影响了全方位育人的效果。

二、高校“一站式”学生社区环境熏陶有待强化

高校“一站式”学生社区作为学生学习、生活与成长的重要场所，其文化氛围的营造对于学生的思想政治教育、道德品质塑造和人际交往能力的培养具有深远的影响。当前在一些高校中，“一站式”学生社区的环境熏陶氛围并不浓厚，这主要体现在文化设施建设不足、文化活动相对缺乏和人际交往存在圈层化现象三个方面。

（一）学生社区文化设施建设不足

“一站式”学生社区文化设施不仅是建筑和空间的集合，更是文化和价值观念的载体。它们通过展示、传播和弘扬文化建设活动的优秀成果，为学生提供一个良好的学习和生活环境。然而，由于当前部分高校“一站式”学生社区文化设施建设不足，这些设施在发挥文化熏陶作用方面存在明显短板。这不仅制约了“一站式”学生社区文化氛围的营造，而且影响了学生思想政治教育的效果。一

方面，文化设施的数量明显不足。文化宣传栏、艺术展览空间和文化活动室等基础文化设施在"一站式"学生社区中普遍缺乏，这使得学生难以在"家门口"接受到丰富的文化熏陶，限制了他们获取知识和信息的渠道。另一方面，文化设施的质量和功能也存在一定问题。部分高校虽然建设了一些文化设施，但由于设计不合理、功能不完善或维护不当等原因，这些设施并未充分发挥其应有的作用。

（二）学生社区文化活动相对缺乏

高校"一站式"学生社区开展文化活动是营造良好文化氛围的重要途径。然而，当前部分高校在"一站式"学生社区文化活动方面存在明显不足。一方面，红色文化活动、"一站式"学生社区特色文化活动、主流价值观宣传活动等类型的文化活动开展的频次不够，这使得学生难以在"一站式"学生社区中接触到丰富多彩的文化活动，限制了他们文化素养的提升和审美能力的提升。另一方面，部分高校虽然举办了一些文化活动，但由于活动设计不合理、内容缺乏新意或执行不力等原因，这些活动往往趋于形式化。这不仅无法达到预期的文化熏陶效果，还可能使学生产生抵触情绪。此外，当前部分高校"一站式"学生社区文化活动中还存在活动内涵挖掘不深的问题。一些文化活动往往停留在表面形式，缺乏对学生精神层面的引导和熏陶。这使得"一站式"学生社区文化没有与校园文化、办学理念和红色文化等有效结合，导致社区文化底蕴不足。文化底蕴的缺失不仅影响了"一站式"学生社区文化氛围的营造，更制约了对学生思想品质的塑造与熏陶。

（三）学生人际交往存在圈层化现象

高校"一站式"学生社区学生人际交往的圈层化现象是当前"一站式"学生社区面临的一个重要问题。这一现象主要表现为学生之间形成了一定的社交圈子，不同圈子之间的学生难以建立深入的联系和理解。一方面，圈层化现象可能导致信息传播的局限性。在特定的社交圈子中，学生往往只关注与自己圈子相关的话题和信息，而对其他圈子或更广泛的社会信息则缺乏了解和关注。这使得一些重要的信息和观点无法有效地传达给所有学生，影响了学生的全面发展和他们对社会的认知。另一方面，圈层化现象可能加剧学生之间的分化和隔阂。在特定的社交圈子中，学生往往形成了一定的身份认同和归属感，而不同圈子之间的学生则可能存在一定的排斥和隔阂。这使得不同圈子的学生之间难以建立深入的联系和理解，影响了学生的社会交往能力和团队合作精神的培养。此外，圈层化现象还可能给学生带来较大的心理压力。在特定的社交圈子中，学生往往面临着一定的竞争和压力，而为了维持自己在圈子中的地位和认同感，他们可能会不自觉地迎合圈子的文化和价值观。这种迎合和妥协不仅可能导致学生失去自我和个性，还可能使他们对社区产生疏离感和不信任感。这种心理状态不仅会影响“一站式”学生社区的和谐氛围的营造，而且会制约“一站式”学生社区育人效果的发挥。

三、高校“一站式”学生社区育人机制有待完善

当前，高校“一站式”学生社区作为连接教育与实践、知识与生活的重要桥梁，正日益成为高校育人工作的新阵地。这一转型不仅要求育人资源和育人主体下沉至“一站式”学生社区，更需要在育人机制上进行深刻变革，以适应新时代学生全面发展的需要。尽管近年来高校“一站式”学生社区建设取得了显著进展，但在协同育人机制、宣传引导机制和资源配置机制等方面仍存在诸多不足。

（一）协同育人机制尚未健全

协同育人机制是高校“一站式”学生社区育人功能得以有效发挥的核心。它要求学校党委、行政部门、各职能部门和广大教职员工形成合力，共同参与到“一站式”学生社区育人工作中来。然而，现实中，这一机制的建设仍面临诸多挑战。一方面，部分高校尚未建立起由学校党委统一领导、党政齐抓共管、各职能部门协同联动的育人机制。各部门之间缺乏有效的沟通与协调，导致育人工作各自为政，难以产生整体效应。即使在一些已经建立起协同育人机制的高校中，各育人主体之间的协同作业也往往存在脱节问题。领导干部、专兼职辅导员、思想政治理论课教师、专业教师、心理健康专任教师等虽然都是“一站式”学生社区育人的重要力量，但在实际操作中，往往缺乏明确的职责划分和有效的协作机制，导致育人工作碎片化，难以形成连贯的教育链条。另一方面，育人队伍的培训与考评激励机制也是协同育人机制中不可或缺的一环。目前一些高校在育人队伍的培训上投入不足，导致育人队伍整体素质参差不齐。同时，缺乏有效的考评与激励机制，也使得育人队伍的工作积极性和参与度受到严重影响。

（二）育人的宣传引导机制尚未建立

宣传引导机制是提升学生对社区育人功能认知度与接受度的关键。目前一些高校在宣传引导方面仍存在明显不足。一方面，学校层面的宣传引导工作不

到位，导致部分学生对社区的功能认知仍然停留在“晚上休息的场所”这一传统观念上，未能充分认识到社区作为第二课堂的重要价值。另一方面，部分高校在利用新媒体进行宣传引导方面也存在短板。首先，宣传渠道的单一化限制了信息的传播范围。一些高校可能仅依赖于传统的校内宣传方式，如海报、横幅等，而忽视了微信、微博等更为广泛且高效的传播渠道。宣传渠道的局限性，导致师生难以获取关于“一站式”学生社区育人模式的全面信息，进而影响了其对该模式的认知与接受程度。其次，宣传内容的单一化削弱了宣传效果。一些高校在宣传过程中，可能过于注重对该模式的定义、特点等理论层面的介绍，而忽视了对其实际应用效果、成功案例等方面的展示。宣传内容的单一化，使得师生难以直观感受到该模式所带来的积极影响与变化，从而降低了其参与该模式的积极性与热情。最后，宣传力度的不足制约了该模式的深入实施。一些高校可能由于资源、时间等方面的限制，而在宣传过程中投入不足，导致师生对该模式的了解程度不深、关注度不高。宣传力度的不足，不仅影响了该模式的推广效果，而且制约了高校育人模式的创新与发展。

（三）以学生为中心的资源配置机制仍有待完善

资源配置机制是保障“一站式”学生社区育人工作顺利开展的基础。目前一些高校在资源配置方面仍存在诸多问题。一方面，部分高校在资源配置过程中缺乏整体性统筹安排，导致以学生为中心的资源配置未能达到理想效果。各部门之间往往缺乏有效的沟通与协调，导致资源分配不均、重复建设或资源浪费等现象时有发生。另一方面，学生参与机制不健全是资源配置机制中的一大短板。由于学生未能充分参与到资源配置的决策过程中来，他们的需求和意见往往难以得到充分考虑和体现，导致资源配置难以真正将以学生为中心的理念落实到位。此外，资源反馈机制的缺失也是当前资源配置机制中的一大问题。由于信息渠道不够畅通，学生在资源使用过程中往往难以系统地向学校相关部门反馈社区资源的供给和分配情况。这不仅导致了资源配置相关问题难以被及时发现和解决，而且使得学生的需求难以得到有效满足和回应。资源配置机制的不完善不仅影响了“一站式”学生社区育人工作的顺利开展和持续改进，而且制约了高校“一站式”学生社区整体育人水平的提升和发展。

四、高校“一站式”学生社区学生主体有待彰显

在当前高等教育体系中，高校“一站式”学生社区作为连接教育与学生生活

的重要桥梁，承载着促进学生全面发展、提升学生综合素质的重要使命。尽管这一模式在提升管理效率、优化资源配置等方面展现出显著优势，但在实际操作中，学生主体作用的发挥却面临着诸多挑战，这在一定程度上制约了社区育人功能的发挥。

（一）过度强调以学校为主体搭建社区管理架构

高校在推进“一站式”学生社区建设时，往往倾向于构建一套由学校全面主导的管理架构，以确保社区的有序运行和管理的规范性。在这一模式下，学校作为管理主体，负责制定政策、规划活动、分配资源，并对社区进行日常监督。然而，这种高度集中的管理方式却在一定程度上忽视了学生的主体地位，将学生置于被动参与者的角色。学生在此架构下，往往只能按照学校预设的框架和流程参与社区活动，缺乏足够的自主性和创造性。被动参与不仅不能充分满足学生个性化和多样化的发展需求，而且削弱了学生对社区的归属感和责任感。此外，学生自治机制的缺失，使得学生在决策和自治方面的权限被严重削弱，难以真正发挥其主观能动性。社区活动更多地成为了学校对学生实施管理的工具，而非学生自我发展和成长的平台。这不仅违背了“一站式”学生社区建设的初衷，而且限制了学生综合素质的提升和个性化发展。

（二）缺乏对学生个性化关怀的评价体系

当前高校“一站式”学生社区评价机制侧重学生的全程化考核和行为监督，而非真正聚焦于学生在“一站式”学生社区中的自主发展和个性化需求。经调研发现，在多数高校中，建立学生个性化关怀的评价体系的占比极低。学校倾向于将“一站式”学生社区管理视为监控学生行为和发展的手段，更侧重对学生的引导和控制，而非为学生提供一个自由成长的平台。一方面，传统的学术评价标准仍然占据主导地位，导致学生过分追求分数和成绩，而忽视了实际能力和素质的培养。这种评价导向不仅限制了学生的全面发展，而且减弱了社区建设对学生综合素质提升的支撑作用。另一方面，评价内容的全面化强调对学生的全程考核，使得学生的每项行为都可能成为评价对象。过度的监督和考核不仅增加了学生的心理负担，而且使社区建设活动变成了一种任务，学生在迎合规定的过程中可能丧失创新精神和自主性。此外，缺乏对学生个性化关怀的评价体系，还体现在对学生情感需求和心理状态的忽视上。当前的社区管理往往更侧重对学生的行为规范和学业成绩的考核，而忽视了对学生心理健康和情感状态的关注。

这种评价体系的缺失不仅影响了学生的心理健康和幸福感，而且限制了社区在促进学生全面发展方面的作用发挥。

（三）以教师为本位开展社区管理活动

在部分高校的“一站式”学生社区建设中，教师是社区管理活动的主导力量。他们负责制订管理计划、安排活动和监督学生的执行情况。这种以教师为本位的社区管理模式却严重限制了学生的自主权和创造力。在这种模式下，学生的参与主要围绕教师的规划和安排进行，缺乏足够的自主权和决策权。这不仅影响了学生领导力和创造力的发挥，而且使得“一站式”学生社区管理活动难以真正体现学生自治的精神和理念。学生在参与社区管理活动时，往往只能按照教师的指示行事，缺乏独立思考和自主决策的机会。这种被动的参与方式限制了学生个性的发展和创造力的激发，削弱了学生对社区的归属感和责任感。同时，以教师为本位的社区管理模式还可能导致资源的分配不均和效率低下。教师往往根据自己的判断和偏好来制订管理计划和活动安排，可能导致一些真正符合学生需求和兴趣的活动得不到足够的支持和资源。这种资源的错配不仅影响了社区活动的质量和效果，而且限制了学生全面发展和个性化成长的可能性。

五、高校“一站式”学生社区数字赋能有待进阶

在数字化时代，高校“一站式”学生社区作为连接学生、教师和管理者的桥梁，其数字技术赋能的成效直接影响到“一站式”学生社区的运营效率、管理质量和教育效果。当前许多高校在这一领域仍面临诸多挑战，亟待解决和提升。

（一）数字基座有待加强

随着数字技术的快速发展，数字基座需要不断更新和迭代，以适应新的教学、管理和服务需求。目前许多高校“一站式”学生社区的数字基座建设可能还停留在初级阶段，无法满足日益增长的技术需求。其一，网络基础设施薄弱。数字基座所依赖的硬件设备，如服务器、存储设备、网络设备等配置不足，难以支持大规模的学生访问和数据传输，导致系统响应缓慢、稳定性差，直接影响社区数字基座的正常运行。其二，技术不合格造成安全漏洞。众多高校引进了包括电子门禁、智能安防在内的数字化系统，这些系统成为社区管理者实现安全管理的手段，但过度地依赖数字化系统使管理者忽视了其中存在的安全漏洞。例如：人脸识别精准率不高，导致非本楼人员混入的问题；系统故障导致住宿数据不准

确等隐患，给社区管理工作造成阻碍。其三，自助终端设备难以满足学生的需求。自助终端设备功能较单一，提供的服务和功能有限，没有涵盖学生日常所需的全部服务，难以满足学生的学习生活需求。此外，自助终端设备的操作流程可能过于复杂，或者界面设计不够直观，导致学生难以快速上手。而且，如果设备不支持多种语言或智能搜索功能，会给不同背景的学生带来使用困难，阻碍“三全育人”的落地实施。

（二）数据壁垒有待突破

当前，“一站式”学生社区建设的现代化需求与数字技术应用场景的数据共享能力存在发展不协调的问题。其一，社区工作者数字素养和意识缺乏。数字素养和意识的缺乏可能导致社区工作者在与其他部门或机构协作时存在困难。他们可能无法理解其他部门的数据需求或无法提供符合需求的数据格式，从而导致跨部门数据共享的失败，进而加剧数据壁垒。其二，社区数字化平台难以获取全部数据。“一站式”学生社区数字化平台的搭建涉及校内多个部门的协同参与，如二级学院、学工部、教务处等相关部门。各相关部门的学生数据信息均是根据自身需求而设定，管理标准不统一，大量数据信息不能直接对接共享，导致大学生思想政治教育的相关数据信息存在碎片化、条块化等现象。其三，数据共享存在安全壁垒。在数字技术的创新发展促使社区管理服务更加方便的同时，数据安全性问题日益凸显，学生个人隐私逐渐陷入危险境地。数据共享使大学生个人隐私处于暴露状态，各部门在数据共享方面可能存在数据泄露和滥用的顾虑，导致数据壁垒的形成。

（三）数字服务模式有待创新

虽然大多数高校“一站式”学生社区的建设都已引入数字技术，但整体来看，社区数字服务模式仍处于初级阶段，有待进一步创新和完善。其一，数字服务在价值引领方面做得不够。许多高校在利用数字化平台引导学生正确思想观念方面仍存在不足。他们往往仅停留于简单的数字应用层面，未能充分发挥数字化平台在价值引领方面的作用，这导致社区数字服务模式难以满足学生成长成才的需求。其二，信息化平台的功能设计和服务质量有待提升。许多高校的“一站式”学生社区信息化平台缺乏某些关键功能，或者功能设计不够灵活和人性化，导致学生使用体验不佳，降低了他们对社区数字服务模式的认可度和使用意愿。同时，信息化平台的服务质量也直接影响到学生的满意度和忠诚度。其三，数字赋能平安社区建设仍有待加强。尽管许多高校已引入监控设备和数字化系统来加强社区安全管理，但监测覆盖不全面、预警机制不健全等问题仍普遍存在，这导致社区在应对突发事件和潜在风险时缺乏足够的应对能力和预警机制。这不仅影响了社区的安全管理水平，而且制约了“一站式”学生社区的和谐发展。

第三节 ╱ 高校“一站式”学生社区育人的创新发展

在当今高等教育领域，高校“一站式”学生社区作为高校育人的重要载体，其创新发展已成为高校教育改革的关键一环。“一站式”学生社区育人模式应运而生，它以学生为中心，整合资源、优化服务、强化育人功能，致力于打造一个集学习、生活、娱乐、成长于一体的综合性平台。这种模式不仅能够提高学生的满意度和归属感，还能有效促进学生全面发展，培养其综合素质和社会责任感。本节旨在探讨高校“一站式”学生社区育人模式的创新发展路径，分析其在实践中的优势与挑战，并提出相应的策略建议，以期为高校“一站式”学生社区的建设提供理论指导和实践参考。

一、聚焦高校“一站式”学生社区育人共识新视角

高校“一站式”学生社区思想政治教育模式构建第一步就是要奠定坚实的思想基础，在明确其作用地位的基础上，在全校范围内形成重视社区发展的建设氛围，统一参与社区建设主体的思想战线，使主体在意识层面为模式构建扫除思想上的障碍。

（一）完善顶层设计，推进落实“三全育人”

当前高校正逐步推进“一站式”学生社区建设，以适应时代发展和满足学生需求，同时推动思想政治教育的创新。这种模式是教育实践的创新方向，强调在落实立德树人根本任务的基础上，实现全员、全过程、全方位育人的目标。

1. 坚持思政教育与实践拓展相结合

用马克思主义和思想政治教育理论来深化高校“一站式”学生社区的思想政治教育理论，加强高校“一站式”学生社区建设的理论指导和支撑。同时，加强对思想政治教育环境、载体和方法的研究与应用，提高高校“一站式”学生社区思想

政治教育的科学性、普遍性和原理性。

2. 坚持课堂教育与社区教育相结合

“第一课堂”思想教育与“一站式”学生社区教育相结合是完善“三全育人”格局的必要路径。高校应重视将课堂的思想政治教育融入“一站式”学生社区组织开展的日常活动之中，使之融入生活、覆盖空间、贯穿全程，发挥社区在教育环境、载体和方法上的独特优势。同时，增加对“第二课堂”活动的投入，优化“课程思政＋思政课程＋第二课堂”的模式，丰富学生社区活动，提升学生对社区的认可度和归属感。

3. 坚持理论研究与试点落地相结合

通过设立高校“一站式”学生社区育人专项课题、成立高校“一站式”学生社区导师工作室等方式，强化高校“一站式”学生社区在思想政治教育工作中的作用地位和实际应用。构建集成化的高校“一站式”学生社区教育管理服务系统，打造多功能的学生社区中心，使学生社区成为“三全育人”的延伸平台，实现全员、全过程、全方位育人的目标，推动“三全育人”理念在高校“一站式”学生社区的深入实施。

（二）明确责任分工，创新协同育人机制

当前，高校教育系统围绕“三全育人”的理论内涵、实践导向和发展趋势进行多维度的探究。高校“一站式”学生社区育人模式与传统宿舍不同，打破了学院、专业、年级和师生界限，实现了学生组织管理的新型模式。这种模式要求所有学生遵守统一的社区建设规则，解决了不同辅导员、班主任等导致的管理差异问题，促进了学生社区的公平性和统一性。

1. 建立以学校党委为主导的高校“一站式”学生社区管理机制

在构建高校“一站式”学生社区思想政治教育模式的过程中，首要任务是明确各部门的责任与目标，形成育人合力。学校党委应将“一站式”学生社区建设作为重点工作，成立专门的领导小组，负责社区建设相关事务。领导小组以校领导为核心，以学生的成长发展为根本出发点和落脚点，整合学工、人事、后勤、教务、工会等相关部门，科学分工、优势互补、协同发力，共同做好社区学院机制建立与硬件设施建设、日常学生思政工作创新、文化育人平台建设等工作，形成社区管理协同育人格局。此外，学校党委还要加强对“一站式”学生社区建设的监督和评估，确保各项工作落到实处、取得实效。学校党委要定期召开会议，听取各部门的工作汇报，分析存在的问题，制定改进措施。同时，还要广泛征求师生

的意见和建议，不断优化管理机制，提高服务质量，确保高校"一站式"学生社区真正成为学生成长成才的重要平台，为学生的全面发展提供坚实的保障。

2. 建立以育人主体为核心的高校"一站式"学生社区责任机制

明确各育人主体的角色定位、职责分工、激励机制等，以最大程度地消除责任盲区，避免各个育人主体功能重叠，使各育人主体意识到，只有每个主体都发挥出育人能量才能达到育人目标，从而在整体上实现各育人主体功能互补，充分发挥各育人主体的优势，形成育人合力，共同促进学生的全面发展。这种机制不仅能够提高思想政治教育的针对性和实效性，还能够提升学生的获得感和满意度，为学生的健康成长和成才提供有力支持。

3. 建立以校外资源为补充的高校"一站式"学生社区队伍机制

高校"一站式"学生社区能够更好地整合校内外资源，为学生提供全面、多样、实践性强的教育体验，从而培养出更多适应社会发展需求的高素质人才。高校"一站式"学生社区队伍机制的建立，应注重邀请校外育人专家和企业到学生社区，以讲座等形式拓展思想政治教育的维度。邀请企业的先进模范人物，如"五一劳动奖章"获得者到高校"一站式"学生社区进行事迹宣讲，通过这些模范人物的亲身经历和感人事迹，学生可以直观地感受到企业所需要的道德范式和行为标准，从而锻炼积极的工作态度、高度的敬业精神、较强的团队合作意识和人际交往能力。构建校企合作、工学结合的特色高校"一站式"学生社区思想政治教育模式，帮助学生在实践中深化对知识的理解，提高解决实际问题的能力。

二、打造高校"一站式"学生社区育人环境新场景

随着教育改革的不断深化，高校"一站式"学生社区的育人环境建设显得尤为重要。育人环境不仅包括物质设施的完善，更涵盖文化氛围的营造和人际关系的构建。因此，如何打造一个优质的高校"一站式"学生社区育人环境，成为高校教育工作者和管理者亟须探讨和实践的重要课题。

（一）优化物质环境以完善公共育人空间

要充分发挥"一站式"学生社区的育人作用，就必须打造一个以学生为主体的社区育人环境。学校要根据相关的政策和文件中关于"一站式"学生社区的建设要求，站在育人的角度，不断地改进"一站式"学生社区的基础设施与文化设施，满足学生的需要，让学生感觉到社区的温暖，进而对社区产生发自内心的喜

爱与认同。通过健全基础设施，让学生自发地聚集在学生社区中，为"三全育人"提供一个聚合的思想政治教育环境。

1. 加强基础设施建设

可以在宿舍楼内建立多功能室，为育人活动提供场地支持，从而方便学生的交流和学习。在公共休息和社交区域，提供舒适的座椅和休息区，营造温馨的氛围，让学生感受到家的温暖；保持区域的整洁，提供良好的卫生环境。还要配套学生社区办公基本设施，如专任教师办公室、心理咨询室和会议室等必要的办公空间，为教师深入学生社区育人工作提供空间场域。同时，完善学生社区生活、体育运动相关设施，建设健身房、洗衣房、游泳池等设施，满足学生多样化的需求，从而为全方位育人提供基础支持。

2. 完善文化设施建设

在基础设施建设的基础上，加强文化设施建设。完善社区图书室、宣传栏、文化墙、艺术展览区、雕塑等文化阵地的建设，并合理利用这些文化阵地，有效地宣传和推广学校的文化和育人理念，增强学生的文化认同感和归属感，同时丰富学生的课余生活。

（二）优化文化环境以营造文化浸润氛围

"一站式"学生社区文化环境是学生学习、生活的重要组成部分，良好的社区文化环境能够促进学生综合素质的提高，增强学生的归属感和凝聚力。

1. 丰富学生社区文化活动

在社区中，引导大学生参加各种文化活动，能够提高社区的凝聚力。举办学术讲座、沙龙等，或者开展文艺演出、讲座、展览等社团活动、文体活动，并邀请学生踊跃参与，以丰富学生社区的文化生活，提高社区学生文化生活的质量，营造浓郁的文化氛围，从而使学生受到熏陶感染，提升学生的文化内涵。开展文化传承活动，如中华优秀传统文化讲座、民族节日庆祝活动等，增强学生对中华优秀传统文化的认同感和自豪感；组织社区文化交流活动，如文化社团、艺术展览等，促进不同文化背景的学生之间的交流与合作；开展"寝室文化节""宿舍劳动月"活动，评选"标兵寝室""优秀寝室"，提升社区文化的感染力，打造幸福社区文化，营造浸润式"五育"文化，助力学生全面发展、全面提升。

2. 推广学生社区公约风尚

社区公约应包括文明行为规范、尊重他人、保护公共设施等内容，学校通过宣传和引导，使学生自觉遵守公约，维护社区和谐。通过楼道、走廊的宣传栏、标语等渠道传播社区公约内容，引导学生树立正确的价值观。

（三）优化人际环境以渲染和谐友善氛围

在"一站式"学生社区内，营造良好的人际环境非常重要，这能有效地提高学生在社区中的人际交往能力，使学生所在的社会群体更加紧密地团结在一起，逐步解开学生所在的圈子的束缚，从而提升社区内学生的凝聚力和社区参与度。

1. 及时发现和解决学生之间的冲突

在社区中，学生之间可能发生冲突和摩擦，辅导员等育人主体要及时地对他们进行教育和引导，消除他们之间的偏见，建立和谐的社区人际关系。促进社区内学生之间的交流，鼓励学生积极参与社区内活动，让学生有更多的机会了解彼此。

2. 建立学生之间的信任

建立学生之间的信任是营造良好人际环境的基础。学生在学生社区内生活、学习时间长，辅导员等育人力量要鼓励学生相互尊重、理解和支持，通过合作和分享来增进彼此之间的信任。

3. 建立良好的师生关系

育人主体应该尊重学生的个性、兴趣和需求，以平等、公正的态度对待每个学生。另外，各育人主体应关注学生的心理健康，了解学生的成长背景、学习困难和心理需求，并提供个性化的指导与支持，使学生在遇到各种问题和困难时能够积极主动地寻求帮助。

三、制定高校"一站式"学生社区育人机制新策略

（一）完善高校学生社区育人主体的协同联动机制

高校要将多支育人力量下沉到学生社区进行思想政治教育，建立党委统一领导、党政齐抓共管、各部门协同联动、校内外结合、专兼结合的学生社区育人队伍工作机制。每一个育人主体要在各自的岗位上进行分工、互相联系、共同努力，共同开展学生社区育人工作。加强高校"一站式"学生社区育人主体之间的交流与协调，实现资源的共享和优化配置，有效提升社区育人和学生管理的质量。同时，推动相关制度的建设和完善，建立健全高校"一站式"学生社区育人主体的责任与权利体系，规范各主体之间的协同配合与监督管理，确保协同联动机制的全面有效实施，从而更好地推动高校学生社区育人工作的深入开展，更好地为广大学生的成长与发展提供有力的支持和保障。高校对学生社区育人主体的

协同联动机制进行深入分析和探讨，针对体制层面存在的不足之处，提高各育人主体在育人工作中的主动性和创造性，全面推动高校学生社区育人工作的发展。在此过程中，需要加强各育人主体之间的沟通和合作，并将其整合为统一的工作体系，形成有机、协同、联动的工作机制，以更好地服务学生发展和实现育人目标。

（二）完善高校学生社区育人的宣传引导机制

目前，高校对“一站式”学生社区的育人理念尚未达成共识，这就需要强化学生社区育人的价值宣传和引导。而要充分发挥高校“一站式”学生社区的育人作用，一个关键的环节就是完善宣传和引导机制。

1. 加强学校层面的宣传引导

高校为确保“一站式”学生社区育人工作得到有效开展，应采用多样化的宣讲和研讨活动，将“一站式”学生社区育人的理念、时代背景、内在逻辑和现实意义贯穿宣传活动的各个环节中，以切实明晰与加强不同群体对“一站式”学生社区育人的认知及认同。同时，高校还应主动运用微信、微博等互联网新媒体平台，展示“一站式”学生社区育人工作的特色亮点与成功经验，以进一步扩大“一站式”学生社区育人工作的可见度和宣传效应，发挥高校“一站式”学生社区育人的积极作用。

2. 加大对重点人群的宣传和指导

“一站式”学生社区育人工作牵涉很多的育人主体，应该牢牢地把握住这些主要群体，并加以指导，特别要注意对专业教师和学生的宣传和动员，使关键群体达成共识。利用学校官网、社交媒体、公告栏等多种渠道，针对关键群体的特点和需求，设计具有针对性的宣传内容，强调他们的责任和使命，确保宣传信息能够快速、准确地传达给关键群体，激发他们参与社区育人活动的积极性。通过宣传指导，让专业教师认识到，“一站式”学生社区育人必须有专业教师参与，不只是思想政治教育工作人员和后勤工作人员的责任和任务；也要让学生明白，“一站式”社区育人并不是为了给他们增加负担，而是为了让他们在社区环境中得到更全面的发展和成长，可以享受到各种各样的管理服务和资源。

（三）健全以学生为中心的资源配置机制

所有的育人资源都要以学生为中心，与学生的社区空间相结合，才能更好地发挥学生社区的育人作用，从而使育人资源能够更好地适应学生发展的需要，同时也能帮助他们解决在日常学习和生活中遇到的各种现实问题。高校应该在资源整合、管理优化、强化育人理念的指导下，与办学特色相结合，把各种育人资源集中到“一站式”学生社区中。

1. 完善学生参与机制，资源配置贴近学生需求

加强社区资源配置的意见收集。在学生社区定期举办学生意见征集活动，鼓励学生通过问卷、座谈会等方式，为优化资源配置提出建议。同时，学生社区应积极利用学生自我管理委员会等学生自治组织，这些组织可以代表学生发声，参与社区决策，确保学生的意见和需求被充分考虑，使“一站式”学生社区的育人资源能够围绕学生实际需求下沉。

2. 完善资源反馈机制，保障学生能够及时反馈社区资源配置情况

建立多种反馈渠道，鼓励学生积极参与学生社区资源使用情况的反馈，并且保证这些渠道畅通无阻，能够及时收集学生的意见和建议。对学生的反馈和需求，“一站式”学生社区要快速回应，简化处理流程，提高处理效率，确保学生的问题能够及时解决。基于学生的反馈和需求变化，社区应制订改进计划，并且动态调整资源配置，确保反馈机制不断完善和优化，使育人资源贴近学生的实际需求，提高学生的社区参与度和满意度，促进学生社区的和谐发展。

四、激发高校“一站式”学生社区学生参与新活力

（一）拓展实践平台，提升学生参与感

要有效发挥“一站式”学生社区综合育人功能，高校要以“三全育人”的理念扎实推动服务下沉，发挥学生主体作用。拓展“一站式”学生社区实践平台旨在为学生提供实践机会，增强学生的责任感，促进社区发展。

1. 搭建志愿服务、创新创业平台

搭建志愿服务平台，学生可以在社区中参与各种志愿服务活动，如社区服务、环保等，通过为社区作出贡献来提升自己的责任感和主体意识；搭建创新创业平台，学生可以在社区中参与各种创新创业活动，如创业比赛、创业实训等，来提升自己的创新能力和创业精神。

2. 搭建党务团务平台

搭建党务团务平台，学生可以在社区中参与党务团务工作，如功能型党支部建设、团组织活动等，来提升自己的思想觉悟和组织能力。

3. 搭建安全警示平台

将集安全教育、警示教育、违规处置、应急急救于一体的多功能安全平台落

户“一站式”学生社区，进一步发挥学生在心理疏导、危机应对、朋辈帮扶、劳动实践、文化宣传等方面的作用。

（二）加强学生组织建设，促进学生积极性

“一站式”学生社区是学生日常生活、学习、社交的重要场所，而社区中的学生组织则是学生在社区开展自我教育、自我管理、自我服务、自我监督的主要形式和途径。依托学生组织，开展大学生思想政治教育活动，能够提高大学生参与社区建设的积极性。

1. 建立学生自治组织

建立以学生自我服务为主的学生自治组织，如学生会、学生社团组织、自管会等学生组织。在学生组织中，学生会是核心组织，负责协调、组织和管理各类学生活动。学生社团是学生发挥特长、锻炼能力的学生组织。“一站式”学生社区应鼓励和支持学生自发组织社团，开展各类活动，如文艺比赛、科技竞赛、社会实践等，同时应为社团提供必要的场地和资金支持，协助社团进行活动策划和组织实施。另外，成立自我管理委员会，引导学生通过勤工助学、实践锻炼等方式全方位参与社区的建设管理，将体验式、浸润式的育人方式融入社区，增强学生的劳动意识，培养学生的自主意识和自律能力，实现学生自我管理与自我服务。还可以建立自我服务型组织，将党员素质发展中心、学业指导中心、职业规划中心、心理健康教育中心等服务型学生组织设在社区内，便于推进朋辈学习和交流。

2. 提升学生组织的能力

学生组织的能力对“一站式”学生社区的发展和学生的个人成长具有重要意义。一是提升学生组织的组织能力，这是加强学生组织建设的核心。学生组织应注重提高自身的管理水平，加强策划、组织、执行和评估活动的能力。此外，还应注重培养团队协作精神，提高成员间的沟通能力和解决问题的能力。二是强化学生组织的管理能力，这是确保学生组织健康发展的重要保障。应建立健全的管理制度，规范学生组织的运作流程，确保活动的顺利进行，确保组织的稳定和可持续发展。三是增强学生组织的活力，应不断创新活动形式和内容，吸引更多学生的参与。此外，还应加强不同学生组织间的交流与合作，促使各学生组织共同推动“一站式”学生社区的发展。

(三) 发挥榜样示范作用，提升朋辈带动性

"一站式"学生社区作为高校的重要组成部分，是培养学生综合素质和社交能力的重要平台。在"一站式"学生社区中，榜样示范的作用不可忽视，它可以有效地提升朋辈带动性，推动"一站式"学生社区的积极发展。高校要发挥好榜样的作用，促使学生增强进取意识，不断拼搏与进步。

1. 依托先进评选激励学生奋斗

高校应当建立评选激励机制，以此来鼓舞学生的斗志和奋发向上的精神。为此，高校可在"一站式"学生社区内推出一系列评选活动，如大学生年度人物、社区之星、星级宿舍、校园明星等，以表彰先进典型，树立标杆。进行先进评选，设置激励措施，对在学习、社会实践、志愿服务等方面表现优秀的学生进行表彰和奖励，从而激励学生树立进取意识，不断奋斗。

2. 开展典型宣传强化榜样示范

在"一站式"学生社区中，要深入挖掘在学习、品德、社会实践等方面表现突出的学生榜样，对学生榜样的事迹进行翔实而生动的宣传。在社区内设立榜样墙，将榜样人物的照片、事迹简介等信息进行展示。榜样墙的设置可以时刻提醒学生身边就有值得学习的榜样，激发学生积极向上的精神。另外，可以利用社交媒体平台进行社区榜样事迹的推广，通过发布动态、互动评论的方式，扩大榜样事迹的传播范围，增强榜样在社区内的影响力。还可以定期在社区内举办榜样分享会，邀请榜样学生分享他们的学习经验、成长历程和心得体会，加深学生对榜样的了解和认同，培养他们参与学生社区的热情和责任感。

五、开辟高校"一站式"学生社区数智驱动新路径

随着时代的发展，高校"一站式"学生社区服务正逐步融入创新理念，以适应社会变迁和学生需求。信息技术的突飞猛进，尤其是互联网和大数据的应用，使得社区服务趋向智能化和个性化，极大地提高了服务效率和师生的满意度。高校需要构建坚实的技术支持体系作为高校"一站式"学生社区智慧数据的依托，实现教育的个性化、管理的科学化和服务的智能化。通过深入挖掘和分析学生生活学习的大数据，高校能够更精准地实施思想政治教育，推动"精准思政"在学生社区的实践。

(一) 完善信息化基础设施

基础设施是"一站式"学生社区信息化应用的基础，也是衡量其信息化水平

的关键。为此，“一站式”学生社区需要强化5G、物联网和数据中心等关键设施的建设，以数字化手段提升社区工作的效能。

1. 加强学生社区网络建设

一是实现技术升级和万物互联。这意味着要解决网络结构复杂、难以管控和维护成本高的问题，构建一个低延迟、高可靠性、易于维护的网络环境。社区网络不仅要服务于人的接入，还要能够连接门禁、监控等物联网设备，满足人与设备、设备与设备之间的互联需求。二是实现网络融合和数据联动。通过整合校园网、安防专网、一卡通网等多个原本物理隔离的网络，实现统一网络连接，打破数据“孤岛”，为网络平台建设和大数据应用提供坚实的数据基础。

2. 加强有效设施覆盖保护

一是扩大监控设施的覆盖面，确保社区内各个角落都能得到有效的监控，实现影音采集无死角，为社区的安全管理提供坚实的技术支持。二是完善信息化基础建设，包括安全预警和应急响应机制，及时发现异常行为和潜在风险，触发预警并启动应急预案，确保高校“一站式”学生社区的安全稳定。三是重视学生隐私的保护和数据安全。高校应制定严格的数据管理和使用规范，确保监控数据的安全存储和合规使用，防止数据泄露和滥用，保护学生的隐私权益。

3. 加强社区智能终端建设

为提升“一站式”学生社区的信息化服务水平，以便学生能够便捷地办理如补办学生卡、打印成绩单和获取证书等事务，需要在社区和宿舍楼内部署业务自助终端。此外，还需加强学生宿舍的基础设施建设，比如安装门禁系统和智能门锁，升级智能水电和上网服务，以便更准确地掌握学生的日常动态和收集生活数据。在网络覆盖方面，除了保留有线网络接口外，还应确保无线网络覆盖整个宿舍楼，以满足学生的日常上网需求。这些措施将共同提高学生社区的信息化水平，为学生提供更加便捷和智能的生活环境。

（二）建设便捷式服务平台

随着高校“一站式”学生社区信息化建设的推进，纸质业务处理正逐步被在线无纸化服务所取代。高校内各部门业务的差异性和网络系统、技术方案的多样性，导致了平台间的信息“孤岛”和数据共享障碍，这严重降低了高校“一站式”学生社区的管理服务效率。高校“一站式”学生社区迫切需要构建一个统一的信息管理服务平台，整合分散的信息资源，消除信息流通的障碍，从而为师生提供更加便捷、高效的一站式在线服务，提升社区的整体服务水平。

1. 打通数据，实现"一网通办"

确保数据的准确性和一致性是实现"一网通办"服务的关键。在"一站式"学生社区中，需要构建一个跨部门的数据中心，并制定统一的数据标准。这要求各部门在下沉到社区时，遵循统一标准来设计数据库，从根本上消除部门间的数据壁垒，从而为社区提供全面的数据支持。

2. 设计功能，实现"一键覆盖"

信息平台需为高校"一站式"学生社区的学生和学生工作人员提供定制化服务，满足不同用户群体的具体需求，提升社区信息化服务的效率和效果。对学生而言，平台应提供消息通知、活动参与、信息反馈、请假审批、宿舍管理、智能水电使用、活动出勤记录、教务相关管理等多项服务；对学生工作人员，平台则应具备宿舍监管、党团活动组织、日常事务处理、学术风气建设、工作辅助、心理健康辅导、活动监督、荣誉与惩戒记录等综合管理功能。

3. 明确流程，实现"一眼清晰"

为提高社区管理服务的效率和透明度，确保每项任务都指派给具体的业务部门和负责审批的人员，需要对社区内的各项任务进行细致的梳理。同时，要清晰界定每项业务的处理流程以及工作人员的审批权限，将申请、审核和执行的整个流程数字化，实现线上操作，以便于跟踪和管理，从而提升工作效率和服务质量。

4. 整合业务，实现"一次办妥"

高校应通过业务整合推进高校的"放管服"改革，致力于将更多社区业务集成到在线平台中，实现对社区管理服务的全面覆盖，目标是实现"数据多流动，师生少奔波"的高效服务模式。同时，简化业务流程，减少不必要的前置条件，精简所需材料，缩短处理周期，以此提高业务处理效率，提升社区师生的满意度。

5. 评级反馈，实现"一云监管"

信息平台须对各项事务的处理进度进行实时监控，并收集工作绩效、办理成效和用户满意度等关键数据。再根据这些信息，对平台的功能和服务进行持续优化，以提升管理效率和用户满意度，从而不断完善平台建设。

（三）推进大数据技术应用

大数据技术为"一站式"学生社区各项工作的即时性、精准性、个性化创新发展提供了全新动能。要进一步加强大数据技术应用，推动"一站式"学生社区工作向精准服务、个性教育、前置管理与科学决策迭代升级。

1. 强化社区大数据采集

高校“一站式”学生社区需完善数据传感、网络通信和智能识别系统，实现对学生日常生活和学习的全面数据捕捉。一是拓宽数据采集渠道，实现多终端、全场景的数据收集，力求样本覆盖全体。二是注重数据的精细度，提高数据的可靠性和详细性，比如深入分析学生的上网行为，包括时间、地点和内容。三是保证数据采集的实时性和连续性，以准确反映学生的生活和行为模式。同时，高校“一站式”学生社区在数据收集过程中必须遵守法律法规，尊重学生隐私，确保数据安全。通过这些措施，社区能够构建精准的学生画像，为学生提供更加个性化的服务，并进行有效的行为预警。

2. 强化社区大数据处理

高校“一站式”学生社区的大数据收集覆盖行为轨迹、水电使用、住宿时间、网络活动和消费等多个维度，这些数据来源多样，容易导致信息混乱和不一致，给数据的进一步应用带来挑战。因此，要确保数据的准确性和可用性，对这些数据进行有效处理至关重要。一是进行数据预处理，包括清洗、集成、变换和规约，以排除不准确的数据，整合有效信息，合并重复数据，并统一数据格式，为数据的脱敏、集成和存储打下基础。二是实施数据脱敏，隐藏学生的敏感信息，如学号、手机号等，通过重新编码保护隐私。三是进行数据集成和存储，这通常需要专业的工具和数据库支持，以确保数据管理的专业性和安全性，为社区管理和服务提供可靠的数据支持。

3. 强化社区大数据应用

有效利用高校“一站式”学生社区中的学生大数据是发挥其价值的核心，也是推进大数据技术应用的主要挑战。一是明确目标选择数据。要基于工作需求，有目的性地挖掘与社区教育管理服务相关的数据，避免资源浪费和决策干扰。二是选择数据分析方法。根据数据特性选择合适的分析方法，如聚类、异常检测、关系挖掘等，灵活运用多种方法，减少技术偏见和误判。三是建立分析模型。针对不同目标进行科学建模和深度分析，揭示学生行为的规律，将难以量化的情感和态度信息具化。例如：利用大数据技术可以预测学生的思想倾向和行为动态，为精准化思想政治教育工作提供支持；也可以评估学生社区生活的“幸福感”，以此衡量社区建设成效。

简而言之，高校“一站式”学生社区作为高校思政育人的重要平台，其创新发展对教育改革至关重要。本节探讨了“一站式”学生社区育人模式的创新发展，分析了其优势与挑战，并提出了策略建议，为高校“一站式”学生社区建设提供了一定的理论和实践参考。

参考文献

[1] 王静. 生态系统理论视域下高校“一站式”学生社区建设的功能定位与实践路径[J]. 江苏高教，2024，(6)：77-82.

[2] 刘宏达，韩续冰. “一站式”学生社区：高校思想政治工作体系的末端设计及其功能实现[J]. 高校辅导员，2023，(3)：7-13.

[3] 中共中央办公厅，国务院办公厅. 中共中央办公厅、国务院办公厅关于转发《民政部关于在全国推进城市社区建设的意见》的通知[J]. 福建政报，2000，(12)：22-24.

[4] 新华社. 中共中央 国务院发出《关于进一步加强和改进大学生思想政治教育的意见》[N]. 人民日报，2004-10-15(1).

[5] 刘云山. 切实加强高校党的建设 努力建设社会主义和谐校园——刘云山同志在第十五次全国高等学校党的建设工作会议上的讲话[J]. 中华人民共和国教育部公报，2007，(5)：3-11.

[6] 中华人民共和国教育部. 教育部关于深化本科教育教学改革全面提高人才培养质量的意见[EB/0L]. (2019-10-08)[2022-08-04]. http://www.moe.gov.cn/srcsite/A08/s7056/201910/t20191011_402759.html.

[7] 教育部等八部门关于加快构建高校思想政治工作体系的意见[J]. 中华人民共和国教育部公报，2020，(4)：23-27.

[8] 教育部思想政治工作司. 加强和改进大学生思想政治教育重要文献选编(1978—2014)[G]. 北京：知识产权出版社，2015.

[9] 冯江. 基于“结构—功能—过程”的高校“一站式”学生社区建设[J]. 学校党建与思想教育，2024，(21)：86-89.

[10] 中共教育部党组. 中共教育部党组关于印发《高校思想政治工作质量提升工程实施纲要》的通知[EB/OL]. (2017-12-05)[2024-04-28]. http://www.moe.gov.cn/srcsite/A12/s7060/201712/t20171206_320698.html.

[11] 李时宇，丁丁. 复杂理论视角下“一站式”学生社区的建设路径与优化对策研究——基于北京航空航天大学模式的观察[J]. 思想教育研究，2023，(6)：138-143.

[12] 冯刚，刘宏达. 新时代高校辅导员工作十讲[M]. 北京：北京师范大学出版社，2022.

[13] 陈万柏. 思想政治教育载体论[M]. 武汉：湖北人民出版社，2003.

[14] 舒曼，曾影. 系统论视域下高校思政教育“三全育人”体系构建研究[J]. 系统科学学报，2025，33(1)：76-81.
[15] 徐晓峰，潘临灵. “一站式”学生社区的“韧性治理”模式探究[J]. 学校党建与思想教育，2024，(3)：89-92.
[16] 王欢. “一站式”学生社区综合管理模式的深化思路[J]. 中国高等教育，2024，(5)：45-48.
[17] 徐登伟. 基于情感共享与价值认同的“一站式”学生社区党建工作模式探索[J]. 学校党建与思想教育，2024，(13)：77-79+83.
[18] 金元平. 大学场域资本的结构、位置与关系[J]. 经济学家，2013，(2)：102-104.
[19] 段虹. 实践和文化是人的本质存在[J]. 哈尔滨工业大学学报(社会科学版)，2002，(1)：25-29.
[20] 谷贤林. 导师制·午后茶·住宿学院与一流大学的人才培养[J]. 比较教育研究，2003，(9)：27-30.
[21] 习近平. 习近平谈治国理政(第一卷)[M]. 北京：外文出版社，2014.
[22] 陆小凡. 系统思维视域下高校“一站式”学生社区建设的优化路径研究[J]. 思想教育研究，2024，(2)：131-137.
[23] 熊晓梅. 以“一站式”学生社区综合管理模式建设推动落实“时代新人铸魂工程”[J]. 中国高等教育，2023，(18)：8-11.
[24] 白焕霞. “三全育人”视域下高校学生社区治理研究[D]. 西安：长安大学，2020.
[25] 杨智勇. 新时代高校学生社区育人模式的改革创新[J]. 思想理论教育导刊，2023，(7)：145-150.
[26] 郑丽艳，范智军. “一站式”大学生社区服务中心理论与实践研究——基于内生增长理论视角[J]. 乌鲁木齐职业大学学报，2016，25(1)：63-66.
[27] 徐嘉辉，苏扬婧，彭明松，等. “三全育人”背景下高校“一站式”学生社区育人模式与实现路径研究[J]. 创新创业理论研究与实践，2022，5(11)：75-77.
[28] 习近平. 思政课是落实立德树人根本任务的关键课程[M]. 北京：人民出版社，2020.
[29] 曾婉玲. 高校“一站式”学生社区建设：价值内涵、建设思路和实践路径[J]. 科教文汇，2024，(23)：17-20.
[30] 柯征，胡昊. 新时代高校“一站式”学生社区育人模式研究[J]. 淮南职业技术学院学报，2022，22(2)：105-107.
[31] 王雷华，谢贝贝，申泽鹏. 新时代高校大类人才培养学业支持体系构建——以北京航空航天大学士嘉书院为例[J]. 北京航空航天大学学报(社会科学版)，2024，37(4)：146-151.
[32] 夏建国，叶林娟. 书院制背景下学生生活园区党建路径研究[J]. 中国高等教育，2021，(7)：34-36.
[33] 李元涛. 用“三心”推动一站式学生社区建设落地见效[N]. 内蒙古日报，2024-11-28(7).

[34] 马成瑶. 整体性治理视域下推进高校“一站式”学生社区综合管理的思考[J]. 思想理论教育，2022,(3)：96-101.
[35] 莆田学院体育学院. 一站式社区|整合社区资源 构建育人新阵地[EB/OL].（2023-04-26)[2024-03-06]. https://www.ptu.edu.cn/tyxy/info/1018/3595.htm.
[36] 数字化时代下的高校“一站式”学生社区构建策略研究[EB/OL].（2024-12-17)[2024-12-28]. https://www.docin.com/touch_new/preview_new.do?id=4783780124.
[37] 林泳兵. “一站式”学生社区综合育人模式路径研究[J]. 高校后勤研究，2024,(7)7：20-22+25.
[38] 付明杰，李倩，宋宇. 一站式学生社区视域下高校学生干部队伍建设途径探究[J/OL].(2023-12-21)[2024-12-28]. https://m.doc88.com/p-69039500917148.html.
[39] 罗盼. 新时期高校现代书院建设的研究与探索[J]. 太原城市职业技术学院学报，2024,(4)：82-85.
[40] 彭渤. 书院制“一站式”学生社区党建带团建育人模式研究[J]. 时代报告，2024,(5)：26-28.
[41] 田丹丹. 深化“一站式”学生社区建设 上海大学构建书院制模式下的人才培养体系[J]. 高校辅导员，2023,(6)：2+81.
[42] 周小云. 新文科人才培养的路径探索：“一站式书院”模式[J]. 现代职业教育，2024,(27)：25-28.
[43] 王曼. “三全育人”视阈下“一站式”学生社区育人模式探究[J]. 开封文化艺术职业学院学报，2023,43(6)：54-58.
[44] 杨伟霞，成星. 党建引领构筑“一站式”学生社区思政育人新高地研究[J]. 成才之路，2024,(17)：5-8.
[45] 李梦瑶. 构建高校“一站式”学生社区党建育人新模式研究[J]. 现代商贸工业，2024,45(21)：245-247.
[46] 张莉. 党建引领高校“一站式”学生社区育人体系构建研究[J]. 扬州教育学院学报，2024,42(3)：91-94.
[47] 李律. 党建引领下高校“一站式”学生社区育人模式与实践路径研究[J]. 高校后勤研究，2024,(6)：72-74+78.
[48] 李甜，牛伟. 数智化赋能高校“一站式”学生社区建设——基于人脸识别系统在宿舍楼宇公共物理空间的应用分析[J]. 信息系统工程，2024,(10)：115-119.
[49] 苏雁，张运. 社区“一站式”育人“零距离”[N]. 光明日报，2024-07-19(008).
[50] 吴林桂. 高校“一站式”学生社区的价值意蕴、现实困境和建设路径探究[J]. 绍兴文理学院学报，2023,43(6)：34-39.
[51] 樊永生. 基于桂商文化视域的“一站式”学生社区文化育人工作路径探析——以广西国

际商务职业技术学院为例[J]. 教育观察,2023,12(14): 41-44.

[52] 张宝兵. "一站式"学生社区管理模式下的学生自治工作研究[J]. 科教导刊,2023,(21): 143-145.

[53] 李悦鹏. 高校"一站式"学生社区自我管理育人模式探析[J]. 经济师,2024,(11): 194-196.

[54] 王睿. 以高校党建为引领的"一站式"学生社区协同育人机制探析[J]. 荆楚理工学院学报,2023,38(3): 11-16.

[55] 郭天. 党建育人视角下高校"一站式"学生社区建设路径研究[J]. 时代报告,2024,(10): 31-33.

[56] 赵洹铎. 数字化时代下的高校"一站式"学生社区构建策略研究[J]. 科教文汇,2024,(23): 21-24.

[57] 李锦文. 基于 Nvivo 分析的"一站式"学生社区建设的思考——以西安工程大学为例[J]. 中关村,2024,(3): 124-125.

[58] 费智慧,陈峰,谢振中,等. 湖湘红色文化融入"一站式"学生社区育人路径构建与实践——以湖南化工职业技术学院为例[J]. 社会与公益,2024,(10): 222-225.

[59] 王勇凯. "枫桥经验"视域下高校"一站式"学生社区建设研究[J]. 高校后勤研究,2024,(11): 58-61.

[60] 夏加力,王玮,李天一. 高校"一站式"学生社区党团工作站建设研究[J]. 连云港职业技术学院学报,2024,37(1): 59-62.

[61] 卢萍. 高校学生社区书院制管理模式路径探析[J]. 人才资源开发,2016,(14): 64-65.

[62] 王佳鑫. 书院制下高校"一站式"学生社区综合管理模式建设探究[J]. 山西青年,2024,(3): 162-164.

[63] 梁方婵. 现代大学书院制模式下高校"一站式"学生社区建设的路径探索[J]. 河北能源职业技术学院学报,2023,23(4): 26-29.

[64] 王雷. 三全育人视域下高校学生社区育人模式研究[J]. 继续教育研究,2021,(1): 58-61.

[65] 王龙飞,曹蕊. 浅谈智慧社区视域下高校校园环境综合管理模式——以清华大学学生社区为例[J]. 高校后勤研究,2018,(7): 22-24.

[66] 刘杨青. 高校学生社区文化建设路径探索与研究——基于高校"一站式"学生社区综合管理模式建设视角[J]. 秦智,2023,(9): 49-51.

[67] 李忠. 高校"一站式"学生社区文化建设探析[J]. 时代报告,2023,(1): 90-92.

[68] 王海江. 思想政治教育视域下高校学生社区自我管理教育新模式探究[J]. 改革与开放,2018,(2): 131-132.

[69] 桂林理工大学. 桂林理工大学学校概况[EB/OL]. (2024-11-9)[2024-12-24].

https://www.glut.edu.cn/xxgk/xxjj.htm.
[70] 王文冰，江海洋. 高校“一站式”学生社区综合管理模式育人研究与探索——以中国地质大学(北京)为例[J]. 中国地质教育，2024，33(4)：23-27.
[71] 周远，张振，岳娅萍. 高校“一站式”学生社区的内涵生成、结构要素和现实意义[J]. 中国高等教育，2022，(19)：53-55.
[72] 韩续冰. 高校“一站式”学生社区建设研究[D]. 武汉：华中师范大学，2023.
[73] 新华社. 习近平在中国人民大学考察时强调 坚持党的领导传承红色基因扎根中国大地走出一条建设中国特色世界一流大学新路[N]. 人民日报，2022-04-26(1).
[74] 王子锋，陈羽. 习近平致首届全民阅读大会举办的贺信[EB/OL].（202-04-23)[2024-12-24]. http://cpc.people.com.cn/n1/2022/0423/c64094-32406645.html.
[75] 蒋笃君. 用百年党史培育时代新人[EB/OL].（2022-09-19)[2024-12-21]. http://theory.people.com.cn/n1/2022/0919/c40531-32529074.html.
[76] 蒋闰蕾，成盼攀. 功能型党支部在高校“一站式”学生社区建设中的应用价值和发展展望[J]. 西部学刊 2024(14)：94-95.
[77] 朱珠. 现代大学治理体系视域下高校行政机构改革创新路径探究——以南京 N 大学为例[J]. 高等农业教育，2023，(4)：11-19.
[78] 莫永芳. 高校“一站式”学生社区育人的现实困境与优化路径[J]. 高校后勤研究，2024，(9)：66-68.
[79] 张亦佳. 高校开展“一站式”学生社区思想政治教育的重要性及实践路径[J]. 思想理论教育导刊，2023(5)：136-141.
[80] 李龙飞. “三全育人”背景下高校学生社区思想政治教育问题研究[D]. 北京：中国矿业大学，2022.
[81] 申小蓉，高盛楠. 数字化赋能时代新人培育的路径探究[J]. 中国高等教育，2023(23)：14-17.
[82] 顾盈. 新时代背景下高校打造“一站式”学生社区的困境及路径研究[J]. 大学，2024，(34)：36-39.
[83] 宋欢. 高校“一站式”学生社区综合管理模式建设路径研究[J]. 湖北开放职业学院学报，2024，37(17)：47-48+54.
[84] 周远，张振. 高校“一站式”学生社区的空间建构逻辑与路向[J]. 思想理论教育，2022，(7)：102-107.

附　录

桂林理工大学“一站式”学生社区建设成果

明园“一站式”学生社区

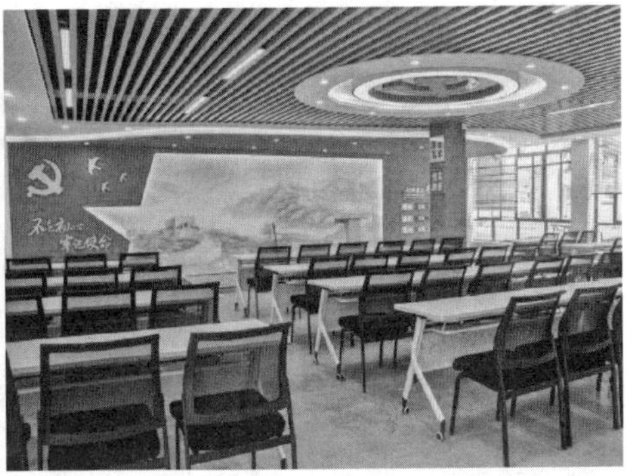

明园“一站式”学生社区门面和思政大讲堂

党团活动室和心理咨询室

学业工作坊和“罗盘领航”职业生涯工作坊

休闲区和读书角

职业选择能力体验中心

考研规划指导中心(“笃学”24 h 考研自习室)

资助育人基地

资助育人基地(续)

阅享空间

悦享空间

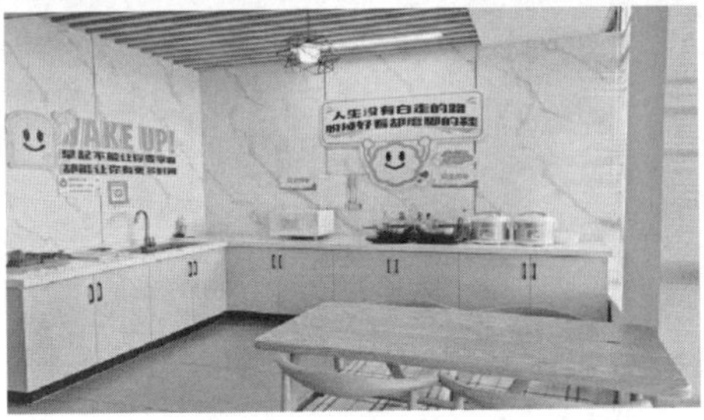

共享厨房

思政大讲堂

文体活动室

化生苑

嘉园“一站式”学生社区

嘉园“一站式”学生社区服务大厅

文体活动室和职业生涯规划坊

思政大讲堂和 **24h** 自习室

心理咨询室和学生组织办公室

“党建·社区”一站式学生综合管理服务工作站和学生社区党员服务站

材苑“一站式”学生社区

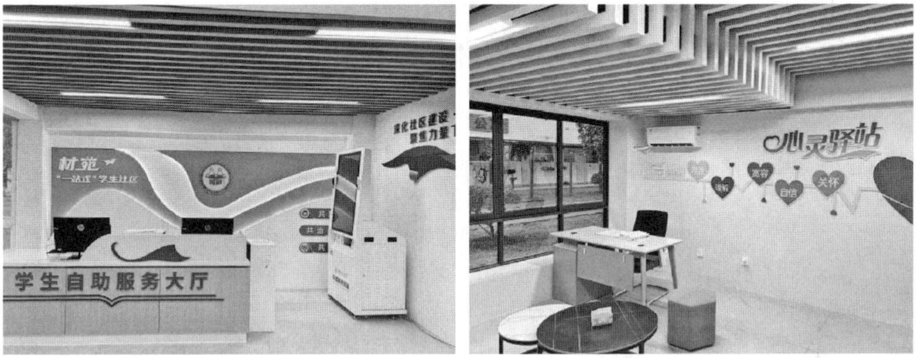

材苑“一站式”学生社区服务大厅和心灵驿站

思政大讲堂和学生自习室

图书在版编目（CIP）数据

新时代高校"一站式"学生社区育人理论与实践 / 冯广辉主编. -- 上海：同济大学出版社，2025. 6.
ISBN 978-7-5765-1628-9

Ⅰ. G647.4

中国国家版本馆 CIP 数据核字第 2025A9Y221 号

新时代高校"一站式"学生社区育人理论与实践

主　　编　冯广辉

策划编辑　府晓辉　　**责任编辑**　戴如月　　**助理编辑**　夏晗丹
责任校对　徐逢乔　　**封面设计**　潘向蓁

出版发行　同济大学出版社　　www.tongjipress.com.cn
（地址：上海市四平路 1239 号　邮编：200092　电话：021-65985622）
经　　销　全国各地新华书店
排　　版　南京月叶图文设计制作有限公司
印　　刷　江阴市机关印刷服务有限公司
开　　本　710mm×1000mm　1/16
印　　张　14
字　　数　236 000
版　　次　2025 年 6 月第 1 版
印　　次　2025 年 6 月第 1 次印刷
书　　号　ISBN 978-7-5765-1628-9

定　　价　78.00 元